Sumário

1 Frase 5
   Para chegar ao conceito 5
   Tipos de frase 6
   Atividades 8
Pontuação – ponto final, ponto de interrogação, ponto de exclamação, vírgula, reticências 11
   Atividades 12

2 Classes gramaticais: Artigo 17
   Para chegar ao conceito 17
   Atividades 21
Pontuação – ponto e vírgula, dois-pontos, travessão, aspas, parênteses 24
   Atividades 26

3 Substantivo 30
   Para chegar ao conceito 30
   Atividades 33
   Brincando com palavras 36
Fonema e letra 37
   Atividades 39
   Brincando com palavras 41

4 Substantivo – classificação 42
   Para chegar ao conceito 42
   Atividades 45
Sílaba 51
   Atividades 52

5 Adjetivo – locução adjetiva, adjetivo pátrio 54
   Para chegar ao conceito 54
   Locução adjetiva 55
   Adjetivo pátrio 57
   Atividades 57
Sílaba tônica 61
   Atividades 63
   Brincando com palavras 66

6 Gênero do substantivo 67
   Para chegar ao conceito 67
   Passagem do masculino para o feminino 68
   Substantivos uniformes 69
   Atividades 70
Uso do dicionário 74
   Atividades 76
   Brincando com palavras 79

7 Número do substantivo 80
   Para chegar ao conceito 80
   Passagem do singular para o plural 81
   Atividades 83
   Brincando com palavras 88
Uso do dicionário 90
   Atividades 93

8 Gênero e número do adjetivo 96
   Para chegar ao conceito 96
   Adjetivo biforme e uniforme 97
   Atividades 99
Terminações -ês, -esa / -ez, -eza 102
   Atividades 103

9 Grau do substantivo 106
   Para chegar ao conceito 106
   Atividades 108
Terminações -inho, -(s)inho, -(z)inho 112
   Atividades 114
   Brincando com palavras 115

10 Grau do adjetivo 116
   Para chegar ao conceito 116
   Atividades 120
Emprego de g, j 126
   Atividades 127
   Brincando com palavras 130

11
Numeral **131**
   Para chegar ao conceito **131**
     Atividades 133
Acentuação gráfica – palavras monossílabas e oxítonas **140**
     Atividades 142

12
Pronome pessoal **145**
   Para chegar ao conceito **145**
     Pronome pessoal de tratamento 148
     Atividades 150
Acentuação gráfica – palavras paroxítonas e proparoxítonas **155**
     Atividades 156
     Brincando com palavras 159

13
Pronome: classificação – possessivo, demonstrativo, indefinido, interrogativo **160**
   Para chegar ao conceito **160**
     Pronome possessivo 162
     Pronome demonstrativo 164
     Pronome indefinido 166
     Pronome interrogativo 167
     Pronome substantivo e pronome adjetivo 169
     Atividades 170

14
Verbo – noções **175**
   Para chegar ao conceito **175**
     Atividades 178
Emprego de o/u – u/l **184**
     Atividades 185

15
Verbo: pessoa, tempo, modo, forma nominal, conjugação **188**
   Para chegar ao conceito **188**
     Pessoa verbal 189
     Tempo verbal 190
     Modo verbal 192
     Forma nominal 194
     Conjugação verbal 195
     Atividades 197
     Brincando com palavras 203
Terminações -isar / -izar **204**
     Atividades 205

16
Verbo regular – conjugação **207**
   Para chegar ao conceito **207**
   Modelos (paradigmas) de conjugação dos verbos regulares 209
     Atividades 211
     Brincando com palavras 216
Terminações -ram / -rão **218**
     Atividades 219

17
Advérbio **222**
Para chegar ao conceito **222**
     Advérbios interrogativos 225
     Locução adverbial 226
     Atividades 227
Emprego de x, ch **231**
     Atividades 231
     Brincando com palavras 234

18
Preposição **235**
   Para chegar ao conceito **235**
     Locução prepositiva 237
     Combinação e contração 238
     Atividades 240
Emprego de s, z **243**
     Atividades 244

19
Interjeição **246**
   Para chegar ao conceito **246**
     Locução interjetiva 248
     Atividades 249
Emprego de a, ah!, há **252**
     Atividades 254

20
Frase, período, oração **257**
   Para chegar ao conceito **257**
     Atividades 259
Emprego de e, i **263**
     Atividades 264
     Brincando com palavras 265

21
Oração: sujeito e predicado **267**
   Para chegar ao conceito **267**
     Atividades 270

1 Frase

Para chegar ao conceito

1. Leia este anúncio publicitário.

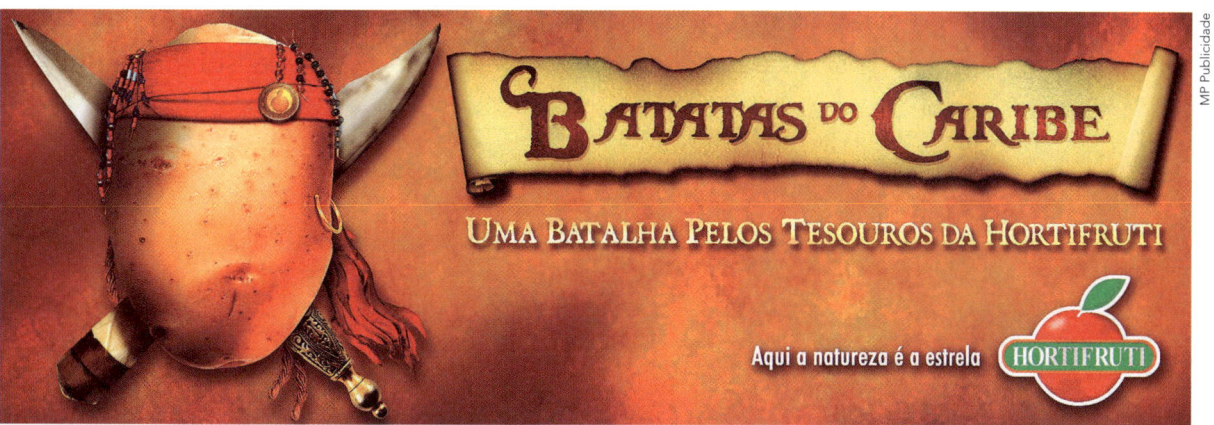

a) Você sabe a que filme se refere essa propaganda?

_____

b) Organize as palavras seguintes e forme uma frase.

| propaganda | de | o | uma | nome | brincadeira |
| essa | faz | com | um | filme | |

Escreva, no quadro abaixo, a frase formada. Empregue o sinal de pontuação adequado.

_____
_____

Na frase, devem-se escrever ou falar as palavras em ordem, completar o pensamento, usar a entoação e a pontuação adequadas, estabelecendo comunicação.

#fiquedeolho

Entoação ou **entonação** é a variação de altura e intensidade da voz que, na fala, imprimimos às palavras de uma frase quando fazemos uma pergunta, uma afirmação, demonstramos surpresa...

Frase é a palavra ou o conjunto organizado de palavras, com sentido completo, que estabelece comunicação.

2. Leia e responda em qual das situações abaixo a palavra **maravilha** constitui frase.

> **Verbetes do dicionário**
>
> **maravilha** sf. **1**. Coisa que encanta de maneira extraordinária: fenômeno, portento, prodígio – *A natureza é uma maravilha*. **2**. [Botânica] Planta de flores vistosas, brancas, amarelas ou vermelhas, que se abrem no fim da tarde: bonina. > **Maravilhoso** am. **Ma.ra.vi.lha**
>
> MATTOS, Geraldo. **Dicionário Júnior da língua portuguesa**. São Paulo: FTD, 2010. p. 478.

a) A palavra **maravilha**, dentro de um contexto, como na situação acima, com entoação e/ou pontuação próprias:

( ) constitui frase.

( ) não constitui frase.

b) A palavra **maravilha**, fora de contexto, escrita ou falada isoladamente:

( ) constitui frase.

( ) não constitui frase.

As palavras necessitam também de um contexto para estabelecer comunicação, expressando, assim, um pensamento completo e formando **frase**.

#fiquedeolho

A **frase**, dependendo do contexto, pode ser formada por:
- uma só palavra. Exemplo:
  Não. Ótimo. Maravilha!
- várias palavras. Exemplo:
  Conseguir montar o cubo mágico foi uma maravilha!

Tipos de frase

1. Leia.

SOUSA, Mauricio de. Bidu. **O Estado de S. Paulo**, São Paulo, 6 jul. 2001.

- Agora leia as frases em voz alta.

  I. **B**idu acredita em cegonha**.**

  II. "**V**ocê acredita em cegonha**?**"

  III. "**C**laro**!**"

  IV. **B**idu, acredite sempre em cegonha**.**

2. Faça a correspondência.

(a) frase I   ( ) Dá uma informação.
(b) frase II   ( ) Faz um pedido ou dá uma ordem.
(c) frase III ( ) Faz uma pergunta.
(d) frase IV   ( ) Exprime uma emoção como admiração, alegria...; enfatiza uma declaração.

> **#fiquedeolho**
>
> Na **fala**, a **frase** é pronunciada com ritmo, marcado pela entoação de voz. Na **escrita**, deve-se iniciar a **frase** com letra maiúscula e terminar com ponto final, ponto de interrogação, ponto de exclamação ou reticências.

3. Leia a classificação e complete o quadro com as frases da atividade **1**.

Tipos de frase	Definição	Exemplos
Declarativa (.)	Dá uma informação, declara alguma coisa. Termina por **ponto final**.	
Interrogativa (?)	Pede alguma informação, faz uma pergunta. Termina por **ponto de interrogação**.	
Exclamativa (!)	Expressa surpresa, exprime emoções e sentimentos, como espanto, alegria, admiração, tristeza... Enfatiza uma declaração. Termina por **ponto de exclamação**.	
Imperativa (.) (!)	Dá uma ordem, faz um pedido, expressa um conselho. Termina por **ponto final** ou **ponto de exclamação**.	

4. As frases podem tornar-se negativas. Transforme as frases que você escreveu como respostas na atividade **3** fazendo as adaptações necessárias, de acordo com a classificação. Veja o exemplo.

a) Bidu não acredita em cegonha. ⟶ **declarativa negativa**

b) _____ ⟶ **interrogativa negativa**

c) _____ ⟶ **exclamativa negativa**

d) _____ ⟶ **imperativa negativa**

Atividades

1. Leia.

— Alcides, diga uma palavra que comece com D.

— Ontem, professora!

— Que horror! Então ontem começa com D, seu Alcides?

— Começa sim, professora, ontem foi domingo.

BUCHWEITZ, Donaldo. **50 piadas:** Português. São Paulo: Ciranda Cultural, 2010.

a) Agora responda. Quantas frases há no texto?

_____

b) Como se reconhece o início e o final de uma frase em um texto escrito?

_____

_____

2. Classifique as frases da piada.

Frases	Classificação
a) "— Que horror!"	
b) "Alcides, diga uma palavra que comece com D."	
c) "— Então ontem começa com D, seu Alcides?"	
d) "Começa sim, professora, ontem foi domingo."	
e) — Ontem, professora!	

3. Se você escrever **domingo** fora de um contexto e sem pontuação, constitui frase? Explique.

_____

_____

_____

4. Marque os conjuntos de palavras que formam frase.

a) ( ) Nome você estranho que tem!
b) ( ) Que nome estranho você tem!
c) ( ) ordem
d) ( ) Ordem, ordem, por favor!
e) ( ) As crianças necessitam do carinho dos pais.
f) ( ) As crianças necessitam

- Agora explique por que não constituem frases os conjuntos que você não marcou.

_____
_____
_____
_____

5. Leia as frases em voz alta, com entoação de voz adequada.

a) O menino saiu agora mesmo.
b) O menino saiu agora mesmo?
c) Nossa, o menino saiu agorinha mesmo!
d) Saia agora mesmo, menino.

6. Escreva o que indica cada frase da atividade anterior.

ordem • pergunta • surpresa • afirmação

a) _____   c) _____

b) _____   d) _____

- Agora classifique cada uma delas.

declarativa • imperativa • exclamativa • interrogativa

a) _____   c) _____

b) _____   d) _____

7. Escreva uma frase que poderia ser falada em cada situação seguinte, de acordo com o que é solicitado.

a) O aluno pede permissão para sair da sala de aula. (frase interrogativa)

c) O filme a que você assistiu foi muito bom. (frase exclamativa)

b) Você precisa ficar sozinho(a). (frase imperativa)

d) Você não quer levantar cedo no domingo. (frase declarativa negativa)

Pontuação
Ponto final, ponto de interrogação, ponto de exclamação, vírgula, reticências

1. Um garoto perguntou ao pai se poderia ganhar um patinete ou uma bicicleta de aniversário. O pai lhe respondeu com um bilhete. Leia.

   não vou lhe dar uma bicicleta um patinete jamais

   a) Você entendeu essa frase?

   b) Assinale o que você acha que está faltando no texto.
   - ( ) Apenas o uso de letras iniciais maiúsculas.
   - ( ) Apenas pontuação.
   - ( ) Apenas acentuação.
   - ( ) Pontuação e uso das iniciais maiúsculas.

2. Reescreva o bilhete do pai, pontuando-o de acordo com as situações apresentadas.

   a) O menino vai ganhar uma bicicleta, não um patinete.
   _____

   b) O menino não vai ganhar nem uma bicicleta nem um patinete.
   _____

3. Leia estas duas frases:

   > O pai do menino João não vai lhe dar nem a bicicleta nem o patinete.

   > O pai do menino, João, não vai lhe dar nem a bicicleta nem o patinete.

   Agora responda.
   - Quem se chama João? O pai ou o menino? Justifique.
   _____
   _____

Na escrita, para marcar as características próprias da fala e estabelecer as relações entre as palavras das frases, usa-se a **pontuação**.

#fiquedeolho
O emprego da pontuação pode alterar a leitura e a interpretação do texto.

Veja o emprego dos sinais de pontuação a seguir.

Ponto final
Indica o final de uma frase declarativa ou imperativa. Exemplo: Os moradores do bairro se reuniram.

Ponto de interrogação
Indica o final de uma frase interrogativa. Exemplo: Por que os moradores do bairro se reuniram?

Ponto de exclamação
Indica o final de uma frase exclamativa ou imperativa. Exemplo: O bairro precisa mesmo de melhorias! Vamos trabalhar!

Vírgula
Separa palavras, expressões e orações dentro da frase e é usada:
- nas datas. Exemplo: Maceió, 21 de dezembro.
- nos endereços. Exemplo: Rua do Conde, 9.
- nas enumerações. Exemplo: Comprei couve, alface, tomate e berinjela.
- nos vocativos ou chamamentos. Exemplo: Chegue aqui, rapaz.
- nas repetições de termos. Exemplo: E a criança corria, corria, corria...

Reticências
Indicam dúvida, suspensão da fala e/ou da frase, final de frase. Exemplo: Eu queria ir com você, mas...

Atividades

1. Leia e faça o que se pede.

Márcia comprou um lindo buquê de rosas vermelhas. Deixou-o sobre a mesa ao lado de um envelope com dinheiro equivalente ao valor delas acompanhado deste bilhete:

> Comprei as flores para minha mãe não para minha filha jamais será paga a conta da floricultura nada para as minhas sobrinhas

No entanto, ela se esqueceu de pontuar o bilhete e viajou para um local sem comunicação. A quem deixava o lindo buquê? À mãe, à filha ou às sobrinhas? A floricultura seria paga?

a) Imagine que você seja a filha de Márcia e que a floricultura não será paga. Que pontuação usaria no texto para se tornar a presenteada?

_____

_____

b) Agora imagine que você seja a mãe e que a floricultura não será paga. Que pontuação usaria para ser a pessoa presenteada com as flores?

_____

_____

c) A floricultura será paga e as flores são para a própria Márcia. Como você pontuaria?

_____

_____

d) As flores são para as sobrinhas de Márcia e a floricultura não receberá o pagamento devido. Como o texto deve ser escrito de acordo com a situação?

_____

_____

e) Agora leia todos os textos que você escreveu. O que se pode concluir da leitura e das diferentes maneiras de pontuar?

_____

_____

_____

2. Leia.

WALKER, Mort. Recruta Zero. **O Estado de S. Paulo**, São Paulo, 6 nov. 2011. Caderno 2, D10.

- Justifique o emprego dos pontos de **exclamação** e de **interrogação** nas frases.

a) "Afastem-se!"

_____

b) "A *pizza* do sargento chegou!"

_____

c) "Por que temos de abrir espaço para uma *pizza*?"

_____

3. Leia.

SOUSA, Mauricio de. Turma da Mônica. **O Estado de S. Paulo**, São Paulo, 7 abr. 2010. Caderno 2, D6.

a) Explique o ponto de exclamação na frase "Estou encantada com a internet!".

_____

_____

b) Releia a fala do segundo balão e explique o emprego das reticências.

_____

_____

14

4. Alguns sinais de pontuação foram retirados do texto a seguir. Use pontos finais, vírgulas, pontos de interrogação e pontos de exclamação para pontuá-lo adequadamente.

A loja das linhas

A loja das linhas era uma loja que só tinha linha ☐ De tudo quanto é jeito e cor. Na prateleira do fundo moravam dois carretéis, que há muito tempo estavam ali ☐ um do lado do outro ☐ esperando pra ser comprados ☐ Um era carretel de linha de pesca; o outro ☐ de linha forte ☐ As duas linhas batiam papo até não poder mais:

— Puxa vida ☐ ainda bem que eu nasci linha de pesca: vou viver no mar ☐ no sol, pegando peixe ☐ vai ser legal ☐ Será que o meu comprador vai ter barco ☐

— Você queria barco a vela ou de motor ☐

— Motor ☐ Vai mais depressa ☐ Respinga água ☐ Vejo mais mar ☐

A Linha Forte suspirava:

— Você que é feliz: sabe direitinho a vida que vai ter ☐ Eu não ☐ Passo o dia pensando no quê que vão me usar ☐

— Você queria ser usada pra quê ☐

— Ah ☐ pra costurar lona de barraca de acampamento ☐ Já pensou ☐ Viver sempre lá fora ☐ acampando aqui ☐ ali ☐ viajando pra baixo e pra cima ☐ conhecendo uma porção de lugares diferentes ☐ que maravilha ☐

[...]

NUNES, Lygia Bojunga. **A bolsa amarela**. Rio de Janeiro: Agir, 1978.

5. Leia as frases abaixo em voz alta, observando a entoação de acordo com a pontuação empregada.

O palhaço ria**,** não chorava**.**
O palhaço ria**?** Não**!** Chorava**.**
O palhaço**?** Ria**!!!** Não chorava**.**

- Agora responda.

a) A mudança de pontuação provocou mudança de entoação de voz?

_____

b) E os sentidos, permaneceram os mesmos ou tornaram-se diferentes?

_____

6. Explique o sentido de cada frase da atividade anterior, de acordo com a pontuação empregada.

1ª frase ⟶ _____

_____

2ª frase ⟶ _____

_____

3ª frase ⟶ _____

_____

7. Escreva o local e a data do que se pede.

a) Carta de aniversário que você enviou, de Belo Horizonte, a um amigo.

_____

b) Mensagem que um rapaz, residente em Roma, enviou ao pai quando este foi homenageado no trabalho.

_____

c) Cartão-postal que a tia de Curitiba escreveu a Marcelo, quando ele ganhou o campeonato de tênis.

_____

#fiquedeolho

Nas **datas**, o nome do local vem separado por **vírgula**.

2 Classes gramaticais: Artigo

Para chegar ao conceito

1. Leia.

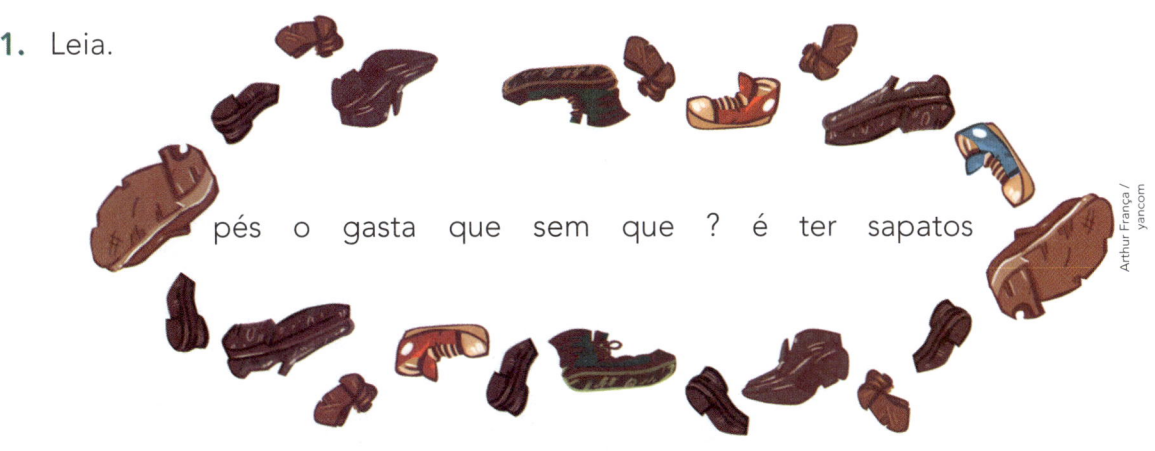

pés   o   gasta   que   sem   que   ?   é   ter   sapatos

Do modo como estão dispostas, essas palavras formam frase?

_____

2. Organize as palavras da atividade **1** e escreva uma **frase interrogativa**.

_____

> Essa frase é uma **charada.**

3. Agora que você conseguiu escrever a frase, escreva a resposta da charada.

_____

#fiquedeolho

Charada é uma adivinhação, um enigma, em que se deve descobrir a resposta pelas indicações dadas em uma frase.

4. Organize agora as palavras desta outra charada, formando também uma frase interrogativa. A seguir, dê a resposta.

casal   para   falta   que   um   casa   formar   o   ?   numa

_____

_____

17

5. Para formar essas frases, você precisou:
   ( ) escrever as palavras soltas, sem estabelecer relações de concordância.
   ( ) organizar as palavras.
   ( ) manter relações de concordância entre as palavras.
   ( ) empregar letra inicial maiúscula e pontuação.

> **#fiquedeolho**
> **Frase** é a palavra ou o conjunto organizado de palavras, com sentido completo, que estabelece comunicação.
> Na **escrita**, a frase vem marcada pela pontuação.

As palavras da língua devem ser organizadas em uma determinada ordem, estabelecendo-se entre elas relações e concordâncias, de modo a adquirir significado.

Essa organização assemelha-se à do sistema solar. O sistema solar possui um núcleo – o Sol –, ao redor do qual giram os planetas. Veja.

Fato semelhante ocorre com a língua portuguesa, com uma pequena diferença: nesta há dois núcleos, o **substantivo** e o **verbo**.

Substantivo e **verbo** são duas classes gramaticais em torno das quais giram outras classes, estabelecendo-se relações entre elas. Assim:

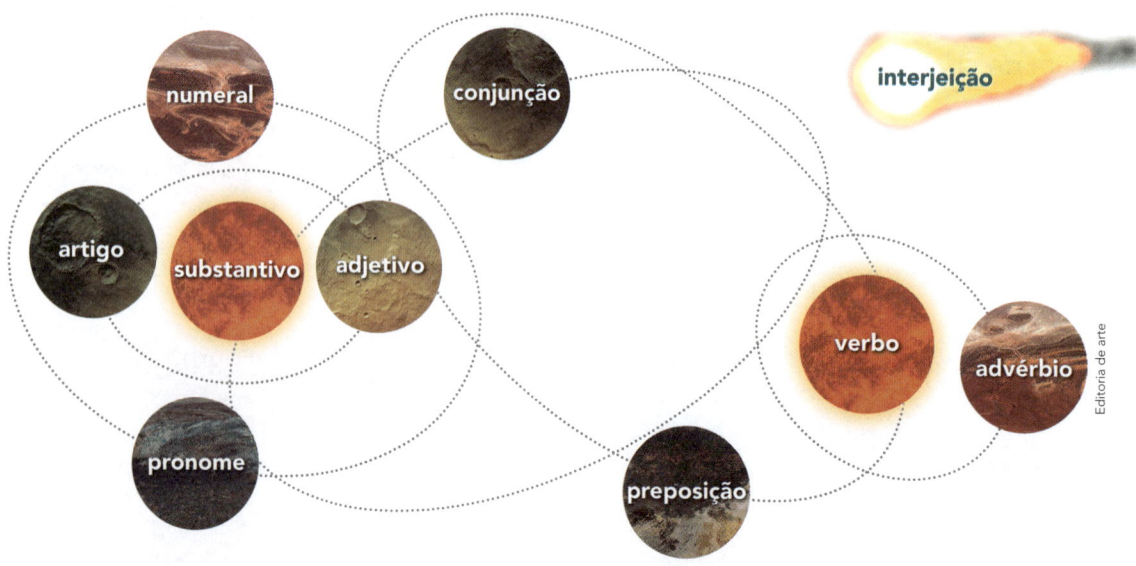

As palavras da língua portuguesa são classificadas segundo a função que desempenham no texto e estão distribuídas em dez grupos, chamados **classes de palavras** ou **classes gramaticais**.

Classes gramaticais	
variáveis	invariáveis
artigo substantivo adjetivo numeral pronome verbo	advérbio preposição conjunção interjeição
Admitem variação de gênero e número, ou de número, pessoa, tempo e modo.	Não admitem variação.

6. Leia.

As palavras destacadas **o** – **um** precedem o nome **hotel**, que é um **substantivo**.

a) No 1º quadrinho, quando a mãe diz **o hotel**, ela se refere:

( ) a um hotel qualquer, indeterminado, indefinido.

( ) a um hotel conhecido, definido, podendo-se determinar qual é.

b) No 2º quadrinho, quando o pai diz **um hotel**, a qual hotel ele se refere?

_____

_____

▶ As palavras **o** – **um** que vêm antes do substantivo **hotel** são **artigos**.

19

7. Complete.

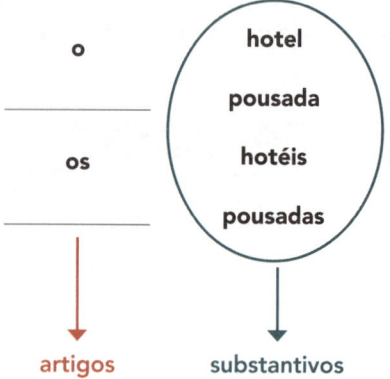

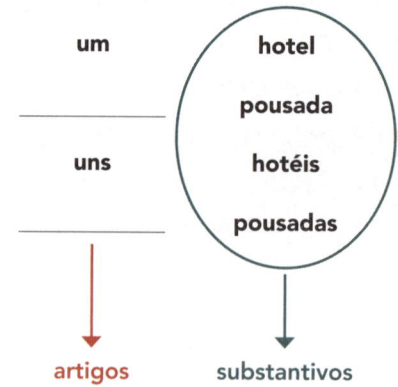

- Com a mudança do substantivo, o que acontece com os artigos?

_____

_____

> **#fiquedeolho**
> O **artigo** varia em **gênero** (masculino – feminino) e em **número** (singular – plural) para concordar com o substantivo a que se refere.

Artigo é a palavra variável que precede o substantivo, determinando-o ou indeterminando-o.

Os artigos podem ser **definidos** ou **indefinidos**. Observe.

	Singular		Plural	
	masculino	feminino	masculino	feminino
Artigo definido	o	a	os	as
Artigo indefinido	um	uma	uns	umas

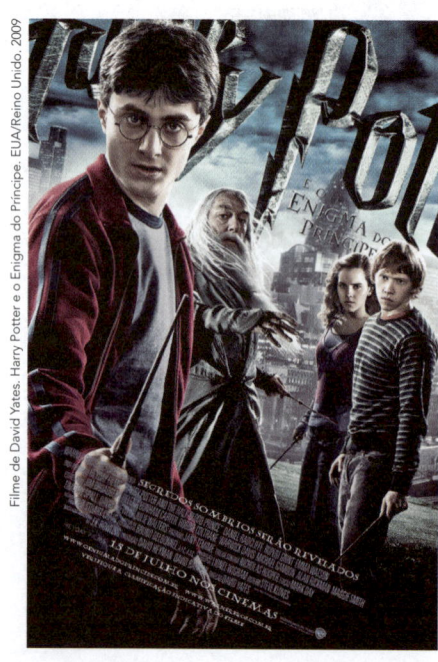

Filme de David Yates. Harry Potter e o Enigma do Príncipe. EUA/Reino Unido, 2009

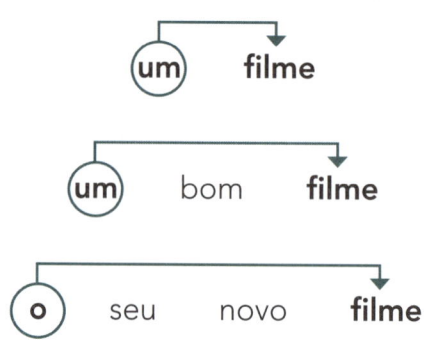

> **#fiquedeolho**
> O **artigo** só pode vir antes do substantivo, próximo ou afastado.

Atividades

1. Escreva o nome de cada classe gramatical no esquema abaixo e assinale a que você está estudando nesta lição.

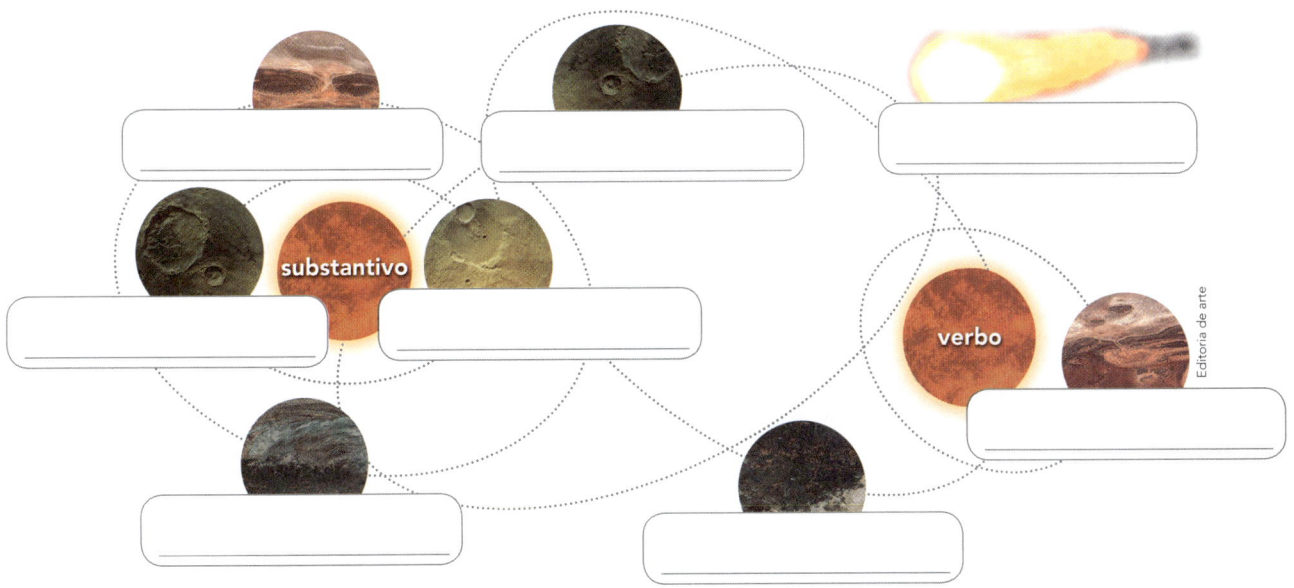

2. Leia.

Pequenos atos que fazem as férias valerem a pena!

| Acordar tarde na primeira manhã de férias... | Tomar café da manhã sem pressa e com todo mundo à mesa... | Curtir piscina e jogo dia sim e outro também... |

a) Escreva artigos definidos antes dos substantivos.

☐ manhã   ☐ café   ☐ mesa   ☐ piscina   ☐ jogo

b) Escreva esses substantivos no **plural** e anteponha os **artigos**.

_____

_____

c) O que ocorre com os artigos diante desses substantivos no plural? Explique.

_____

_____

3. Empregue **artigos definidos** antes dos nomes próprios de lugar, sempre que for possível.

☐ Europa   ☐ Ceará   ☐ Rio de Janeiro
☐ Paraná   ☐ Manaus   ☐ Espanha
☐ Portugal ☐ Chile   ☐ Aracaju

> **#fiquedeolho**
> Diante de **nomes próprios de lugar**, nem sempre é possível colocar **artigo**.

4. Complete com o artigo definido **o** ou **a** (sempre nessa ordem) e faça a correspondência com o significado.

a caixa   **o** caixa

> **#fiquedeolho**
> A mudança do **artigo** (**o** = masculino; **a** = feminino) acarreta mudança de significado em alguns substantivos.

(a) unidade de medida de massa   ( ) _____ cabeça

(b) forração de jardim, relevo   ( ) _____ cabeça

(c) parte do corpo humano   ( ) _____ grama

(d) líder do grupo   ( ) _____ grama

(e) pneu sobressalente   ( ) _____ estepe

(f) tipo de vegetação de zonas frias e   ( ) _____ estepe
      secas, com pequenas plantas

5. Escreva frases transformando em substantivos as palavras destacadas. Veja o exemplo.

> Este pedido é **possível** de ser atendido. (possível → adjetivo)
> Vou fazer **o possível** para atendê-lo. (possível → substantivo)

a) Os indivíduos **idosos** têm privilégio no atendimento bancário. (idosos → adjetivo)

_____

_____

b) **Sim**, você pode sair agora. (sim → advérbio)

> **#fiquedeolho**
> Toda palavra determinada pelo **artigo** torna-se um **substantivo**.

_____

c) Devemos voltar logo, pois já vai **entardecer**. (entardecer → verbo)

_____

6. Leia.

A arte de ler o mundo

[...]
Olhar os amigos e ler:
    o afeto
    o aflito
    o fácil
    o afoito
    a manha
    a mão
[...]

JOSÉ, Elias. **Poemas pra matar saudade**. Belo Horizonte: Dimensão, 2009.

a) Sublinhe os artigos do texto e escreva os substantivos que eles acompanham.

_____

_____

b) Todos os artigos sublinhados no poema são:

  ( ) artigos definidos.   ( ) artigos indefinidos.

7. Leia.

Poesia na varanda

Brotou do chão a poesia
na forma de uma plantinha
espigada, perfumosa,
se abrindo toda pra mim:
mensageiro da alegria,
era um pé de alecrim
que dourou a minha vida... [...]

JUNQUEIRA, Sonia. **Poesia na varanda**. Belo Horizonte: Autêntica, 2012. p. 6.

8. Releia o primeiro verso. Você sabia que na palavra **do** existe o artigo definido **o**? Veja.

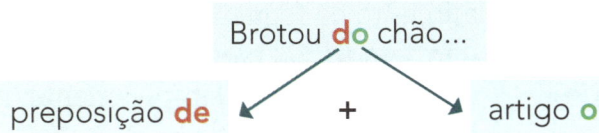

Brotou **do** chão...

preposição **de**   +   artigo **o**

#fiquedeolho

Os **artigos** podem unir-se a **preposições**, formando contrações e combinações: **do** (de + o), **no** (em + o), **numa** (em + uma), **pelas** (per + as), **ao** (a + o), à (a + a)...

Agora copie do poema as palavras em que o artigo uniu-se a alguma preposição e separe-as, como no exemplo acima.

Pontuação
Ponto e vírgula, dois-pontos, travessão, aspas, parênteses

1. Leia.

A tinta negra e o papel branco

Era uma vez uma folha branca de papel em branco toda alva sem traços sem rastros brancura pura era também uma 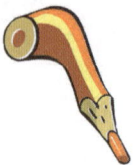 vez uma tinta negra líquida pronta para virar alguma coisa era um tudo que ainda não era nada um dia porque as 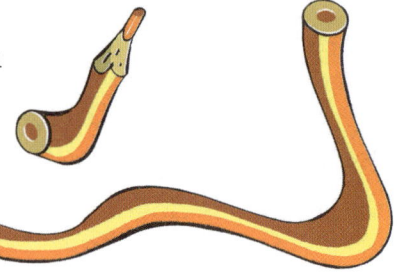 coisas sempre acontecem em algum dia o papel branco se viu todo desenhado com umas letras feitas em tinta negra e essas  letras negras formavam pensamentos fazendo dessa brancura um lugar já não tão branco assim um nadinha com um pouquinho de tudo diante dessa invasão sem permissão o papel branco foi reclamar com a tinta negra para tirar satisfação tinta negra, como você teve a coragem de esparramar sinais e linhas e manchas e garranchos em cima de minha brancura fiquei completamente sujo a tinta 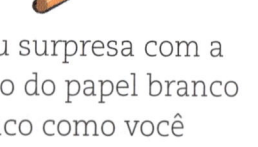 negra ficou surpresa com a reclamação do papel branco papel branco como você tem coragem de querer me expulsar de sua  superfície é justamente por causa dessas palavras escritas com minha tinta negra que você não será jogado fora ao vento não  será queimado no fogo como alimento da fogueira de São João não será usado para embrulhar objetos em vão ou simplesmente ir direto para o lixão

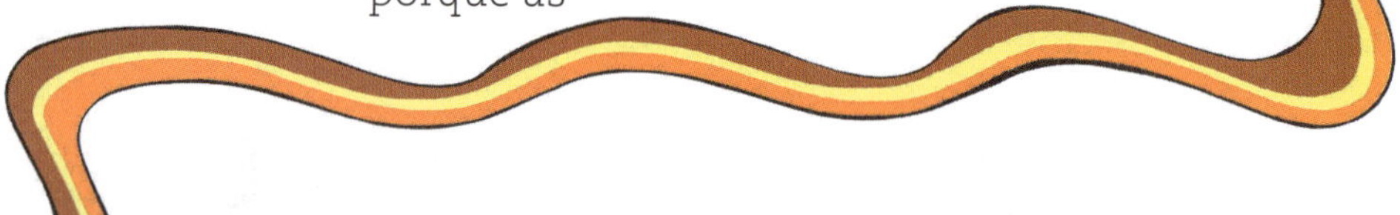

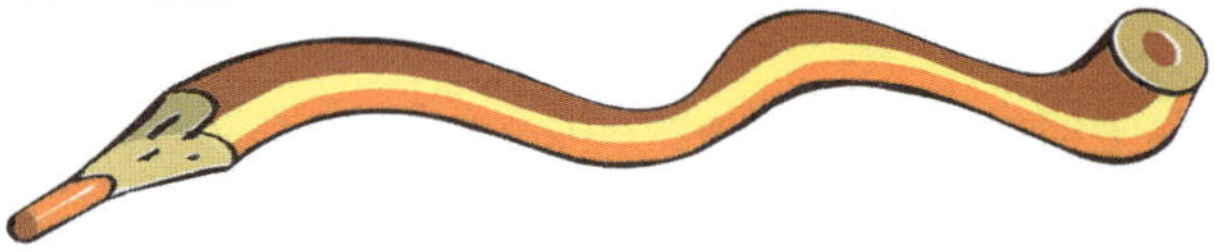

DERDYK, Edith. **Leonardo da Vinci**: fábulas, alegorias, adivinhações. São Paulo: Comboio de Corda, 2010. p. 26-27.

Além de a direção da escrita desse texto ser diferente da usada normalmente, que outros fatores dificultam a leitura?

_____

_____

2. Agora leia o texto organizado, na página 29.
- Escreva os nomes dos sinais de pontuação empregados no texto que você leu.

_____

_____

3. Veja o emprego dos sinais de pontuação a seguir.

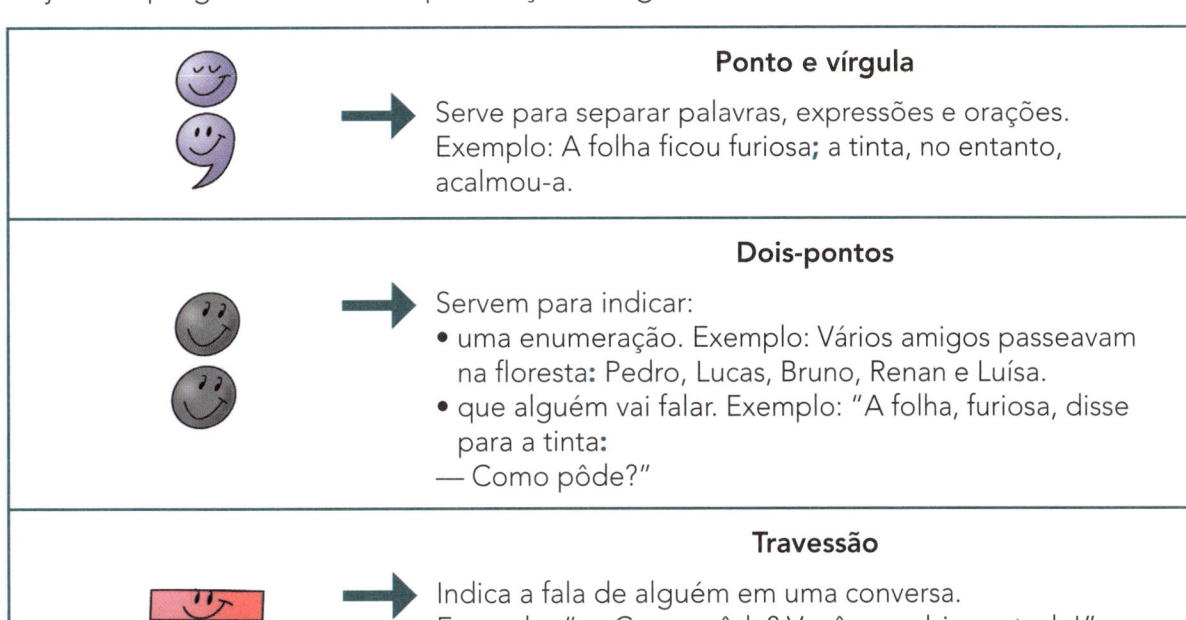

Ponto e vírgula	Serve para separar palavras, expressões e orações. Exemplo: A folha ficou furiosa**;** a tinta, no entanto, acalmou-a.
Dois-pontos	Servem para indicar: • uma enumeração. Exemplo: Vários amigos passeavam na floresta**:** Pedro, Lucas, Bruno, Renan e Luísa. • que alguém vai falar. Exemplo: "A folha, furiosa, disse para a tinta**:** — Como pôde?"
Travessão	Indica a fala de alguém em uma conversa. Exemplo: "**—** Como pôde? Você me rabiscou toda!"
Aspas	Indicam citação ou fala de alguém; episódios ou capítulos de livros; palavras estrangeiras; gírias... Exemplos: Na entrevista, o médico disse: **"**É preciso acabar com a dengue**"**. **"**[...] separou e guardou-a, pois ela continha uma mensagem.**"**
Parênteses	Servem para intercalar no texto palavras e expressões explicativas ou irônicas. Exemplo: Na hora da limpeza **(**quanto cuidado!**)**, a folha escrita foi separada e guardada.

Ilustrações: Ricardo Dantas

25

Atividades

1. Leia e escreva os nomes dos sinais de pontuação destacados.

A mãe pergunta:

— Filhinha, o que estudou na escola hoje?
— Hoje eu estudei álgebra, mamãe.
— Ah, que bom! Então diz "bom dia" para a mamãe em álgebra.

BUCHWEITZ, Donaldo. **50 piadas**. Matemática. São Paulo: Ciranda Cultural, 2010.

2. Explique o emprego dos sinais de pontuação destacados nas frases abaixo.

a) A mãe pergunta**:**

___

b) **"**bom dia**"**

___

c) **—** Ah, que bom!

___

d) Hoje eu estudei álgebra**,** mamãe.

___

- Escreva outro trecho da piada em que a vírgula foi empregada pelo mesmo motivo da alternativa **d**.

___

26

3. Escreva os nomes dos sinais de pontuação destacados nas frases e explique por que foram usados. Veja o exemplo.

Trechos do texto	Sinais de pontuação		Emprego
"— Filhinha, o que estudou na escola hoje?"	,	vírgula	• para separar um chamamento (vocativo)
	—		•
	?		•
"— Ah, que bom!"	,		•
	" "		•
	!		•

4. O texto abaixo está fora de ordem. Numere as linhas escritas de **1** a **7**, colocando o texto na ordem adequada. Preste atenção nos sinais de pontuação.

☐ O louco, curioso, indaga:

☐ — Escrevendo uma carta para mim.

☐ — Não sei. Ainda não recebi...

☐ O outro responde:

☐ No hospital, um louco pergunta ao outro:

☐ — E o que está escrito?

☐ — O que você está fazendo?

• Agora leia o texto na ordem numerada para entender o sentido.

5. Pontue o texto usando os sinais de pontuação na quantidade indicada nos quadros.

vírgula → 6 dois-pontos → 2 travessão → 3

ponto de interrogação → 3 reticências → 1 ponto de exclamação → 1

No retorno do primeiro dia de aula a criança toda contente diz
Mãe sabia que eu sou mais esperta que a minha professora
É mesmo E por que você acha isso
A menina muito observadora responde
Muito simples eu passei de ano e ela ficou no mesmo

6. Copie do texto anterior trechos em que a vírgula foi usada para:

a) separar o chamamento ou vocativo.

_____

b) destacar a qualidade, enfatizando-a.

_____

_____

c) Justifique o uso das reticências no local do texto de sua escolha.

_____

_____

_____

7. Leia.

SOUSA, Mauricio de. **Almanaque do Cascão**, Barueri-SP: Panini, n. 45, 2014.

- Continue contando a história dos quadrinhos e transcreva as falas dos balões, usando **dois-pontos** e **travessão**.

O sol estava muito forte. Cascão, menino que tem horror à água e ao banho, estava suando muito e comentou:

_____
_____
_____
_____
_____
_____
_____

> **#fiquedeolho**
>
> Nos quadrinhos, os **balões** representam a fala de um personagem.
> Na **escrita**, usam-se **dois-pontos** e **travessão** para indicar a fala do personagem.

Texto organizado da página 24.

A tinta negra e o papel branco

Era uma vez uma folha branca de papel, em branco, toda alva, sem traços, sem rastros, brancura pura.

Era também uma vez uma tinta negra, líquida, pronta para virar alguma coisa. Era um tudo que ainda não era nada.

Um dia, porque as coisas sempre acontecem em algum dia, o papel branco se viu todo desenhado com umas letras feitas em tinta negra. E essas letras negras formavam pensamentos, fazendo dessa brancura um lugar já não tão branco assim, um nadinha com um pouquinho de tudo.

Diante dessa invasão sem permissão, o papel branco foi reclamar com a tinta negra, para tirar satisfação:

— Tinta negra, como você teve a coragem de esparramar sinais e linhas e manchas e garranchos em cima de minha brancura? Fiquei completamente sujo!!!

A tinta negra ficou surpresa com a reclamação do papel branco.

[...]

— Papel branco, como você tem coragem de querer me expulsar de sua superfície? [...] É justamente por causa dessas palavras escritas com minha tinta negra que você não será jogado fora ao vento, não será queimado no fogo como alimento da fogueira de São João, não será usado para embrulhar objetos em vão ou simplesmente ir direto para o lixão!!! [...]

DERDYK, Edith. **Leonardo da Vinci**: fábulas, alegorias, adivinhações. São Paulo: Comboio de Corda, 2010. p. 26-27.

3 Substantivo

Para chegar ao conceito

1. Leia o anúncio de propaganda.

a) Qual o **nome** do elemento da natureza de que fala essa propaganda?

_____

b) Em "Toda vez que você lava o carro, joga fora 500 litros de água.", retire as palavras que dão **nomes** a lugares, objetos, enfim, aos seres.

_____

c) Na propaganda, uma dessas palavras vem precedida do artigo:

( ) o.   ( ) a.   ( ) um.   ( ) uma.

2. Observe as palavras da propaganda e assinale a alternativa em que **todas** as palavras são usadas para dar **nomes** a algo.

( ) Toda, carro, lava, céu, que.

( ) Vez, carro, litros, água, céu.

( ) Você, joga, não, chove, litros.

▶ As palavras que dão **nomes** classificam-se como substantivos.

> **Substantivo** é a palavra que dá nomes a pessoas, animais, lugares, sentimentos, objetos, enfim, a tudo que existe ou que imaginamos existir.

3. Leia e complete com o gênero (masculino / feminino) e o número (singular / plural).

a)

a — artigo

água — substantivo

cristalina — adjetivo

feminino

singular

b)

essas — pronome

águas — substantivo

cristalinas — adjetivo

feminino

plural

31

c)

os   dois   rios   cristalinos

artigo   numeral   substantivo   adjetivo

_____   _____   masculino _____   _____

_____   _____   plural _____   _____

d) Nos esquemas, os substantivos **água** e **rio**:

( ) não sofreram modificações.

( ) modificaram-se para indicar o plural.

( ) são palavras variáveis.

( ) são palavras invariáveis.

e) Na passagem do substantivo **água** do singular para o plural, o que aconteceu com as palavras que o acompanham?

_____

_____

_____

f) E na substituição pelo substantivo **rios**, o que aconteceu com as palavras que o acompanham?

_____

_____

_____

g) As **classes gramaticais** que acompanham o **substantivo**, concordando com ele em gênero e número, são:

( ) artigo.   ( ) advérbio.

( ) verbo.   ( ) numeral.

( ) adjetivo.   ( ) preposição.

( ) pronome.   ( ) conjunção.

Substantivo é a palavra variável que pode vir acompanhada de artigo, adjetivo, numeral e/ou pronome.

Atividades

1. Leia.

A pesca

o anil
o anzol
o azul

o silêncio
o tempo
o peixe

a agulha
vertical
mergulha
[...]

SANT'ANNA, Affonso Romano de. **A pesca**. São Paulo: Global, 2013.

a) Escreva palavras do poema que dão **nomes** a:

- cores – _____
- animal – _____
- objetos – _____
- elementos ou seres que não têm existência física – _____

b) Nesse poema, esses substantivos vêm precedidos dos artigos:

( ) **o.** ( ) **a.** ( ) **um.** ( ) **uma.**

c) Explique por que, no poema, as palavras **anil** e **azul** são substantivos.

_____

d) Esses artigos são:

( ) definidos. ( ) indefinidos.

e) Que cena esses substantivos descrevem?

_____

_____

2. Transcreva do poema substantivos que vêm determinados por artigos.

Artigo	Substantivo
_____	_____
_____	_____
_____	_____
_____	_____

Artigo	Substantivo
_____	_____
_____	_____
_____	_____
_____	_____

3. Separe os substantivos seguintes de acordo com o que cada um nomeia, colocando antes deles o artigo definido.

> cadeira • esperteza • prego • corrida • felicidade • alegria • lealdade • pescaria

Ações	Qualidades

Sentimentos	Objetos

4. Leia.

O pastor e o lobo

Um pastor de ovelhas achava a vida muito monótona. Por isso, inventava de tudo para se distrair. A sua diversão favorita era fingir que estava em apuros.

— Um lobo! Socorro! Socorro! — costumava gritar aos quatro ventos.

Quando as pessoas do povoado vinham em seu socorro, encontravam-no perfeitamente seguro, rindo a valer.

Um dia apareceu um lobo de verdade na frente do pastor. Desesperado, ele começou a gritar como sempre fazia:

— Um lobo! Socorro! Socorro!

Desta vez ninguém veio socorrê-lo, e o pastor teve de se esconder em cima de uma moita de espinhos, enquanto o lobo devorava todas as suas ovelhas.

Quando os mentirosos falam a verdade, ninguém acredita.

LA FONTAINE, Jean de. **Fábulas de Esopo**. Adaptação de Lucia Tulchinski. São Paulo: Scipione, 2004. p. 38. (Série Reencontros infantis).

- Leia os artigos, pronomes, adjetivos e numeral abaixo. A seguir, complete o quadro adequadamente com os substantivos do texto aos quais eles se referem.

Artigos	Pronomes	Adjetivos	Numeral	Substantivos
a	—	monótona	—	
a	sua	favorita	—	
(a)os	—	—	quatro	
uma	—	—	—	
as	suas	—	—	

5. Releia esta frase do texto.

> Um dia apareceu um lobo de verdade na frente do pastor.

a) Reescreva a frase substituindo os substantivos masculinos **lobo** e **pastor** pelos respectivos femininos.

_____

b) Na substituição, o que ocorre com os artigos que se referem a esses substantivos?

_____

_____

6. Leia.

Circuito fechado

Chinelos, vaso, descarga. Pia, sabonete. Água. Escova, creme dental, água, espuma, creme de barbear, pincel, espuma, gilete, água, cortina, sabonete, água fria, água quente, toalha. Creme para cabelo, pente. Cueca, camisa, abotoaduras, calça, meias, sapatos, gravata, paletó. Carteira, níqueis, documentos, caneta, chaves, lenço, relógio [...].

RAMOS, Ricardo. **Circuito fechado**. São Paulo: Martins Fontes, 1972. p. 21.

a) Esse trecho conta o início de uma história, portanto é um texto narrativo. Para isso, o narrador utilizou em grande quantidade palavras de uma classe gramatical. Qual classe?

_____

b) Embora não haja nomes próprios, percebe-se nessa história a presença de um personagem masculino. Copie do texto substantivos que justificam essa afirmativa.

_____

7. Nesse trecho de texto, estão sendo relatadas ações cotidianas do personagem. Identifique pelo menos três delas e transcreva os substantivos que justificam sua resposta. Veja o exemplo.

Ações	Substantivos do texto
calçar os chinelos	chinelos

Brincando com palavras

Quem inventou o _____?

O _____ foi inventado pelos _____, 600 _____ antes de _____. Eles ferviam _____ com _____ de _____ e _____ de _____, obtendo um _____ pastoso. O _____ sólido só apareceu no _____ VII, quando os _____ descobriram o _____ de _____ — _____ de _____ naturais, _____ animal e _____ cáustica, que, depois de fervida, endurece. Os _____, tendo aprendido a _____ com os _____, acrescentaram-lhe _____ de _____ para dar ao _____ um _____ mais suave. No _____ XV e no XVI, enfim, várias _____ europeias tornaram-se _____ produtores de _____ — entre elas, _____, na _____, e _____, na _____. Foi da _____ de _____ que os _____ tiraram a _____ savon, _____, e o _____ savonnette, _____.

Mundo Estranho/Abril Comunicações S.A.

a) Na sua opinião, de que invenção se trata? Como você chegou a essa conclusão?
_____

b) As palavras retiradas do texto pertencem a que classe gramatical? Justifique sua resposta.
_____
_____

Agora o **desafio**! Você conseguiria completar o texto, escrevendo os substantivos a seguir no lugar adequado?

> água • anos • árabes • árabes • banha • cabra • centros • cheiro • cidade • cidades • cinzas • Cristo • diminutivo • espanhóis • fenícios • França • franceses • gordura • Itália • lição • madeira • Marselha • mistura • óleo • óleos • oliva • palavra • processo • sabão • sabão • sabão • sabão • sabão • sabão • sabonete • sabonete • saponificação • Savona • Savona • século • século • soda

Conseguiu? Muito bem! Agora releia o texto e saiba qual é a invenção e como isso ocorreu. Depois confira com a resposta dada na alternativa **a**.

Fonema e letra

1. Leia.

a) Troque a letra inicial da palavra **gente**, que aparece na tira, e forme outras palavras.

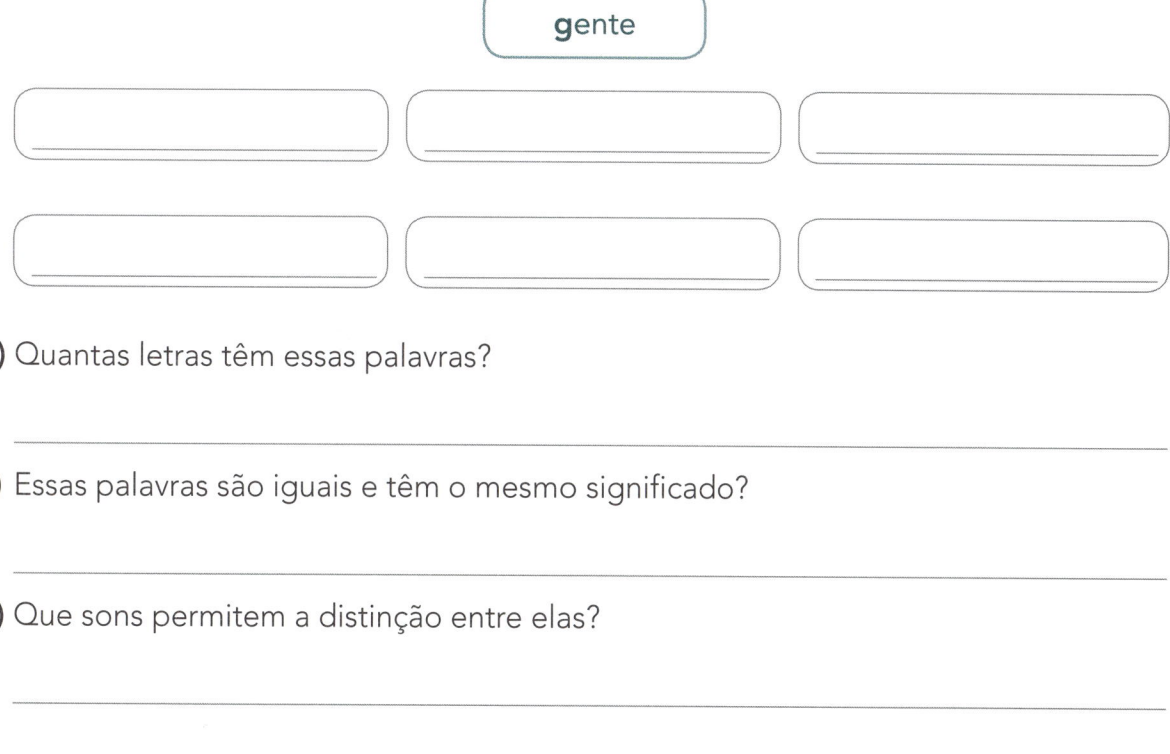

b) Quantas letras têm essas palavras?

c) Essas palavras são iguais e têm o mesmo significado?

d) Que sons permitem a distinção entre elas?

▶ Os sons /g/, /d/, /l/, /p/, /t/, /m/, /s/, que exercem a função de distinguir uma palavra da outra, são **fonemas**.

#fiquedeolho
Por convenção, os **fonemas** são escritos entre barras: / /.

Fonema é a menor unidade de som de uma palavra falada.

2. Veja.

Fala		Escrita
/d/ /e/ /v/ /e/	→	4 fonemas
deve: d – e – v – e	→	4 letras
/m/ /u/ /i/ /t/ /o/	→	5 fonemas
muito: m – u – i – t – o	→	5 letras

- Agora complete a frase.

   Na língua escrita, representamos os fonemas por meio de sinais chamados _____.

   > **Letra** é a representação gráfica do fonema.

   O conjunto ordenado das letras forma o **alfabeto**. O nosso alfabeto possui **26 letras**, divididas em **vogais** e **consoantes**. Veja.

   Alfabeto

   a b c d e f g h i j k l m n o p q r s t u v w x y z

3. Nem sempre há correspondência exata entre **fonema** e **letra**.

   a) Veja alguns fonemas e as letras que os representam.

Fala	Escrita	
fonema /z/	representado pelas **letras**	**s** — ca**s**a **z** — co**z**inha **x** — e**x**ame
fonema /s/	representado pelas **letras**	**s** — **s**orvete **ss** — pá**ss**aro **c** — **c**enoura **ç** — palha**ç**o **sc** — na**sc**er **x** — te**x**to **xc** — e**xc**elente **xs** — e**xs**udar (= suar)
fonema /k/	representado pelas **letras**	**c** — **c**olega **q** — **q**ueijo, **q**uatro **k** — **K**ibon

#fiquedeolho

Muitas vezes, falamos de um jeito e escrevemos de outro. Isso mostra que a **ortografia** das palavras merece atenção especial! Na dúvida, consulte um dicionário.

? ? ? ? ? ?

Fernandes e Gilmar

38

b) Veja alguns casos em que a mesma letra pode representar fonemas diferentes.

Escrita	Fala	
letra c	pode representar os **fonemas**	/**s**/ – **c**enoura /**k**/ – **c**olega
letra x	pode representar os **fonemas**	/**s**/ – te**x**to /**z**/ – e**x**ame /**ks**/ – fi**x**o
letra s	pode representar os **fonemas**	/**s**/ – **s**orvete /**z**/ – ca**s**a

Atividades

1. Leia.

Vida de cachorro?
Alf meu, estou perplexa
Não sei mais o que fazer
Com você — não vejo nexo
Em tentar te entender.
[...]

Mas você, Alf felpudo
É malandro e espertalhão
Que se faz de surdo e mudo
É teimoso e tão turrão!
[...]

BELINKY, Tatiana. **Um caldeirão de poemas 2**. São Paulo: Companhia das Letrinhas, 2007. p. 64-65.

a) Distribua as letras das palavras nos quadrinhos, colocando **v** para as **vogais** e **c** para as **consoantes**. Veja o exemplo.

mas   faz   com   mudo

m	a	s
c	v	c

b) Copie do texto palavras escritas conforme se pede.

- letra **s**, fonema /z/ _____
- letra **c**, fonema /s/ _____
- letra **x**, fonemas /ks/ _____

2. Leia.

	Fala	Escrita
vejo →	4 fonemas: /v/ /e/ /j/ /o/	4 letras: v-e-j-o
malandro →	7 fonemas: /m/ /a/ /l/ /ã/ /d/ /r/ /o/	8 letras: m-a-l-a-n-d-r-o
que →	2 fonemas: /k/ /e/	3 letras: q-u-e
nexo →	5 fonemas: /n/ /e/ /k/ /s/ /o/	4 letras: n-e-x-o

- Agora faça a correspondência.

    (a) menos fonemas e mais letras

    (b) mais fonemas e menos letras

    (c) mesmo número de fonemas e letras

    (   ) vejo
    (   ) malandro
    (   ) nexo
    (   ) que

    #fiquedeolho
    Nem sempre há correspondência entre **fonema** e **letra**.

3. Leia.

   Noite de São João

   Vamos ver quem é que sabe
   soltar fogos de S. João?
   Foguetes, bombas, chuvinhas,
   chios, chuveiros, chiando,
       chiando,
       chovendo
       chuvas de fogo!
   Chá — Bum! [...]

   LIMA, Jorge de. **Poesia completa**. Rio de Janeiro: Nova Aguilar, 1997.

   a) Copie as palavras em que as duas letras iniciais se repetem.

   _____

   _____

   b) Copie essas duas letras repetidas. Que som elas representam?

   _____

   c) Referindo-se a festas de São João, esse som lembra o quê?

   _____

   _____

   d) Na sua opinião, qual a intenção do autor ao repetir esses sons?

   _____

   _____

4. Complete, observando o **h** fora dos grupos **ch, nh, lh**. Veja o exemplo.

	Fala	Escrita
palavras	fonemas	letras
ho-ra →	/o/ /r/ /a/ → 3 fonemas	h - o - r - a → 4 letras
Ba-hi-a →	_____	_____
ah! →	_____	_____

40

- Nesses casos, o que se pode concluir sobre o **h**?

  _____

  _____

> **#fiquedeolho**
>
> Em língua portuguesa, **h** é letra, mas **não** representa nenhum fonema, a não ser quando antecedido de **c**, **n** e **l** (**ch**, **nh**, **lh**).

5. Faça a correspondência entre fonemas e letras.

   (a) fonema /s/
   - ( ) a**ss**a**ss**ino
   - ( ) cal**ç**ada
   - ( ) esqui**s**ito
   - ( ) e**x**istir
   - ( ) fi**z**eram

   (b) fonema /z/
   - ( ) fortale**z**a
   - ( ) hori**z**onte
   - ( ) into**x**icar
   - ( ) japone**s**a
   - ( ) pen**s**o

   (c) fonemas /ks/
   - ( ) pe**s**o
   - ( ) qui**s**eram
   - ( ) **s**uperfície
   - ( ) **s**uperfície
   - ( ) tó**x**ico

- Comparando letras e fonemas que as representam, o que se pode concluir?

  _____

  _____

Brincando com palavras

Você sabe a que velocidade pode chegar um espirro?

Descubra, substituindo cada letra de nosso alfabeto pela letra que vem antes.

D	F	O	U	P		F		D	J	O	R	V	F	O	U	B

R	V	J	M	P	N	F	U	S	P	T		Q	P	S		I	P	S	B

4 Substantivo
Classificação

Para chegar ao conceito

1. Leia.

   Não esqueça da minha Caloi.

   O Natal tai. É minha Caloi?

   Não vai esquecer: Caloi!

   Esquecidinho heim? E a minha bicicleta Caloi?

   Achou!!! É só para lembrá-lo: Caloi

   a) Na propaganda, aparecem os substantivos **bicicleta** e **Caloi**. Qual desses substantivos serve para nomear todo e qualquer veículo desse tipo?

   _____

   b) Qual deles serve para dar nome a uma determinada marca de bicicleta?

   _____

   ▶ O substantivo **bicicleta** é um **substantivo comum** e **Caloi** é um **substantivo próprio**.

   #fiquedeolho
   O **substantivo próprio** deve ser escrito com **letra inicial maiúscula**.

2. Veja.

   bicicleta → substantivo comum

   Caloi → substantivo próprio

   Substantivo comum: serve para nomear todos os seres da mesma espécie.

   Substantivo próprio: serve para nomear um ser em particular dentro da espécie.

3. Reescreva a frase, empregando iniciais maiúsculas adequadamente.

este garoto, o marquinho, nasceu na cidade de manaus.

_____

4. Veja.

Marquinho é um **aluno**.   Os **alunos** já saíram.   Marquinho está na **turma** do 6º ano.

↓   ↓   ↓

substantivo singular   substantivo plural   substantivo coletivo

a) O substantivo **turma** está no singular ou no plural?

_____

b) O substantivo **turma** indica:

( ) apenas um aluno.   ( ) um grupo de alunos.

▶ O substantivo **turma** é um coletivo.

Substantivo coletivo é o substantivo que, mesmo no singular, indica um conjunto de pessoas, de animais..., enfim, de seres.

c) Leia a lista de alguns substantivos coletivos e faça a correspondência.

Substantivos coletivos

(1) álbum   ( ) de pássaros
(2) arquipélago   ( ) de caminhões, de navios, de trens
(3) banda, orquestra   ( ) de animais de uma região
(4) biblioteca   ( ) de livros
(5) colmeia, enxame   ( ) de pássaros, de plantas
(6) comboio   ( ) de ilhas
(7) constelação   ( ) de estrelas
(8) esquadrilha   ( ) de aviões
(9) fauna   ( ) de bois, de búfalos, de elefantes
(10) flora   ( ) de flores
(11) manada   ( ) de músicos
(12) nuvem   ( ) de figurinhas, de fotos, de selos
(13) penca   ( ) de plantas de uma região
(14) ramalhete, buquê ( ) de abelhas
(15) revoada   ( ) de frutas, de chaves
(16) viveiro   ( ) de mosquitos, de gafanhotos

5. Leia.

O jardim dos animais

[...] Neste **jardim** onde se preserva a solidão,
a ema para,
a tartaruga corre,
a arara cala,
o amanhã anoitece,
a flor embrutece,
a noite não amanhece.

Em que céus voam, em que rios bebem,
em que florestas vivem:
o **tié-sangue**,
o **sanhaço-de-fogo** [...]

CLAVER, Ronald. **O jardim dos animais**. São Paulo: FTD, 1993. p. 26-27.

6. Veja o substantivo e, a partir dele, escreva outros.

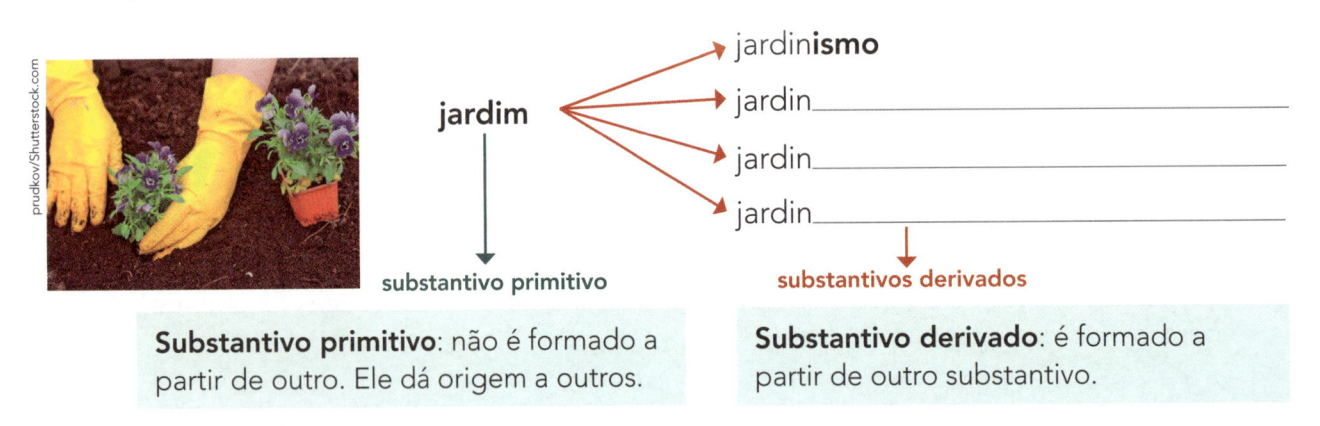

jardim → jardin**ismo**
jardim → jardin_____
jardim → jardin_____
jardim → jardin_____

↓ substantivo primitivo
→ substantivos derivados

Substantivo primitivo: não é formado a partir de outro. Ele dá origem a outros.

Substantivo derivado: é formado a partir de outro substantivo.

7. Complete com substantivos do poema.

substantivos **que dão** nomes a **animais**

formado por uma só palavra

formado por mais de uma palavra

_____   _____

- Que sinal aparece no substantivo formado por mais de uma palavra?

_____

8. Leia.

beijo — flor — beija-flor

substantivos simples — **substantivo composto**

Substantivo simples: formado por apenas uma palavra: beijo, flor, sabiá, brisa, passarinho...

Substantivo composto: formado por duas ou mais palavras, ligadas ou não por hífen: bem-te-vi, planalto...

Veja a classificação dos substantivos.

Classificação do substantivo
• de acordo com o que nomeia:
comum → garoto, passarinho, bem-te-vi, beija-flor, álbum...   **próprio** → Marquinho, Brasília, Amazonas...   **coletivo** → turma, álbum, alcateia...
• de acordo com a formação:
primitivo → garoto, álbum, pássaro, rama, canção...   **derivado** → Marquinho, passarinho, Brasília, ramagem...   **simples** → garoto, passarinho, Brasília, álbum, rama...   **composto** → bem-te-vi, beija-flor, passatempo...

#fiquedeolho

O mesmo substantivo pode ter mais de uma classificação. No entanto, as classificações – **comum** ou **próprio**, **simples** ou **composto**, **primitivo** ou **derivado** – são excludentes, isto é, uma exclui a outra.

Atividades

1. Leia.

Folclore fantástico

Lobisomem

Nas noites de quinta para sexta-feira em dias de lua cheia, todos ficam preocupados...
É noite de lobisomem.

Chupa-cabras

Você já ouviu falar no "chupa-cabras"?
Esta é uma história curiosa, que mexe com o imaginário das pessoas.

LIMA E SILVA, Vera Maria de. **Folclore fantástico**.
São Paulo: Ciranda Cultural, s/d.

Retire dos textos os **substantivos comuns**, escrevendo-os nos lugares adequados.

Substantivo comum	
Substantivo simples	Substantivo composto

2. Escreva substantivos comuns, nomeando os seres que estão a sua volta.

_____

_____

_____

#fiquedeolho

O mesmo **substantivo** pode ter mais de uma **classificação**.

3. Este é um desafio! Responda rápido!

Um fazendeiro tinha uma boiada de duzentas cabeças.

Depois comprou a boiada de outro fazendeiro, com cento e vinte cabeças. Com quantas boiadas ficou?

_____

_____

_____

4. Observe as figuras e complete as cruzadinhas com o substantivo coletivo correspondente.

5. Leia.

a) Escreva o substantivo composto da tira.

_____

b) A partir do substantivo simples **água**, escreva outros substantivos compostos, com hífen. Se necessário, consulte o dicionário.

_____

_____

_____

47

6. A partir das palavras dadas, forme substantivos compostos, escritos sem hífen.

> **perna + longa = pernilongo**

água + ardente = _____

bom + bom = _____

madre + pérola = _____

gira + sol = _____

mal + me + quer = _____

passa + tempo = _____

perna + alta = _____

plano + alto = _____

ponta + pé = _____

vinho + acre = _____

7. Escreva substantivos derivados a partir dos adjetivos e dos verbos.

Adjetivos	Substantivos derivados
delicado	
fácil	
tímido	
curioso	
Verbos	**Substantivos derivados**
poluir	
pescar	
concluir	
vender	

#fiquedeolho

Os substantivos derivados de **adjetivos** dão nome às **qualidades**. Os substantivos derivados de **verbos** dão nome às **ações**.

8. Escreva frases usando substantivos derivados dos adjetivos e verbos destacados. Veja o exemplo.

> Os animais devem viver **livres**.
> Sem **liberdade** não há vida.

a) Não gosto de histórias **tristes**!

_____

b) Contemplava as águas **tranquilas** do lago.

_____

c) É proibido **colocar** cartazes nas ruas.

_____

d) A notícia tem o objetivo de **informar**.

_____

9. Leia.

Pescaria noturna

Hoje os anjos
estão pescando estrelas,
sentados
numa pedra
da Lua.

É que as nuvens
passam férias
no Japão.

No pisca-pisca
dos grilos da mata
um deles vem buscar,
no fundo dos olhos,
meus vaga-lumes.

São as iscas noturnas
que os anjos
usam
pra pescar
meu coração.

BARRETO, Antônio. **Brincadeiras de anjo**. São Paulo: FTD, 1991. p. 35.

- Copie do poema quatro artigos definidos, junto com os substantivos comuns que eles determinam.

_____

_____

_____

#fiquedeolho

Os artigos podem unir-se a **preposições**. Assim: d**o** (de + **o**), d**as** (de + **as**), n**a** (em + **a**)...

10. Leia o verbete e sublinhe o significado mais adequado ao texto.

Verbetes do dicionário

Lua sf. **1**. [Astronomia]. Astro que gira em torno de um planeta: satélite – _O planeta Marte tem duas luas._
2. [Inicial maiúscula.] O astro que gira em torno da Terra – _A Lua é o satélite natural da Terra._ [...]

MATTOS, Geraldo. **Dicionário Júnior da língua portuguesa**. São Paulo: FTD, 2010. p. 463.

- Agora responda.

  No poema, a palavra **lua** é um substantivo próprio ou comum? Explique sua resposta.

  _____
  _____
  _____

11. Classifique os substantivos, marcando **X** onde for adequado.

Substantivo	comum	próprio	simples	composto	primitivo	derivado
anjos, estrelas						
pescaria						
Lua, Japão						
pisca-pisca, vaga-lumes						

12. Leia.

ÚNICO TATU-BOLA REGISTRADO NO CEARÁ, QUE INSPIROU MASCOTE DA COPA DO MUNDO, MUDA DE HÁBITAT

Por Hayanne Narlla em Cotidiano
14 de março de 2015

O tatu-bola que vivia em reserva de Crateús, sob cuidados da Associação da Caatinga, precisou mudar de hábitat por segurança. Agora ele está em zoológico de Brasília. [...]

No Ceará, existem caçadores que tentam aprisionar a espécie, que está ameaçada de extinção. Temendo que se tornasse mais uma presa, a associação enviou o tatu-bola, chamado de Juca, para a capital federal.

Juca foi transportado para Brasília.

NARLLA, Hayanne. Único tatu-bola registrado no Ceará, que inspirou mascote da Copa do Mundo, muda de hábitat. **Tribuna do Ceará**. [Fortaleza], 14 mar. 2015. Cotidiano. Disponível em: <http://tribunadoceara.uol.com.br/noticias/cotidiano-2/unico-tatu-bola-do-ceara-que-inspirou-mascote-da-copa-do-mundo-e-transferido-para-brasilia/#>. Acesso em: 9 mar. 2016.

Retire do texto alguns substantivos que se classificam como:

- comuns e compostos _____
- próprios _____
- comuns, simples e derivados _____

#fiquedeolho

Substantivos próprios são escritos com letra inicial maiúscula.

Sílaba

1. Leia.

RE-FRES-CAN-TE

Nutritivo, gostoso, refrescante e, melhor, pouco calórico: é o melão. Precisa dizer mais?

Re-fres-can-te. Essa é a primeira propriedade do melão. [...]
Portanto, inclua o melão no cardápio dos dias quentes — sua saúde agradece.

RE-FRES-CAN-TE. **Pense Leve**. São Paulo: GR Um Editora, fev. 1997.

a) Segundo o texto, qual é a característica mais importante do melão?

_____

b) Para chamar a atenção sobre essa palavra, de que maneira ela foi escrita?

_____

_____

_____

2. Leia esta palavra vagarosamente.

Re fres can te

a) Quantos movimentos você fez com a boca para pronunciá-la?

_____

b) Em quais vogais você se apoiou para falar a palavra **refrescante**?

_____

#fiquedeolho

Toda **sílaba** possui uma **vogal**.

51

▶ Cada grupo de sons que você emitiu em um impulso de voz recebe o nome de **sílaba**.

Sílaba é o fonema ou o conjunto de fonemas pronunciado numa só emissão de voz.

3. Portanto, a palavra **re-fres-can-te** tem:

   ( ) uma sílaba.   ( ) duas sílabas.   ( ) três sílabas.   ( ) quatro sílabas.

4. Quanto ao número de sílabas, a palavra pode ser:

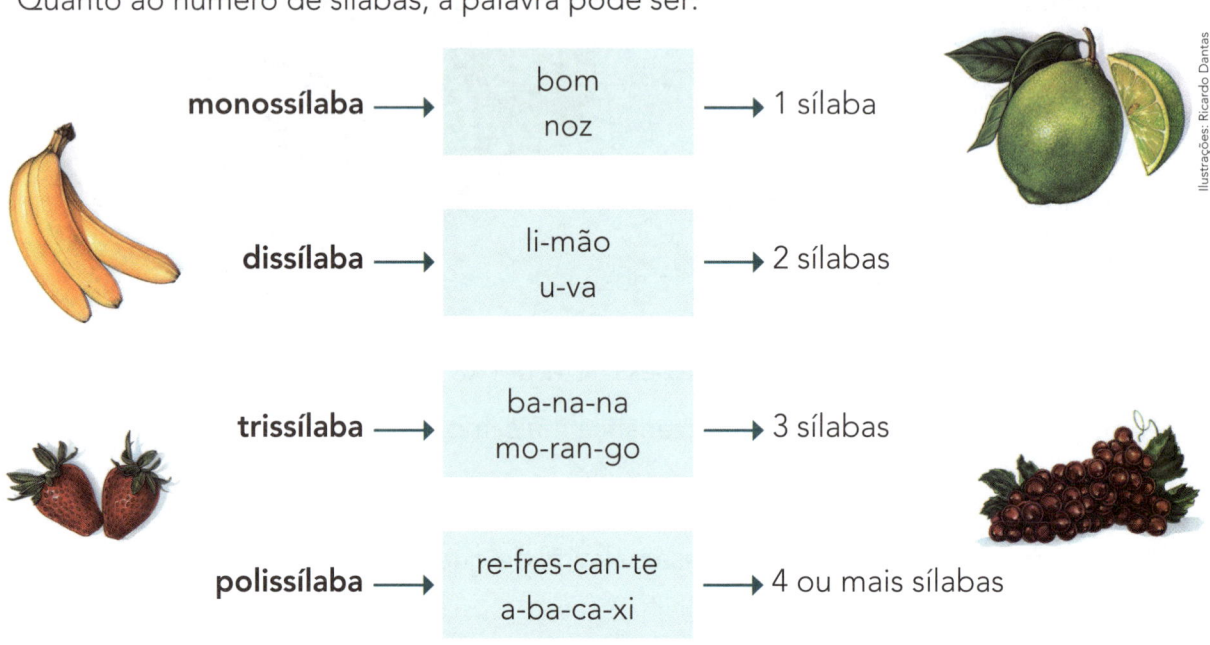

   monossílaba → bom / noz → 1 sílaba

   dissílaba → li-mão / u-va → 2 sílabas

   trissílaba → ba-na-na / mo-ran-go → 3 sílabas

   polissílaba → re-fres-can-te / a-ba-ca-xi → 4 ou mais sílabas

Atividades

1. Leia.

   Bit selvagem

   viro reviro
   me atiro
   tomo vacina
   aspirina estricnina
   sigo minha sina
   saio em viagem

   caio em voragem
   faço bobagem

   teu amor
   sem bit
   selvagem

   CAPPARELLI, Sérgio. **33 ciberpoemas e uma fábula virtual**. Porto Alegre: L&PM, 1996. p. 23.

   a) Copie todas as palavras **monossílabas** do poema.

   _____

   b) É possível separar as sílabas dessas palavras? Por quê?

   _____

52

2. Classifique as palavras retiradas do texto. Veja o exemplo.

Palavra	Separação de sílabas	Número de sílabas	Classificação
sina	si-na	2	dissílaba
estricnina			
amor			
selvagem			
aspirina			
viagem			

3. Separe as sílabas das palavras e complete com a classificação.

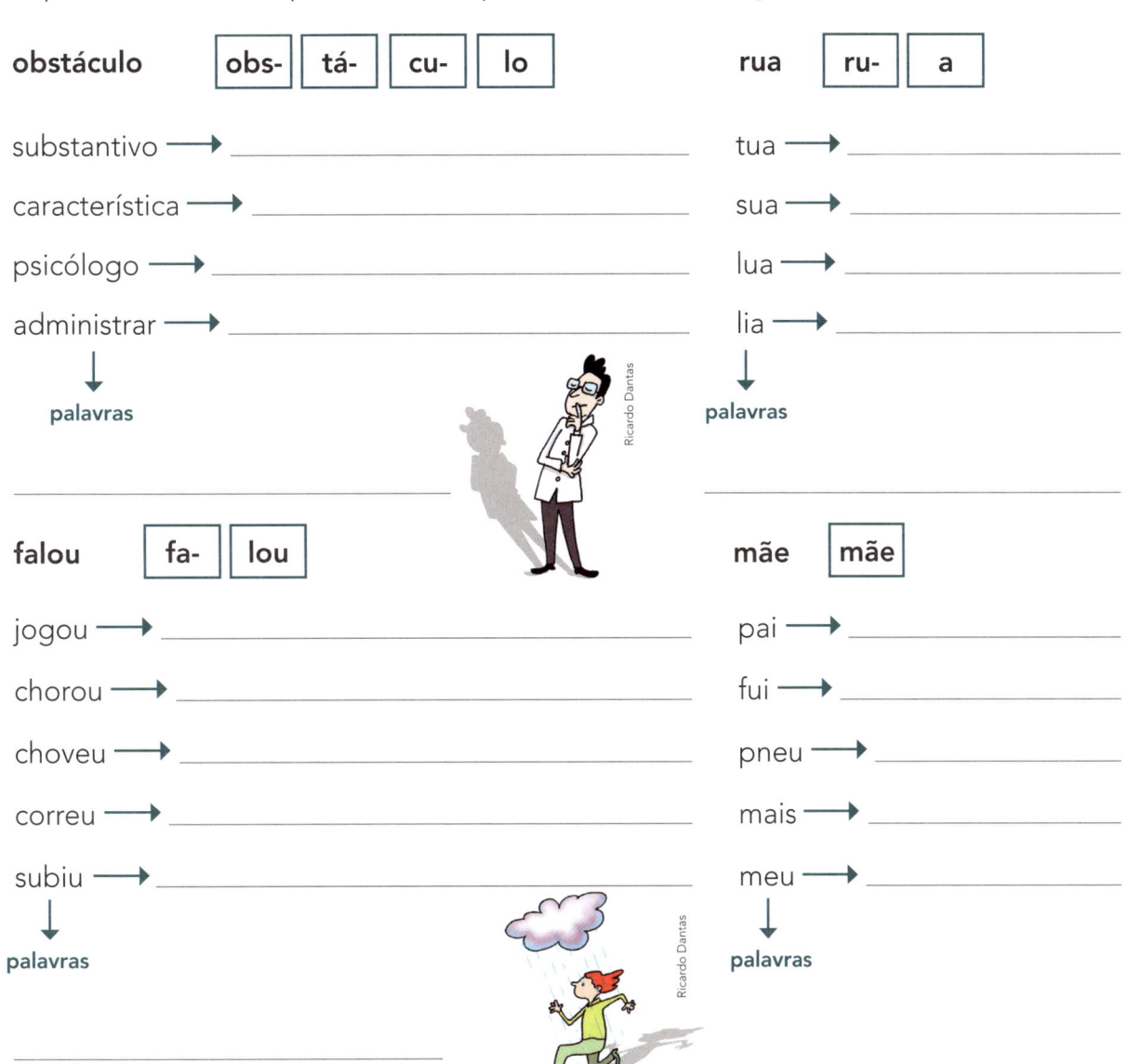

obstáculo | obs- | tá- | cu- | lo | **rua** | ru- | a |

substantivo ⟶ _____   tua ⟶ _____

característica ⟶ _____   sua ⟶ _____

psicólogo ⟶ _____   lua ⟶ _____

administrar ⟶ _____   lia ⟶ _____
↓   ↓
palavras   palavras

_____

falou | fa- | lou | **mãe** | mãe |

jogou ⟶ _____   pai ⟶ _____

chorou ⟶ _____   fui ⟶ _____

choveu ⟶ _____   pneu ⟶ _____

correu ⟶ _____   mais ⟶ _____

subiu ⟶ _____   meu ⟶ _____
↓   ↓
palavras   palavras

5 Adjetivo
Locução adjetiva, adjetivo pátrio

Para chegar ao conceito

1. Leia.

   Vende-se uma casa encantada
   no topo da mais alta montanha.
   Tem dois amplos salões
   onde você poderá oferecer banquetes
   para os duendes e anões
   que moram na floresta ao lado.
   [...]

   MURRAY, Roseana. Casa encantada. In: _____
   Classificados poéticos. 5. ed. Belo Horizonte: Miguilim, 1990.

   a) Escreva o substantivo que dá nome ao que está sendo vendido e a característica atribuída a ele.

   _____

   b) Que características você atribuiria a estes outros substantivos do texto?

   salões • banquetes • duendes • anões

   _____
   _____

2. Complete o esquema com as características dos substantivos, de acordo com o texto.

   casa
   montanha
   salões

   características → adjetivos
   substantivos
   característica → adjetivo

▶ As palavras que se referem aos substantivos atribuindo-lhes características classificam-se como **adjetivos**.

3. Complete os esquemas com o adjetivo **alto**, fazendo as modificações necessárias.

_____ montanha   monte _____

_____ montanhas   montes _____

adjetivos — substantivos femininos   substantivos masculinos — adjetivos

a) O que acontece com o adjetivo quando o substantivo está no **feminino** e no **plural**?

_____

_____

b) Portanto, **adjetivo** é uma classe gramatical:

( ) variável.   ( ) invariável.

#fiquedeolho

O **adjetivo** pode vir antes ou depois do substantivo.

Adjetivo é uma palavra variável que se refere ao substantivo, atribuindo-lhe características, qualidades, especificidades.

Locução adjetiva

1. Leia.

— TRABALHO INFANTIL NÃO PODE, FILHO! CRIANÇA PRECISA ESTUDAR!

— E TRABALHAR EM NOVELAS PODE? E PROPAGANDAS?

— E TRABALHOS DE ESCOLA?.. E NAS TIRINHAS?..

Alexandre Beck

a) Retire da tira um substantivo com o adjetivo que o caracteriza.

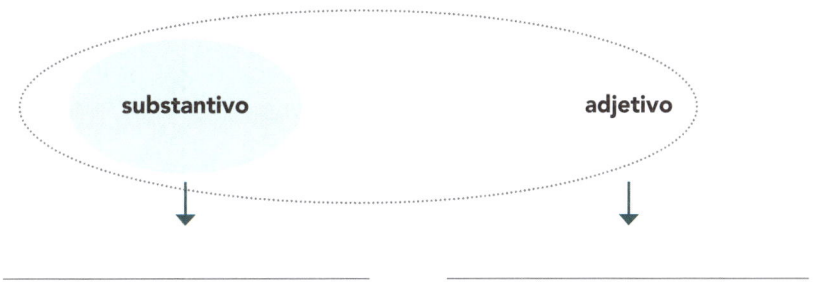

substantivo   adjetivo

_____   _____

55

b) Na expressão "trabalhos de escola", qual é a característica atribuída a **trabalhos**?

_____

c) Quantas palavras foram empregadas para atribuir essa característica?

_____

▶ A expressão **de escola** classifica-se como **locução adjetiva**.

> **Locução adjetiva** é uma expressão formada por duas ou mais palavras, com valor de adjetivo, e se refere ao substantivo.

2. Agora observe as palavras que caracterizam os substantivos do esquema e classifique-as como **adjetivo** ou **locução adjetiva**.

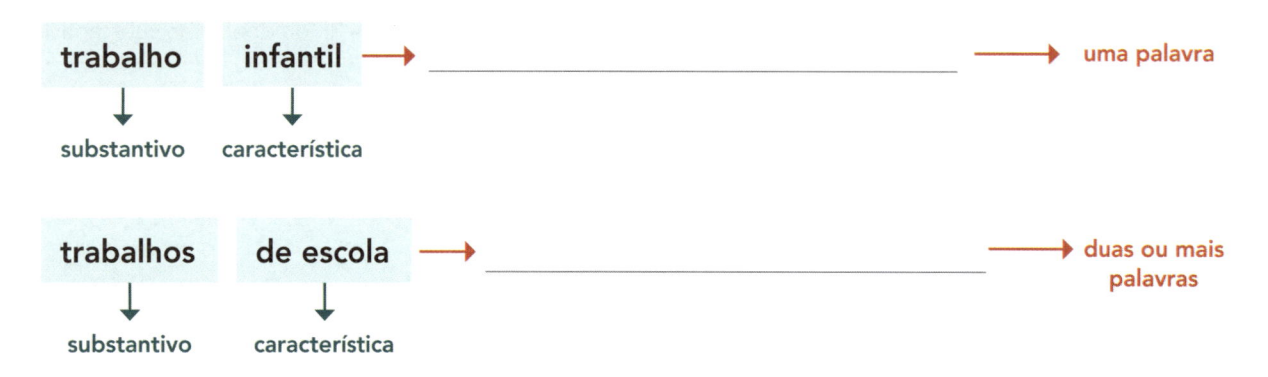

trabalho (substantivo) **infantil** (característica) ⟶ _____ ⟶ uma palavra

trabalhos (substantivo) **de escola** (característica) ⟶ _____ ⟶ duas ou mais palavras

3. Leia e complete com o adjetivo adequado. Veja os exemplos.

Substantivo	Locução adjetiva	Adjetivo
água	da chuva	**pluvial**
porto	do rio	**fluvial**
carne	de boi	
criança	com febre	
artesanato	do povo	
tratamento	do cabelo	
produtos	do leite	
período	da manhã	

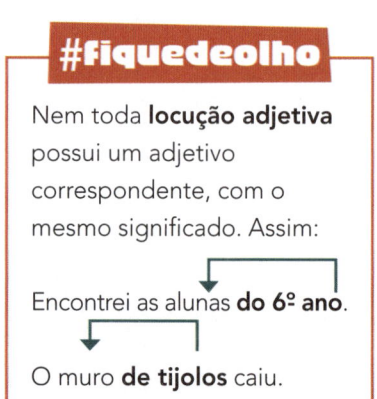

#fiquedeolho

Nem toda **locução adjetiva** possui um adjetivo correspondente, com o mesmo significado. Assim:

Encontrei as alunas **do 6º ano**.

O muro **de tijolos** caiu.

56

Adjetivo pátrio

1. Leia e complete.

O natural da Itália é _____.   O natural da França é _____.

▶ As palavras **italiano** e **francês** são **adjetivos pátrios**.

> **Adjetivo pátrio** é aquele que indica nacionalidade ou lugar de origem.

Atividades

1. Leia o poema.

   Conselho

   [...]
    Na lua nova,
   selecione boas sementes,
   plante árvores ternas,
   cuide de deixar as suas marcas,
   veja e valorize o novo,
   renove a ternura da amizade
     e a magia da pessoa amada.
   [...]

   JOSÉ, Elias. **Amor adolescente**. São Paulo: Atual, 2009. p. 34.

   • Sublinhe os **adjetivos** e a **locução adjetiva** do texto e faça uma seta até os substantivos a que se referem.

2. Acrescente outros adjetivos aos substantivos que você localizou na atividade anterior.

   sementes ⟶ _____

   árvores ⟶ _____

   pessoa ⟶ _____

57

3. Complete com as classes de palavras e assinale a que você está estudando nesta lição.

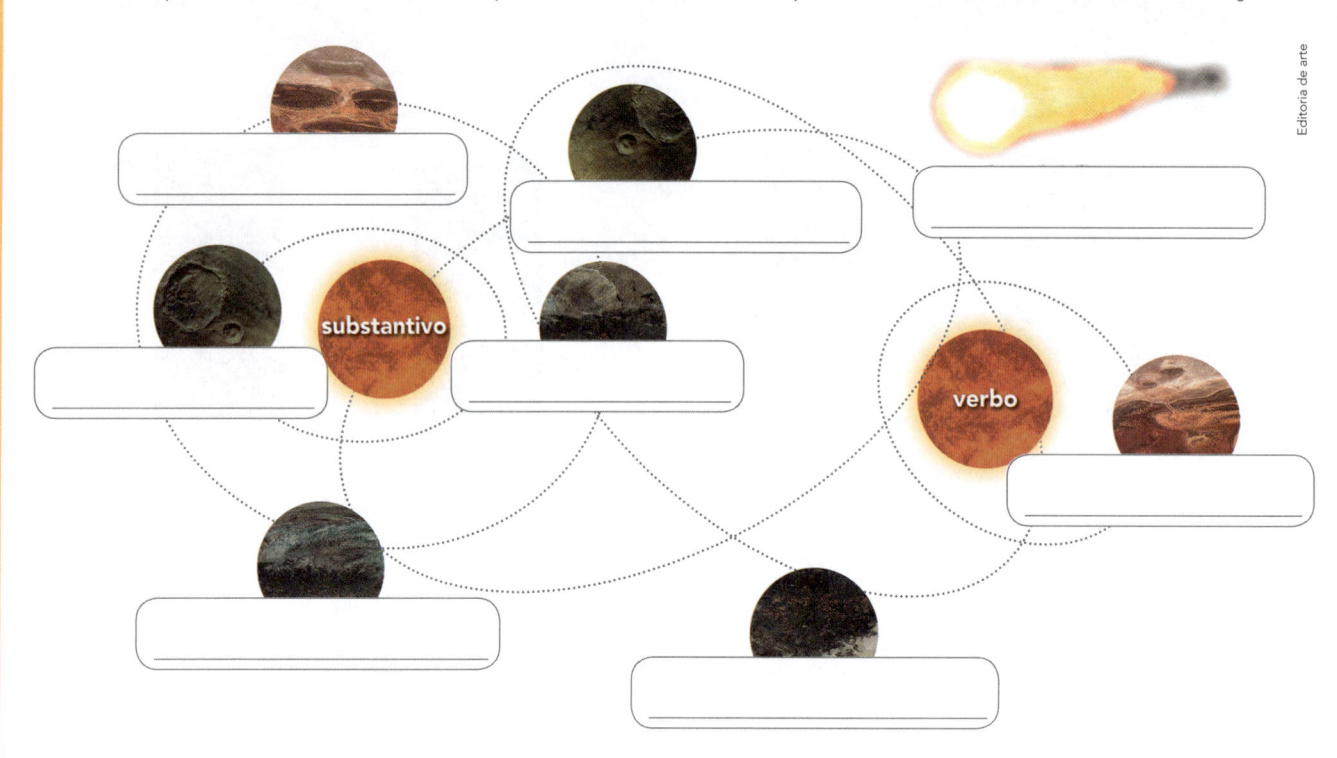

(substantivo) (verbo)

4. Sublinhe as locuções adjetivas e faça uma seta ligando-as aos substantivos a que se referem.

   a) Os empregados do hospital ainda não receberam o salário do mês.

   b) Mara era aluna do ensino médio, mas tinha algumas atitudes de criança.

   c) Passei as férias de janeiro em uma bela casa de praia.

   #fiquedeolho
   A **locução adjetiva** é formada de duas ou mais palavras que caracterizam o substantivo.

5. Complete, substituindo a locução adjetiva da atividade anterior por um adjetivo correspondente, quando possível.

   a) Os empregados _____ ainda não receberam o salário _____.

   b) Mara era aluna _____, mas tinha algumas atitudes _____.

   c) Passei as férias _____ em uma bela casa _____.

#fiquedeolho
Dependendo do contexto, o **adjetivo** não tem o mesmo sentido da locução adjetiva, o que impossibilita a substituição.
- artesanato do povo – artesanato **popular**;
- homem do povo – não tem o mesmo sentido que homem **popular**.

6. Observe o mapa político do Brasil e escreva os adjetivos pátrios referentes a cada estado brasileiro.

- acriano
- alagoano
- amapaense
- amazonense
- baiano
- catarinense ou barriga-verde
- cearense
- espírito-santense ou capixaba
- fluminense
- goiano
- maranhense
- mato-grossense
- mineiro
- norte-rio-grandense ou potiguar
- paraense
- paraibano
- paranaense
- paulista
- pernambucano
- piauiense
- rondoniano
- roraimense
- sergipano
- sul-mato-grossense
- sul-rio-grandense ou gaúcho
- tocantinense

Mapa político do Brasil

Fonte: GIRARDI, Gisele; ROSA, Jussara Vaz. **Atlas geográfico do estudante**. São Paulo: FTD, 2011. p. 16.

AC _____

AL _____

AM _____

AP _____

BA _____

CE _____

ES _____

GO _____

MA _____

MG _____

MS _____

MT _____

PA _____

PB _____

PE _____

PI _____

PR _____

RJ _____

RN _____

RO _____

RR _____

RS _____

SC _____

SE _____

SP _____

TO _____

7. Leia.

Verbetes do dicionário

Belo am. **1.** Que encanta por sua forma ou suas características: imponente, formoso — *um momento belo / uma mulher bela*. [...]

Musical amf. **1.** Da música — *a arte musical*. **2.** Agradável ao ouvido: harmonioso, melodioso — *uma voz musical*. [...]

MATTOS, Geraldo. **Dicionário júnior da língua portuguesa**. São Paulo: FTD, 2010. p. 107 e 508.

a) De acordo com os verbetes, qual é a classe gramatical de **belo** e **musical**?

_____

b) Circule no crédito da imagem da propaganda as palavras que vêm antes de **bela** e **musical** e dê a classe gramatical delas.

#fiquedeolho
Toda palavra precedida de **artigo** torna-se um substantivo.

c) Nesse caso, as palavras **bela** e **musical** foram empregadas como:

( ) artigos.   ( ) substantivos.   ( ) adjetivos.

8. Identifique se as palavras destacadas estão empregadas como adjetivo ou substantivo.

a) Naquela cidade, havia muitos **jovens** pelas ruas. _____

b) Ela se dirigiu às pessoas **jovens** que estavam ali. _____

c) A artista foi homenageada pelas pessoas **presentes**. _____

d) A equipe vencedora recebeu vários **presentes**. _____

9. Indique o significado de cada adjetivo, de acordo com seu emprego antes ou depois do substantivo. Em caso de dúvida, consulte o dicionário.

a) grande homem _____

homem **grande** _____

b) caro amigo _____

vestido **caro** _____

#fiquedeolho
Alguns **adjetivos** sofrem mudança de significado, dependendo de sua colocação **antes** ou **depois** do substantivo.

c) pobre mulher _____

mulher **pobre** _____

Sílaba tônica

1. Leia.

   José

   E agora, José?
   A festa acabou,
   a luz apagou,
   o povo sumiu,
   a noite esfriou
   [...]

   DRUMMOND DE ANDRADE, Carlos. José. In: MORICONI, Ítalo (Org.). **Os cem melhores poemas brasileiros do século**. Rio de Janeiro: Objetiva, 2001. p. 109.

   a) Fale em voz alta as últimas palavras de cada verso do poema.

   b) Ao falar, as **últimas sílabas** das palavras foram pronunciadas:

   ( ) com a mesma intensidade de voz que as outras.

   ( ) com mais força, mais intensidade que as outras.

   ( ) com menos força, menos intensidade que as outras.

   #fiquedeolho

   Na fala, na leitura de palavras e frases, existem entoação e ritmo. Assim, algumas **sílabas** são pronunciadas com mais intensidade e outras, com menos intensidade.

2. Separe as sílabas das palavras dentro dos quadradinhos.

   ▢ sílaba pronunciada com mais intensidade

   ▢ sílaba pronunciada com menos intensidade

   Sílaba tônica é a sílaba pronunciada com mais força, mais intensidade.

Palavra	Sílaba átona	Sílaba átona	Sílaba tônica	Sílaba átona
José				
acabou				
agora				

3. Leia.

   Quanto à posição da **sílaba tônica**, a palavra com mais de uma sílaba classifica-se em:

   a) **oxítona** – a sílaba tônica é a última.

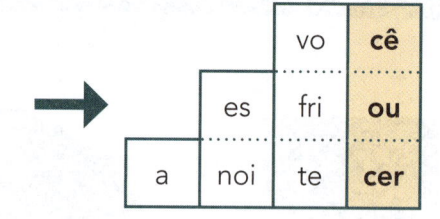

a	noi	vo	**cê**
	es	fri	**ou**
		te	**cer**

   b) **paroxítona** – a sílaba tônica é a penúltima.

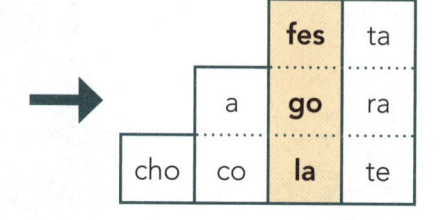

		fes	ta
	a	**go**	ra
cho	co	**la**	te

   c) **proparoxítona** – a sílaba tônica é a antepenúltima.

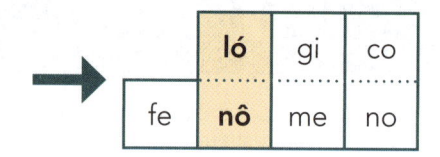

	ló	gi	co
fe	**nô**	me	no

   #fiquedeolho

   Em língua portuguesa, a palavra com mais de uma sílaba possui apenas **uma sílaba tônica**. As restantes são sílabas átonas.

4. Leia.

   > "José" **é** um poema conhecido **e** famoso **de** Carlos Drummond **de** Andrade.

   a) As palavras destacadas são:

   ( ) monossílabas.

   ( ) dissílabas.

   ( ) trissílabas.

   ( ) polissílabas.

   b) Escreva a diferença entre essas palavras.

   O escritor Carlos Drummond de Andrade.

		Quanto à escrita	Quanto à intensidade de voz
e	**conjunção** – liga as palavras "conhecido" / "famoso"		
é	**verbo ser** – "'José' **é** um poema..."		
de	**preposição** – liga as palavras "famoso" / "Carlos Drummond"; "Drummond" / "Andrade"		

c) Todas as palavras monossílabas são pronunciadas com a mesma intensidade de voz?

_____

_____

A palavra monossílaba, quanto à tonicidade, pode ser:

- **monossílaba tônica** – pronunciada com mais intensidade, possuindo ou não acento gráfico. Pode aparecer sozinha em uma resposta.
  Exemplos: é, pés, dois, gol, sol, lã, cão, paz, mel, sim, bom...
- **monossílaba átona** – pronunciada com menos intensidade. **Não** possui acento gráfico e **não** pode aparecer sozinha em uma resposta.
  Exemplos: e, de, a, o, as, os, que, me, se, lhe, com, sem, em, por, mas, ou...

Atividades

1. Imagine-se numa feira livre, ouvindo alguém chamar a atenção dos fregueses. Como seriam pronunciadas essas palavras? Veja o exemplo e continue fazendo.

Fiiiiiigo!

MORANGO PÊSSEGO TANGERINA FIGO MELÃO MELANCIA MAÇÃ UVA

2. Agora separe as sílabas destas palavras. Depois, circule a sílaba tônica e classifique as palavras quanto à tonicidade. Veja o exemplo.

figo ⟶ (fi)-go – paroxítona

melão ⟶ _____

uva ⟶ _____

maçã ⟶ _____

tangerina ⟶ _____

melancia ⟶ _____

pêssego ⟶ _____

morango ⟶ _____

3. Responda a cada pergunta empregando palavras **monossílabas tônicas**.

a) De quem são esses tênis?

_____

_____

b) Eu sou a Gil. E qual é seu nome?

_____

_____

c) O que compraram no supermercado?

_____

_____

d) Qual é o astro que ilumina a Terra?

_____

_____

4. Leia.

SOUSA, Mauricio de. Mônica. **O Globo**, Rio de Janeiro, 3 mar. 2008.

- Agora retire da tira o que se pede.

monossílabos tônicos ⟶ _____

monossílabos átonos ⟶ _____

5. Complete com as palavras retiradas da tira. Veja o exemplo.

Palavra	Separação de sílabas	Classificação	Sílaba tônica	Classificação
pedido	pe-di-do	trissílaba	di (penúltima)	paroxítona
fazer				
Cebolinha				
infalíveis				
aqui				

6. Separe as sílabas das palavras a seguir.

água • alfabeto • amendoim • amor • ferrugem
girassol • histórico • inglês • língua • linguístico
máximo • mosquito • músicos • português • relâmpago

#fiquedeolho

Em palavra acentuada, a sílaba com acento – agudo ou circunflexo – é a **sílaba tônica**.

Dica: A **sílaba tônica** deve ficar no quadrinho colorido.

7. Classifique as palavras da atividade anterior quanto à sílaba tônica, observando as cores.

- Qual é a classificação em que todas as palavras são acentuadas graficamente?

#fiquedeolho

Todas as palavras **proparoxítonas** são acentuadas graficamente.

65

Brincando com palavras

Leia estas palavras e sublinhe a sílaba tônica.

Dicas:
- Cada quadro deve conter palavras de um só tipo: oxítonas, paroxítonas ou proparoxítonas.
- O acento agudo e o acento circunflexo só podem recair sobre a sílaba tônica.

recém	gratuito	tulipa	íngreme
ruim	recorde	tórax	alcoólatra
refém	circuito	rubrica	pântano
(prêmio) Nobel	erudito	pegada	quadrúpede
hangar	ímpar	intuito	quadrúmano
mister	estalido	estampido	protótipo
cateter	maquinaria	meteorito	ômega

Conclusão

No quadro amarelo, só há palavras _____.

Nos quadros verdes, só _____.

No quadro azul, só _____.

Agora que você terminou a atividade, leia em voz alta as palavras dos quadros, enfatizando a sílaba tônica.

Em seguida, procure no dicionário as palavras cujo significado você desconhece. Registre o que descobriu.

6 Gênero do substantivo

Para chegar ao conceito

1. Leia.

O leão e a leoa,
o tigre e a tigresa
estão irremediavelmente juntos,
belos e cativos.
Debatem, nas jaulas, o amor, o enfado,
as misérias do ócio,
do cio.

CLAVER, Ronald. **O jardim dos animais**. São Paulo: FTD, 1993. p. 19.

a) De que animais fala o poema?

___

b) Na sua opinião, esses animais se encontram em que ambiente? Justifique sua resposta.

___

___

c) Complete adequadamente com os substantivos comuns do texto, sem repeti-los.

Substantivos	
podem vir precedidos dos artigos **o, os, um, uns**	podem vir precedidos dos artigos **a, as, uma, umas**

2. Faça a correspondência.

(a) jaula – leoa – misérias ( ) substantivos masculinos

(b) amor – ócio – tigre ( ) substantivos femininos

67

3. Veja.

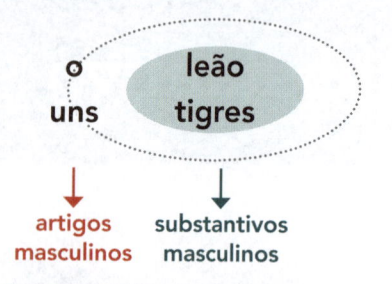

o / uns → **leão / tigres** → artigos masculinos / substantivos masculinos

a / umas → **leoa / tigresas** → artigos femininos / substantivos femininos

São **masculinos** os **substantivos** que podem vir precedidos dos artigos **o**, **os**, **um**, **uns**.

São **femininos** os **substantivos** que podem vir precedidos dos artigos **a**, **as**, **uma**, **umas**.

Portanto, o **substantivo** varia em gênero → masculino / feminino

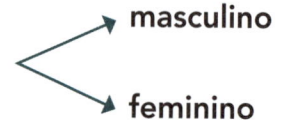

Passagem do masculino para o feminino

1. Leia e complete.

Substantivo		Classificação	
masculino terminado em	no feminino troca-se por	masculino	feminino
or	ora / triz / eira	vereador	_____
		_____	imperatriz
		_____	lavadeira
ão	ã / oa / ona	_____	cidadã
		leão	_____
		_____	comilona
e	a / essa / esa / isa	elefante	_____
		_____	condessa
		duque	_____
		_____	sacerdotisa
masculino terminado em	no feminino acrescenta-se	masculino	feminino
s / z	+ a	freguês	_____
		_____	juíza

2. Leia.

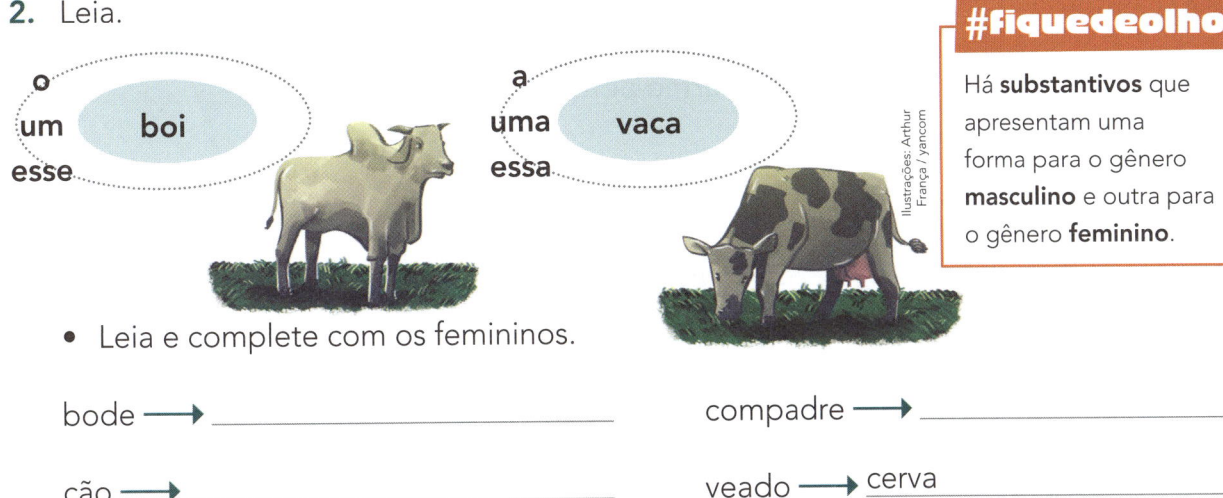

o / um / esse — **boi**

a / uma / essa — **vaca**

#fiquedeolho
Há **substantivos** que apresentam uma forma para o gênero **masculino** e outra para o gênero **feminino**.

- Leia e complete com os femininos.

bode → _____

cão → _____

cavaleiro → amazona

compadre → _____

veado → cerva

zangão → _____

Substantivos uniformes

1. Leia a tira.

SOUSA, Mauricio de. **Bidu**, n. 6142, s/d.

a) Que animal é casado mas mora em casa separada do seu cônjuge? Por quê?

_____

_____

b) Marque os artigos que devem vir antes do substantivo **tartaruga**.

( ) a / uma.   ( ) o / um.

c) Portanto, **tartaruga** é um substantivo do gênero:

( ) feminino.   ( ) masculino.

d) Que palavras são utilizadas para indicar o sexo desse animal?

_____

#fiquedeolho
Os substantivos que apresentam **uma só forma** para indicar tanto um ser do sexo masculino como um ser do sexo feminino são chamados **substantivos uniformes**. Podem ser **epicenos**, **comum de dois** e **sobrecomuns**.

69

e) Complete.

- **Tartaruga** é um substantivo **uniforme** porque _____

- Para diferenciar o sexo desses animais, acrescentam-se as palavras _____

2. Leia.

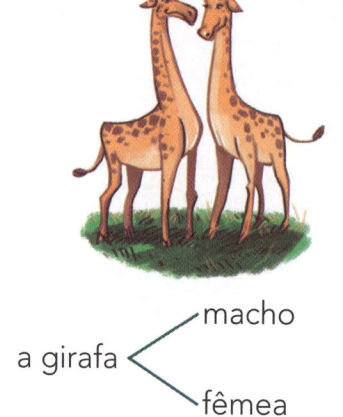

a girafa ⟨ macho / fêmea

jovem ⟨ **o** jovem / **a** jovem

a criança ⟨ (menino) ou (menina)

Substantivo epiceno: designa animais e certas plantas, possuindo uma só forma para indicar o gênero. Para indicar o sexo, usam-se as palavras **macho – fêmea**.

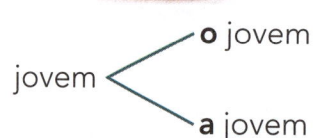

Substantivo comum de dois: possui uma só forma para designar ambos os gêneros. Para distingui-los, usamos os artigos **o** (masculino) e **a** (feminino).

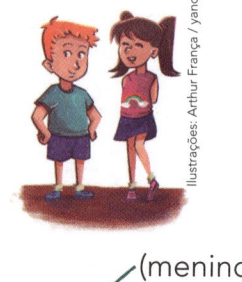

Substantivo sobrecomum: possui uma só forma para designar pessoas de ambos os sexos.

Atividades

1. Leia.

WALKER, Mort. Recruta Zero. **O Estado de S. Paulo**, 24 mar. 2010. Caderno 2, D4.

a) Quantos substantivos aparecem nos quadrinhos? _____

b) Qual é o único substantivo da tira em que é possível a flexão de gênero? Flexione-o.

_____

c) Agora complete o quadro a seguir com todos os substantivos do texto, antepondo-lhes um artigo e assinalando o gênero: **M** para o masculino e **F** para o feminino.

Artigo	Substantivo	Gênero	
		M	F

Artigo	Substantivo	Gênero	
		M	F

2. Releia os substantivos que você escreveu.

a) Classifique o substantivo **tenista** e explique a classificação.

_____
_____
_____

b) Para todos os substantivos existe uma forma no masculino e outra no feminino? Explique.

_____
_____
_____

#fiquedeolho

Embora todos os substantivos tenham gênero, nem todos apresentam a variação masculino e feminino.

3. Escreva o feminino dos substantivos.

ão – oa

o leitão ⟶ _____
o patrão ⟶ _____

ão – ona

o solteirão ⟶ _____
o chorão ⟶ _____

or – ora

o governador ⟶ _____
o leitor ⟶ _____

ão – ã

o irmão ⟶ _____
o cidadão ⟶ _____

ês – esa

o freguês ⟶ _____
o inglês ⟶ _____

or – triz

o ator ⟶ _____
o embaixador ⟶ _____

4. Encontre no diagrama o feminino e complete os pares.

A	B	C	D	V	E	F	G	H	I	J
N	P	O	P	A	V	O	A	U	V	G
X	A	P	O	V	E	L	H	A	E	A
G	R	A	H	A	A	B	P	T	E	L
J	D	V	J	A	B	O	T	A	U	I
L	O	Z	I	V	A	C	A	N	I	N
B	C	A	G	H	J	K	L	M	T	H
M	A	E	S	T	R	I	N	A	U	A
W	E	R	T	Y	N	O	R	A	I	K

o jabuti – a _____

o pardal – a _____

o touro – a _____

o genro – a _____

o carneiro – a _____

o galo – a _____

o pavão – a _____

o maestro – a _____

5. Dê o significado dos substantivos destacados nas frases.

a) Ligue o **rádio** para escutarmos as notícias.

_____

_____

b) Essa **rádio** tem um programa só de notícias.

_____

_____

#fiquedeolho

Há substantivos que mudam de significado com a mudança do **gênero**. Na dúvida, consulte sempre o dicionário.

6. Veja e leia.

Dó????? Um??? Uma???

Verbetes do dicionário

Dó₁ sm. Sentimento de tristeza, causado pela desgraça de outras pessoas: compaixão, pena, piedade [...].

MATTOS, Geraldo. **Dicionário Júnior da língua portuguesa**. São Paulo: FTD, 2010. p. 272.

a) O substantivo **dó** é masculino ou feminino?

_____

b) Como você obteve essa informação?

_____

c) Circule no balão de fala o artigo adequado e risque o inadequado.

7. Coloque os artigos definidos **o** (masculino) ou **a** (feminino) antes dos substantivos.

- ☐ alface
- ☐ dinamite
- ☐ formicida
- ☐ omoplata
- ☐ cal
- ☐ dó (compaixão)
- ☐ gengibre
- ☐ sentinela
- ☐ champanha(e)
- ☐ eclipse
- ☐ guaraná
- ☐ omelete
- ☐ couve
- ☐ faringe
- ☐ ioga
- ☐ telefonema

8. Responda.

a) Qual é o gênero do substantivo epiceno **tatu**?

_____

b) Como você faria para indicar o sexo desse animal?

_____
_____

c) Dê mais dois exemplos de substantivo epiceno.

_____
_____

9. Classifique os substantivos uniformes, completando os parênteses conforme indicado abaixo.

(EP) epiceno	(CD) comum de dois	(SC) sobrecomum
( ) o/a jovem	( ) o jacaré	( ) a onça
( ) a criança	( ) a pessoa	( ) o tatu
( ) o/a pianista	( ) a baleia	( ) o/a estudante
( ) o bebê	( ) o mamão	( ) o/a rival
( ) a palmeira	( ) a minhoca	( ) o/a modelo
( ) a vítima	( ) a testemunha	( ) o/a indígena
( ) o indivíduo	( ) o/a dentista	( ) o gênio

Uso do dicionário

1. Leia.

DICIONÁRIO FEMININO x DICIONÁRIO MASCULINO!

— TÔ INDO AO SHOPPING!
— PROMETE QUE NÃO VAI COMPRAR MAIS UM PAR DE SAPATOS NOVOS?
— SIM!

TRADUÇÃO: SIM=TALVEZ

— VAI DEMORAR AÍ?
— TALVEZ!

TRADUÇÃO: TALVEZ=SIM

NOEL, Marcos. **Gi & Kim**, n.0331, abr. 2013. Disponível em: <www.giekim.com/2013/04/tirinha-0331-dicionario-feminino-x.html#.VsZwiPkrKUk>. Acesso em: 24 fev. 2016.

a) O que provoca o humor na tira?

_____

_____

b) Na realidade, é possível existir um dicionário feminino e um masculino? Por quê?

_____

_____

2. No **dicionário**, as palavras aparecem em ordem alfabética. Para recordar, complete.

a) As letras que formam o nosso alfabeto são:

- **minúsculas:**

  a, b, ☐, d, e, ☐, g, ☐, i, j, k, ☐, m, ☐, o, ☐, q, r, s, t, ☐, v, ☐, ☐, y, z;

- **maiúsculas:**

  A, ☐, C, D, ☐, F, ☐, H, I, ☐, ☐, L, ☐, N, ☐, P, Q, R, ☐, T, ☐, V, W, ☐, ☐, Z.

b) Agora conte e complete.

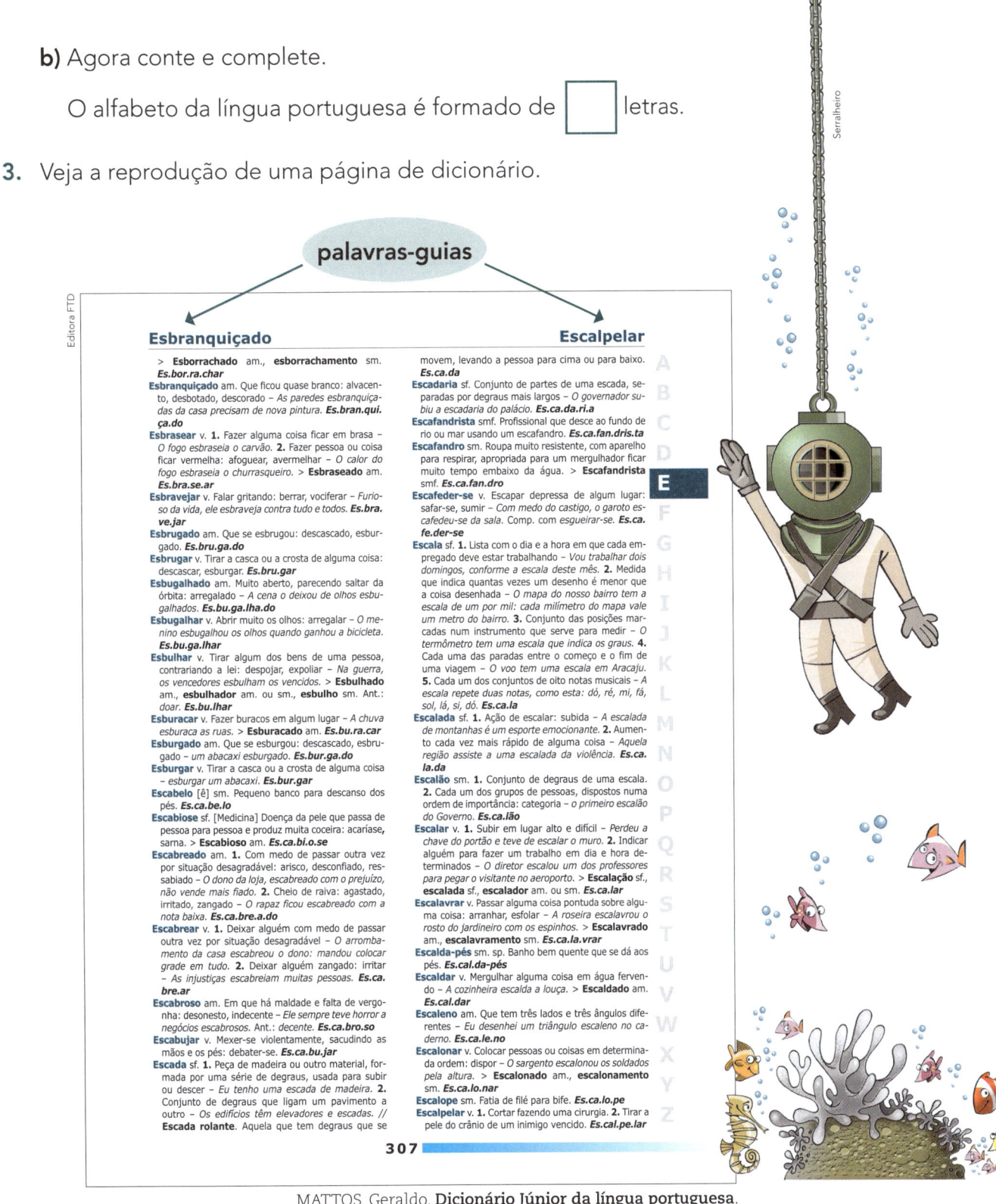

O alfabeto da língua portuguesa é formado de ☐ letras.

3. Veja a reprodução de uma página de dicionário.

palavras-guias

Esbranquiçado — **Escalpelar**

> **Esborrachado** am., **esborrachamento** sm. **Es.bor.ra.char**
Esbranquiçado am. Que ficou quase branco: alvacento, desbotado, descorado – *As paredes esbranquiçadas da casa precisam de nova pintura.* **Es.bran.qui.ça.do**
Esbrasear v. **1.** Fazer alguma coisa ficar em brasa – *O fogo esbraseia o carvão.* **2.** Fazer pessoa ou coisa ficar vermelha: afoguear, avermelhar – *O calor do fogo esbraseia o churrasqueiro.* > **Esbraseado** am. **Es.bra.se.ar**
Esbravejar v. Falar gritando: berrar, vociferar – *Furioso da vida, ele esbraveja contra tudo e todos.* **Es.bra.ve.jar**
Esbrugado am. Que se esbrugou: descascado, esburgado. **Es.bru.ga.do**
Esbrugar v. Tirar a casca ou a crosta de alguma coisa: descascar, esburgar. **Es.bru.gar**
Esbugalhado am. Muito aberto, parecendo saltar da órbita: arregalado – *A cena o deixou de olhos esbugalhados.* **Es.bu.ga.lha.do**
Esbugalhar v. Abrir muito os olhos: arregalar – *O menino esbugalhou os olhos quando ganhou a bicicleta.* **Es.bu.ga.lhar**
Esbulhar v. Tirar algum dos bens de uma pessoa, contrariando a lei: despojar, expoliar – *Na guerra, os vencedores esbulham os vencidos.* > **Esbulhado** am., **esbulhador** am. ou sm., **esbulho** sm. Ant.: doar. **Es.bu.lhar**
Esburacar v. Fazer buracos em algum lugar – *A chuva esburaca as ruas.* > **Esburacado** am. **Es.bu.ra.car**
Esburgado am. Que se esburgou: descascado, esbrugado – *um abacaxi esburgado.* **Es.bur.ga.do**
Esburgar v. Tirar a casca ou a crosta de alguma coisa – *esburgar um abacaxi.* **Es.bur.gar**
Escabelo [ê] sm. Pequeno banco para descanso dos pés. **Es.ca.be.lo**
Escabiose sf. [Medicina] Doença da pele que passa de pessoa para pessoa e produz muita coceira: acaríase, sarna. > **Escabioso** am. **Es.ca.bi.o.se**
Escabreado am. **1.** Com medo de passar outra vez por situação desagradável: arisco, desconfiado, ressabiado – *O dono da loja, escabreado com o prejuízo, não vende mais fiado.* **2.** Cheio de raiva: agastado, irritado, zangado – *O rapaz ficou escabreado com a nota baixa.* **Es.ca.bre.a.do**
Escabrear v. **1.** Deixar alguém com medo de passar outra vez por situação desagradável – *O arrombamento da casa escabreou o dono: mandou colocar grade em tudo.* **2.** Deixar alguém zangado: irritar – *As injustiças escabreiam muitas pessoas.* **Es.ca.bre.ar**
Escabroso am. Em que há maldade e falta de vergonha: desonesto, indecente – *Ele sempre teve horror a negócios escabrosos.* Ant.: decente. **Es.ca.bro.so**
Escabujar v. Mexer-se violentamente, sacudindo as mãos e os pés: debater-se. **Es.ca.bu.jar**
Escada sf. **1.** Peça de madeira ou outro material, formada por uma série de degraus, usada para subir ou descer – *Eu tenho uma escada de madeira.* **2.** Conjunto de degraus que ligam um pavimento a outro – *Os edifícios têm elevadores e escadas.* // **Escada rolante**. Aquela que tem degraus que se movem, levando a pessoa para cima ou para baixo. **Es.ca.da**
Escadaria sf. Conjunto de partes de uma escada, separadas por degraus mais largos – *O governador subiu a escadaria do palácio.* **Es.ca.da.ri.a**
Escafandrista smf. Profissional que desce ao fundo de rio ou mar usando um escafandro. **Es.ca.fan.dris.ta**
Escafandro sm. Roupa muito resistente, com aparelho para respirar, apropriada para um mergulhador ficar muito tempo embaixo da água. > **Escafandrista** smf. **Es.ca.fan.dro**
Escafeder-se v. Escapar depressa de algum lugar: safar-se, sumir – *Com medo do castigo, o garoto escafedeu-se da sala.* Comp. com esgueirar-se. **Es.ca.fe.der-se**
Escala sf. **1.** Lista com o dia e a hora em que cada empregado deve estar trabalhando – *Vou trabalhar dois domingos, conforme a escala deste mês.* **2.** Medida que indica quantas vezes um desenho é menor que a coisa desenhada – *O mapa do nosso bairro tem a escala de um por mil: cada milímetro do mapa vale um metro do bairro.* **3.** Conjunto das posições marcadas num instrumento que serve para medir – *O termômetro tem uma escala que indica os graus.* **4.** Cada uma das paradas entre o começo e o fim de uma viagem – *O voo tem uma escala em Aracaju.* **5.** Cada um dos conjuntos de oito notas musicais – *A escala repete duas notas, como esta: dó, ré, mi, fá, sol, lá, si, dó.* **Es.ca.la**
Escalada sf. **1.** Ação de escalar: subida – *A escalada de montanhas é um esporte emocionante.* **2.** Aumento cada vez mais rápido de alguma coisa – *Aquela região assiste a uma escalada da violência.* **Es.ca.la.da**
Escalão sm. **1.** Conjunto de degraus de uma escala. **2.** Cada um dos grupos de pessoas, dispostos em ordem de importância: categoria – *o primeiro escalão do Governo.* **Es.ca.lão**
Escalar v. **1.** Subir em lugar alto e difícil – *Perdeu a chave do portão e teve de escalar o muro.* **2.** Indicar alguém para fazer um trabalho em dia e hora determinados – *O diretor escalou um dos professores para pegar o visitante no aeroporto.* > **Escalação** sf., **escalada** sf., **escalador** am. ou sm. **Es.ca.lar**
Escalavrar v. Passar alguma coisa pontuda sobre alguma coisa: arranhar, esfolar – *A roseira escalavrou o rosto do jardineiro com os espinhos.* > **Escalavrado** am., **escalavramento** sm. **Es.ca.la.vrar**
Escalda-pés sm. sp. Banho bem quente que se dá aos pés. **Es.cal.da-pés**
Escaldar v. Mergulhar alguma coisa em água fervendo – *A cozinheira escalda a louça.* > **Escaldado** am. **Es.cal.dar**
Escaleno am. Que tem três lados e três ângulos diferentes – *Eu desenhei um triângulo escaleno no caderno.* **Es.ca.le.no**
Escalonar v. Colocar pessoas ou coisas em determinada ordem: dispor – *O sargento escalonou os soldados pela altura.* > **Escalonado** am., **escalonamento** sm. **Es.ca.lo.nar**
Escalope sm. Fatia de filé para bife. **Es.ca.lo.pe**
Escalpelar v. **1.** Cortar fazendo uma cirurgia. **2.** Tirar a pele do crânio de um inimigo vencido. **Es.cal.pe.lar**

307

MATTOS, Geraldo. **Dicionário Júnior da língua portuguesa**.
São Paulo: FTD, 2010. p. 307.

4. Responda.

a) Por que as palavras estão organizadas em ordem alfabética no dicionário?

_____

_____

75

b) Assinale o que for organizado em ordem alfabética.

( ) lista telefônica
( ) agenda de contatos do celular
( ) enciclopédia
( ) caderneta de chamada
( ) prateleira de farmácia
( ) lista de aprovados em concursos
( ) prateleira de supermercado
( ) nome de revistas em bancas

5. Faça o que se pede.

a) Volte à página 75 e circule as palavras destacadas no alto da página do dicionário. Circule-as também dentro da página.

b) Com que objetivo elas estão destacadas? O que indicam?

_____

_____

_____

#fiquedeolho

As palavras destacadas no alto da página do dicionário são denominadas **palavras--guias** e servem para orientar a consulta.

Atividades

1. Leia.

Fã número 1

Thais Caramico

Basta ouvir o nome dele para o seu coração bater mais forte, dar vontade de gritar. Esses são os primeiros sinais que indicam que você é muito fã de alguém. E é saudável! Afinal, é legal ter um ídolo, alguém que admiramos e até em quem nos espelhamos para seguir seus passos um dia (seja atleta, cantor ou astro da TV).

"No entanto, é importante lembrar que essa é uma pessoa comum, que um dia alcançou sucesso, mas tem uma vida pessoal que deve ser respeitada", diz a psicóloga clínica Mariana Schwartzmann, especialista em adolescentes pela Unicamp. Você é um fã na medida certa?

[...]

CARAMICO, Thais. Fã número 1. **O Estado de S. Paulo**, São Paulo, ano 25, n. 1210, 28 mar. 2011. Caderno Estadinho, p. 4.

- Agora complete os quadros, colocando algumas palavras do texto em ordem alfabética. Veja os exemplos.

> **#fiquedeolho**
> Para colocar em ordem alfabética, observe a **1ª letra**. Se a 1ª letra for igual, observe a **2ª letra**. Se a 2ª letra for igual, observe a **3ª letra** e assim sucessivamente.

a) Verifique inicialmente a **primeira** letra.

Palavras	Letra inicial	Letra inicial em ordem alfabética	Palavras em ordem alfabética
nome	**n**	c	coração
coração	**c**	g	
gritar	**g**	n	
saudável	**s**	s	
vida	**v**	v	

b) Se a primeira letra for igual, verifique a **segunda** letra.

Palavras	Duas primeiras letras	Letras iniciais em ordem alfabética	Palavras em ordem alfabética
sinais			
saudável			
seguir			
sucesso			
sonho			

c) Se a segunda letra também for igual, verifique a **terceira** letra.

Palavras	Três primeiras letras	Letras iniciais em ordem alfabética	Palavras em ordem alfabética
basta			
batida			
bagagem			
bandeira			
baleia			

2. Escreva como os verbos retirados do texto são encontrados no dicionário.

   a) indicam ⟶ _____

   b) admiramos ⟶ _____

   c) alcançou ⟶ _____

   d) é ⟶ _____

   e) espelhamos ⟶ _____

   f) tem ⟶ _____

3. Observe a página de dicionário reproduzida nesta lição e faça o que se pede.

   a) Dê o significado da palavra **escafeder-se**.
   _____

   b) Entre quais palavras-guias fica **escafeder-se**?
   _____

   #fiquedeolho
   No dicionário, os **verbos** estão escritos no infinitivo: terminações **-ar**, **-er** (**-or**), **-ir**.

4. Retire o que é pedido da página de dicionário reproduzida nesta lição e complete.

   • Um verbo ⟶ _____

   • Significado ⟶ _____
   _____

   • Um substantivo ⟶ _____

   • Significado ⟶ _____
   _____

   • Como você ficou sabendo se a palavra é verbo ou substantivo?
   _____
   _____

   #fiquedeolho
   No **dicionário**, as palavras variáveis (com exceção dos verbos) vêm escritas no **masculino singular**. A palavra só vem no feminino ou no plural se não tiver masculino ou singular.

5. Escreva como as palavras abaixo aparecem no dicionário.

   a) legais ⟶ _____

   b) cantoras ⟶ _____

   c) ônibus ⟶ _____

   d) milhões ⟶ _____

   e) irmãs ⟶ _____

   f) vezes ⟶ _____

   g) galã ⟶ _____

   h) amando ⟶ _____

6. Assinale entre quais palavras-guias estariam as palavras destacadas abaixo.

a) superior
( ) superintender e suplício
( ) supletivo e suplicante
( ) superpor e supervisar

b) limite
( ) limpa e limpar
( ) linfa e língua
( ) limão e linguado

Brincando com palavras

Reúna-se com colegas para realizar o trabalho a seguir.

1. Leia algumas palavras do **Dicionarouco**.

Bolafone — A bola que fala.

Borbológio — Borboleta que é relógio.

Cãobeleireiro — Aquele que cuida dos pelos do seu cão.

Gatório — Dormitório para gatos.

Incãosável — O cão que não se cansa.

Porcobra — O porco que é também uma cobra.

2. Leia, pense e discuta com seu grupo.

> **Dicionarouco** é uma palavra inventada a partir da união de duas outras – **dicionário** e **louco** –, o que lhe dá um tom engraçado e humorístico.

- Cada grupo deve criar cinco palavras, dando-lhes o significado e fazendo as ilustrações.

_____

_____

3. A seguir, o grupo lê cada palavra criada e os outros alunos tentam adivinhar o significado.

4. No final, cada grupo faz um cartaz ilustrado com todas as palavras criadas e seus significados. Os cartazes poderão ser expostos na sala de aula.

7 Número do substantivo

Para chegar ao conceito

1. Leia e responda.

O homem que devia entregar a carta

Era sua primeira missão como *office-boy*. Estava com vinte anos, mas não tinha conseguido outro emprego. Apesar dos jornais garantirem que não havia crise, ele batera o nariz em dezenas de portas e tinha enfrentado filas de doze quilômetros. O patrão pediu que ele entregasse uma carta, com protocolo. Avisou: a pessoa que receber precisa assinar esse papelzinho. Só entregue ao destinatário, a ninguém mais. Esta carta é da maior importância.

Foi. Ao chegar, verificou o endereço: era um terreno baldio. Comparou, indagou. Não havia engano mesmo. O número correspondia ao terreno. [...]

BRANDÃO, Ignácio de Loyola. O homem que devia entregar a carta. In: Vários autores. **Um fio de prosa**. São Paulo: Global, 2004. p. 21. (Coleção Antologia de contos e crônicas para jovens).

carta

cartas

a) Quantos objetos esse substantivo indica?

b) Quantos objetos esse substantivo indica?

c) Que alteração o substantivo **cartas** sofreu em relação ao substantivo **carta**?

2. Veja.

o / esse → carteiro ↓ singular

os / esses → carteiros ↓ plural

Singular: indica um único ser ou um conjunto de seres considerado como um todo (é o caso dos coletivos: enxame, cardume etc.).

Plural: indica mais de um ser.

Portanto, o **substantivo** varia em **número**. → singular / plural

Passagem do singular para o plural

1. Escreva no plural os substantivos retirados do texto.

protocolo → _____

emprego → _____

crise → _____

carta → _____

ano → _____

porta → _____

destinatário → _____

pessoa → _____

endereço → _____

terreno → _____

engano → _____

número → _____

#fiquedeolho

O **plural** se faz, normalmente, com o acréscimo da letra **-s** ao **singular**.

2. Há substantivos que sofrem modificações antes de receber a terminação **-s**. Leia o quadro e complete.

Substantivo		Exemplos	
No singular terminado em:	**No plural terminará em:**	singular	plural
al	ais	jornal	_____
el	**éis** — se for oxítono	_____	pincéis
	eis — se for paroxítono	móvel	_____
il	**is** — se for oxítono	canil	_____
	eis — se for paroxítono	_____	fósseis
ol	óis	lençol	_____
ul	uis	_____ (= pântano)	pauis
m / n	ns	armazém	_____
		hífen	hifens
ão	ãos / ões / ães	mão	_____
		_____	reações
		pão	_____
No singular terminado em:	**No plural terminará em:**	singular	plural
r / z	+ es	_____	flores
		giz	_____
s	**+ es** — se for monossílabo tônico ou oxítono	mês	_____
		freguês	_____
	não varia — se paroxítono ou proparoxítono	o pires	_____
		_____	os ônibus
x	não varia	o pirex	_____

Atividades

1. Leia.

a) Compare.

Lâmpada usada no lugar errado é um perigo.

Lâmpadas usadas no lugar errado são um perigo.

- Classifique o substantivo **lâmpada** nas duas frases, indicando a flexão de gênero e número.

_____

_____

_____

b) O que diferencia esses dois substantivos é a:

( ) flexão de gênero.   ( ) flexão de número.

c) Qual é a diferença no emprego do substantivo **lâmpada/lâmpadas**?

_____

_____

2. Escreva o plural dos substantivos.

jornal → _____

anel → _____

réptil → _____

projétil → _____

gravidez → _____

barril → _____

caracol → _____

degrau → _____

chapéu → _____

troféu → _____

raiz → _____

colar → _____

dólar → _____

hambúrguer → _____

noz → _____

cartaz → _____

freguês → _____

gás → _____

atlas → _____

oásis → _____

nariz → _____

tênis → _____

vírus → _____

álbum → _____

armazém → _____

nuvem → _____

coração → _____

cidadão → _____

bênção → _____

xerox → _____

ônix → _____

juiz → _____

3. Passe os substantivos para o plural e leia em voz alta.

ovo
(no singular, lê-se [**ô**])

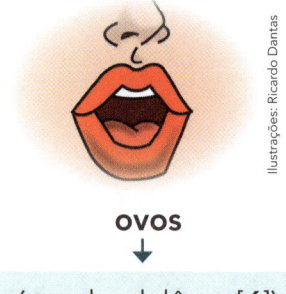

ovos
(no plural, lê-se [**ó**])

o caroço → _____

o olho → _____

o tijolo → _____

o esforço → _____

o fogo → _____

o porco → _____

o miolo → _____

o corvo → _____

o porto → _____

o osso → _____

4. Passe para o plural e leia em voz alta.

cachorro → (no singular, lê-se [ô])

cachorros → (no plural, também se lê [ô])

o adorno → _____

o bolso → _____

o moço → _____

o almoço → _____

o polvo → _____

o bolo → _____

o globo → _____

o rolo → _____

5. Leia em voz alta.

Meus patins

Se você gosta de deslizar no gelo ou em qualquer tipo de piso apropriado, convém explicar que você é hábil no uso **dos patins**, e nunca "do patins".

[...] cada calçado é *um patim*. Os dois, juntos, são **os patins**. Por isso: *meus patins*, *uns patins*, *patins novos*, *um par de patins*.

[...]

MARTINS, Eduardo. De palavra em palavra. **O Estado de S. Paulo**, São Paulo, 9 jul. 2005. Estadinho.

- Agora marque **V** para verdadeiro e **F** para falso. Pela leitura do texto, entende-se que:

( ) **patins** é um substantivo singular.

( ) **patins** é um substantivo plural.

( ) deve-se usar o singular "**meu patins**".

( ) deve-se empregar o plural **meus patins**.

6. Leia e complete com o artigo definido.

a) _____ pêsames

b) _____ arredores

c) _____ cócegas

d) _____ óculos

e) _____ condolências

f) _____ olheiras

g) _____ afazeres

h) _____ parabéns

- Todos esses substantivos são usados apenas no:

( ) singular. ( ) plural.

> **#fiquedeolho**
>
> Alguns **substantivos** são empregados apenas no **plural**. Nesse caso, os artigos, numerais e pronomes que os acompanham também devem ir para o plural. Assim: Receba **os meus parabéns**! (sempre no plural).

7. Faça a correspondência. Se necessário, consulte o dicionário.

(a) bem
(b) bens
(c) costa
(d) costas
(e) vencimento
(f) vencimentos
(g) cobre
(h) cobres

(　) salário
(　) dorso
(　) fim da vigência de um contrato
(　) virtude, felicidade
(　) litoral
(　) dinheiro
(　) propriedades, posses
(　) metal

- O que você observou no emprego desses substantivos no singular e no plural?

_____

_____

#fiquedeolho

Há **substantivos** que mudam de significado de acordo com a **flexão de número**.

8. Leia.

O pescador

Os sonhos do pescador
são feitos de espuma, de sal,
de muitos milhares de peixes,
com feixes de girassol.
[...]

MURRAY, Roseana. O pescador. In: _____.
A bailarina e outros poemas.
São Paulo: FTD, 2001. p. 15.

a) Por que os sonhos do pescador são feitos de "espuma" e "sal"? O que essas palavras representam no poema?

_____

b) Com o que, na realidade, ele sonha?

_____

c) No poema, há três substantivos que **não** fazem o plural apenas com o acréscimo de **-s**. Quais são eles?

_____

d) Releia os substantivos retirados do poema e complete os quadros.

Substantivos	
Quadro A	**Quadro B**
pescador • espuma • sal • girassol	sonhos • milhares • peixes • feixes
Neste quadro, os substantivos estão no _____.	Neste quadro, os substantivos estão no _____.

e) Agora copie os substantivos do quadro **A**, passando-os para o plural.

- acrescenta-se **-s**: _____

- acrescenta-se **-es**: _____

- troca-se **-al** por **-is**: _____

- troca-se **-ol** por **-óis**: _____

9. Descubra.

a) Você sabe qual é a única palavra da língua portuguesa que faz o plural com o **s** no meio dela?

_____

b) Em qual espaço se encaixa adequadamente o plural dos substantivos que nomeiam as figuras a seguir?

Brincando
com palavras

Substantivos! Você conhece tudo sobre eles? Vamos testar brincando!?

Material
1. Um ou dois dados.
2. Quatro botões de cores diferentes (para marcar as casas).
3. Cartela com números, sendo que cada número corresponde a uma pergunta.

Instruções
1. Reúna-se em grupo de cinco alunos: 4 participantes e 1 mediador.
2. Para começar, cada participante lança o dado de uma vez. Inicia a brincadeira quem conseguir o maior valor.
3. O participante deve lançar o dado, percorrer as casas e responder corretamente às questões.
4. Se acertar, continua a brincadeira. Se errar, passa a vez para outro participante. Se tiver que voltar ou avançar, também espera sua próxima vez de jogar.
5. O mediador organiza a ordem de quem participa e verifica se as respostas estão corretas.
6. Vence quem chegar primeiro ao número 30 da trilha.

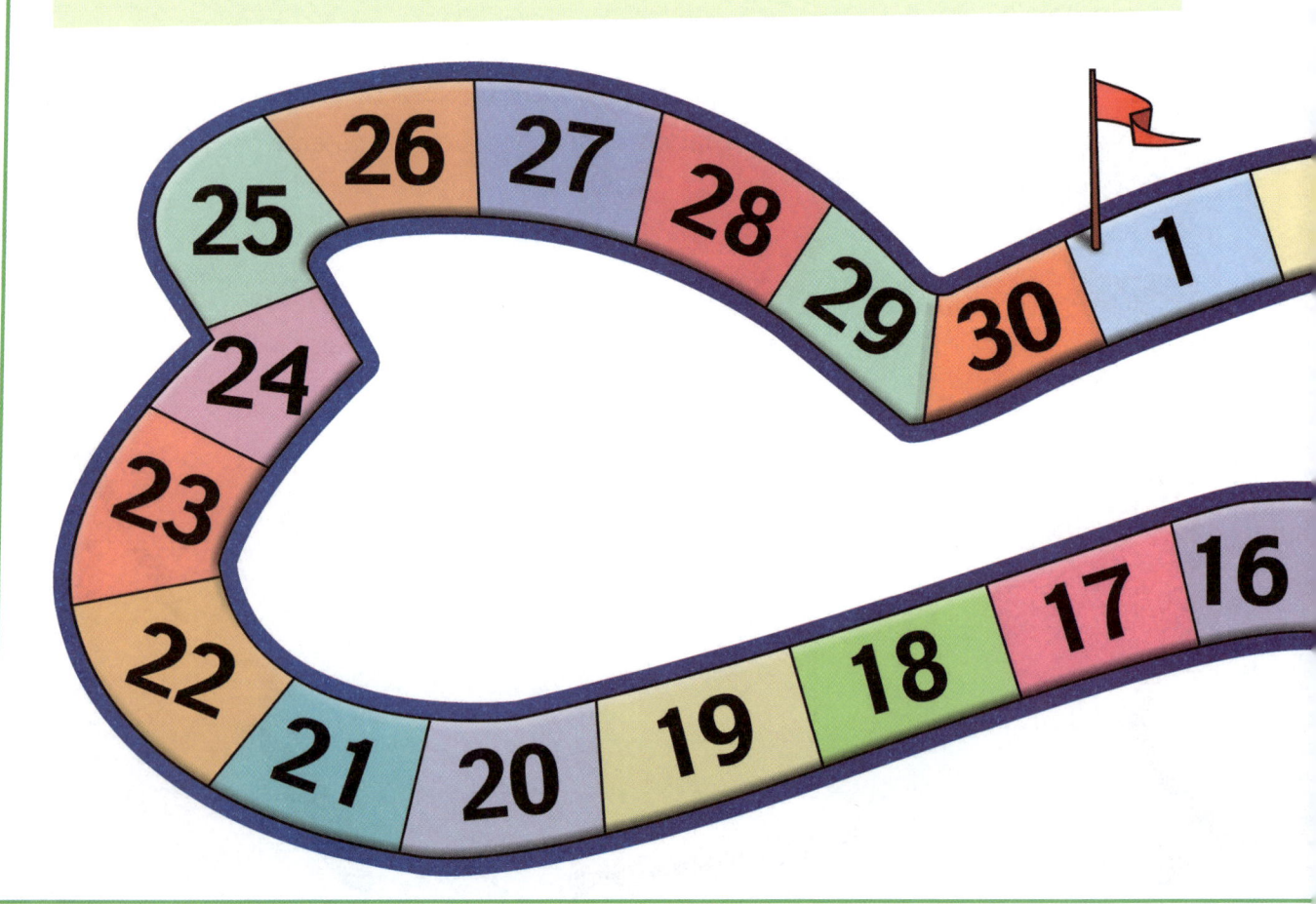

Perguntas

1. No ditado popular "Em casa de ferreiro, o espeto é de pau.", indique os substantivos.
2. Dê o coletivo de **camelos**.
3. Passe para o plural: **açúcar**.
4. **Pernilongo** é substantivo simples ou composto?
5. Ih! Deu azar! Volte para a casa **3** e passe a vez para outro participante!
6. **Ovo** é substantivo primitivo ou derivado?
7. **Nobreza** é primitivo ou derivado?
8. Forme dois substantivos derivados de **cavalo**.
9. Que sorte! Avance para a casa **12**.
10. **Mosquito** é um substantivo uniforme ou biforme?
11. Você é esperto? Avance para a casa **15**, mas espere sua outra vez para continuar.
12. O que significa o substantivo **costas** no plural? E no singular, **costa**?
13. Qual o sentido do substantivo masculino **o cabeça**?
14. E o feminino **a cabeça**? O que significa?
15. Dê as duas formas de plural de **anão**.
16. Que chato! Retorne para a casa **10** e espere a vez de continuar.
17. Qual o feminino de **conde**?
18. Qual o gênero do substantivo **cal**?
19. **Champanha** é substantivo masculino ou feminino?
20. Quanta pressa! Problemas! Retorne ao início e passe a vez para outro.
21. Qual o feminino de **cavaleiro**?
22. Olha a zebra! Volte para a casa **14** sem reclamar! Espere sua outra vez de continuar.
23. **Pessoa** é um substantivo uniforme. É epiceno, comum de dois ou sobrecomum?
24. Construa uma frase com o substantivo **dó**. É masculino ou feminino?
25. Deu cansaço?! Pare uma rodada e descanse!
26. **Revoada** é coletivo de quê?
27. **Lança-chamas** é substantivo feminino ou masculino?
28. Dê o feminino de **frei** e **frade**.
29. **Oásis** é singular ou plural? Explique.
30. **Madeixa** é o coletivo de qual substantivo? E **nuvem**?

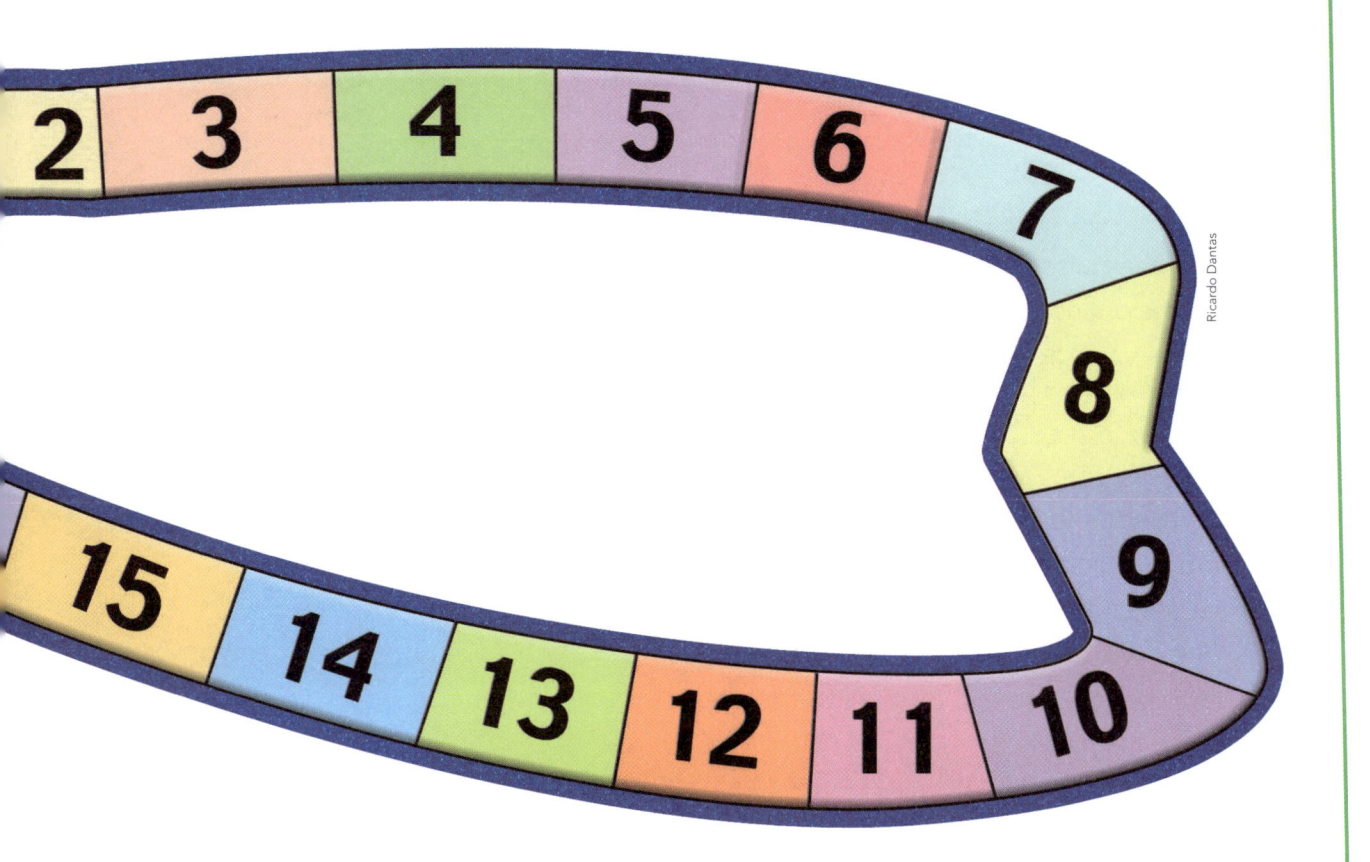

Uso do dicionário

1. Leia.

A revolta das palavras (Uma fábula moderna)

Como as personagens desta história são palavras, nada mais natural que ela aconteça nas páginas de um dicionário.

O dicionário é uma espécie de pomar. Só que as suas árvores, em vez de serem árvores de frutas, são árvores de palavras.

Cada uma das letras do alfabeto é uma árvore onde estão penduradas as palavras que começam por essa letra. Assim, *abacate* pertence à letra A, *banana*, à letra B, *caqui*, à letra C, e assim por diante.

A ordem por letra inicial, isto é, a ordem alfabética, ajuda a gente a encontrar rapidamente as palavras quando quer descobrir o que cada uma delas significa.

Por exemplo, vocês sabem o que significa *ábaco*? Se não sabem, é só ir ao dicionário, procurar a letra A, localizar nela *ábaco*, e ler a sua definição.

[...]

PAES, José Paulo. In: Vários autores. **Era uma vez um conto**.
São Paulo: Companhia das Letrinhas, 2002. p. 10.

a) Você sabe o que significa **ábaco**? Consulte o dicionário e escreva o significado dessa palavra.

_____

_____

b) Se você quiser encontrar a palavra **história** no dicionário, em que "árvore", segundo o texto, vai procurá-la?

_____

_____

c) Em um dicionário, o significado da palavra vem escrito em um **verbete**. Você sabe o que é **verbete**? Procure essa palavra no dicionário e escreva o seu significado.

_____

_____

2. Veja a reprodução de uma página de dicionário.

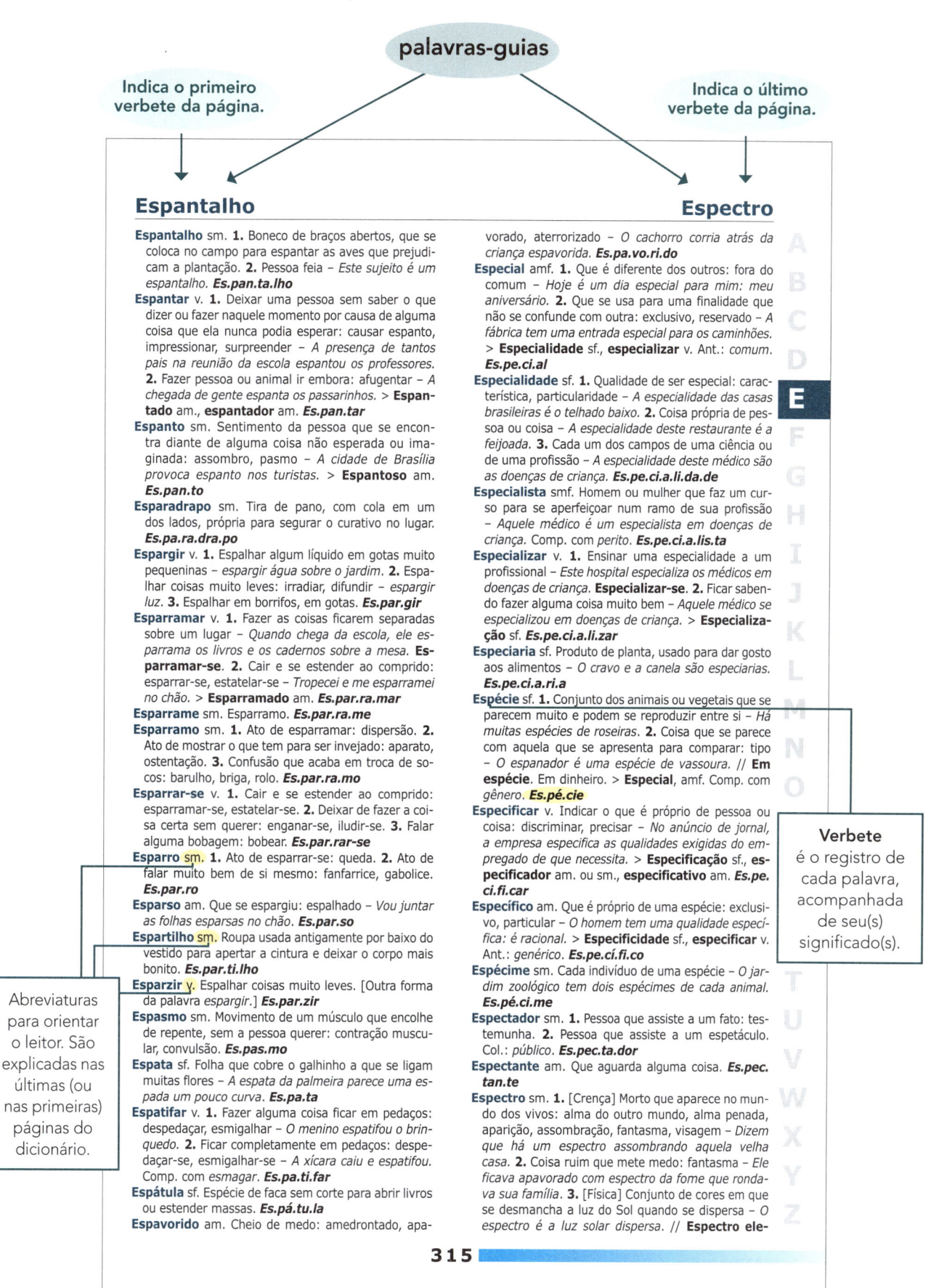

palavras-guias

Indica o primeiro verbete da página.

Indica o último verbete da página.

Espantalho

Espectro

Espantalho sm. **1.** Boneco de braços abertos, que se coloca no campo para espantar as aves que prejudicam a plantação. **2.** Pessoa feia – *Este sujeito é um espantalho*. **Es.pan.ta.lho**

Espantar v. **1.** Deixar uma pessoa sem saber o que dizer ou fazer naquele momento por causa de alguma coisa que ela nunca podia esperar: causar espanto, impressionar, surpreender – *A presença de tantos pais na reunião da escola espantou os professores*. **2.** Fazer pessoa ou animal ir embora: afugentar – *A chegada de gente espanta os passarinhos*. > **Espantado** am., **espantador** am. **Es.pan.tar**

Espanto sm. Sentimento da pessoa que se encontra diante de alguma coisa não esperada ou imaginada: assombro, pasmo – *A cidade de Brasília provoca espanto nos turistas*. > **Espantoso** am. **Es.pan.to**

Esparadrapo sm. Tira de pano, com cola em um dos lados, própria para segurar o curativo no lugar. **Es.pa.ra.dra.po**

Espargir v. **1.** Espalhar algum líquido em gotas muito pequeninas – *espargir água sobre o jardim*. **2.** Espalhar coisas muito leves: irradiar, difundir – *espargir luz*. **3.** Espalhar em borrifos, em gotas. **Es.par.gir**

Esparramar v. **1.** Fazer as coisas ficarem separadas sobre um lugar – *Quando chega da escola, ele esparrama os livros e os cadernos sobre a mesa*. **Esparramar-se**. **2.** Cair e se estender ao comprido: esparrar-se, estatelar-se – *Tropecei e me esparramei no chão*. > **Esparramado** am. **Es.par.ra.mar**

Esparrame sm. Esparramo. **Es.par.ra.me**

Esparramo sm. **1.** Ato de esparramar: dispersão. **2.** Ato de mostrar o que tem para ser invejado: aparato, ostentação. **3.** Confusão que acaba em troca de socos: barulho, briga, rolo. **Es.par.ra.mo**

Esparrar-se v. **1.** Cair e se estender ao comprido: esparramar-se, estatelar-se. **2.** Deixar de fazer a coisa certa sem querer: enganar-se, iludir-se. **3.** Falar alguma bobagem: bobear. **Es.par.rar-se**

Esparro sm. **1.** Ato de esparrar-se: queda. **2.** Ato de falar muito bem de si mesmo: fanfarrice, gabolice. **Es.par.ro**

Esparso am. Que se espargiu: espalhado – *Vou juntar as folhas esparsas no chão*. **Es.par.so**

Espartilho sm. Roupa usada antigamente por baixo do vestido para apertar a cintura e deixar o corpo mais bonito. **Es.par.ti.lho**

Esparzir v. Espalhar coisas muito leves. [Outra forma da palavra *espargir*.] **Es.par.zir**

Espasmo sm. Movimento de um músculo que encolhe de repente, sem a pessoa querer: contração muscular, convulsão. **Es.pas.mo**

Espata sf. Folha que cobre o galhinho a que se ligam muitas flores – *A espata da palmeira parece uma espada um pouco curva*. **Es.pa.ta**

Espatifar v. **1.** Fazer alguma coisa ficar em pedaços: despedaçar, esmigalhar – *O menino espatifou o brinquedo*. **2.** Ficar completamente em pedaços: despedaçar-se, esmigalhar-se – *A xícara caiu e espatifou*. Comp. com *esmagar*. **Es.pa.ti.far**

Espátula sf. Espécie de faca sem corte para abrir livros ou estender massas. **Es.pá.tu.la**

Espavorido am. Cheio de medo: amedrontado, apavorado, aterrorizado – *O cachorro corria atrás da criança espavorida*. **Es.pa.vo.ri.do**

Especial amf. **1.** Que é diferente dos outros: fora do comum – *Hoje é um dia especial para mim: meu aniversário*. **2.** Que se usa para uma finalidade que não se confunde com outra: exclusivo, reservado – *A fábrica tem uma entrada especial para os caminhões*. > **Especialidade** sf., **especializar** v. Ant.: *comum*. **Es.pe.ci.al**

Especialidade sf. **1.** Qualidade de ser especial: característica, particularidade – *A especialidade das casas brasileiras é o telhado baixo*. **2.** Coisa própria de pessoa ou coisa – *A especialidade deste restaurante é a feijoada*. **3.** Cada um dos campos de uma ciência ou de uma profissão – *A especialidade deste médico são as doenças de criança*. **Es.pe.ci.a.li.da.de**

Especialista smf. Homem ou mulher que faz um curso para se aperfeiçoar num ramo de sua profissão – *Aquele médico é um especialista em doenças de criança*. Comp. com *perito*. **Es.pe.ci.a.lis.ta**

Especializar v. **1.** Ensinar uma especialidade a um profissional – *Este hospital especializa os médicos em doenças de criança*. **Especializar-se**. **2.** Ficar sabendo fazer alguma coisa muito bem – *Aquele médico se especializou em doenças de criança*. > **Especialização** sf. **Es.pe.ci.a.li.zar**

Especiaria sf. Produto de planta, usado para dar gosto aos alimentos – *O cravo e a canela são especiarias*. **Es.pe.ci.a.ri.a**

Espécie sf. **1.** Conjunto dos animais ou vegetais que se parecem muito e podem se reproduzir entre si – *Há muitas espécies de roseiras*. **2.** Coisa que se parece com aquela que se apresenta para comparar: tipo – *O espanador é uma espécie de vassoura*. // **Em espécie**. Em dinheiro. > **Especial**, amf. Comp. com *gênero*. **Es.pé.cie**

Especificar v. Indicar o que é próprio de pessoa ou coisa: discriminar, precisar – *No anúncio de jornal, a empresa especifica as qualidades exigidas do empregado de que necessita*. > **Especificação** sf., **especificador** am. ou sm., **especificativo** am. **Es.pe.ci.fi.car**

Específico am. Que é próprio de uma espécie: exclusivo, particular – *O homem tem uma qualidade específica: é racional*. > **Especificidade** sf., **especificar** v. Ant.: *genérico*. **Es.pe.cí.fi.co**

Espécime sm. Cada indivíduo de uma espécie – *O jardim zoológico tem dois espécimes de cada animal*. **Es.pé.ci.me**

Espectador sm. **1.** Pessoa que assiste a um fato: testemunha. **2.** Pessoa que assiste a um espetáculo. Col.: *público*. **Es.pec.ta.dor**

Espectante am. Que aguarda alguma coisa. **Es.pec.tan.te**

Espectro sm. **1.** [Crença] Morto que aparece no mundo dos vivos: alma do outro mundo, alma penada, aparição, assombração, fantasma, visagem – *Dizem que há um espectro assombrando aquela velha casa*. **2.** Coisa ruim que mete medo: fantasma – *Ele ficava apavorado com espectro da fome que rondava sua família*. **3.** [Física] Conjunto de cores em que se desmancha a luz do Sol quando se dispersa – *O espectro é a luz solar dispersa*. // **Espectro ele-**

315

Abreviaturas para orientar o leitor. São explicadas nas últimas (ou nas primeiras) páginas do dicionário.

Verbete é o registro de cada palavra, acompanhada de seu(s) significado(s).

MATTOS, Geraldo. **Dicionário Júnior da língua portuguesa**. São Paulo: FTD, 2010. p. 315.

3. Copie da página do dicionário os significados destas palavras, sem os exemplos.

a) espantalho: _____

_____

b) espectador: _____

_____

4. As palavras da atividade anterior apresentam:

( ) apenas um significado. ( ) mais de um significado.

5. Leia, na reprodução da página do dicionário, os verbetes **espantar**, **espanto**, **espátula**, **especial**. Em seguida, faça o que se pede.

a) O que vem escrito logo após cada palavra? Copie.

_____

b) Essas letras representam: ( ) palavras. ( ) abreviaturas.

c) Escreva por extenso cada uma delas.

_____

_____

d) Há outra(s) abreviatura(s) nessa página de dicionário? Se houver, copie algumas e escreva-as por extenso, sem repetir.

_____

_____

> **#fiquedeolho**
> **Abreviatura** é a representação reduzida de palavra ou expressão por meio de uma ou algumas de suas letras ou sílabas. Como não tem existência na fala, ocorrendo apenas na escrita, não constitui palavra.

6. No dicionário, as abreviaturas indicam, entre outras coisas:

( ) o uso da palavra dentro de uma ciência. ( ) a divisão silábica.
( ) a flexão nos nomes (gênero e número). ( ) o grau dos nomes.
( ) o significado da palavra. ( ) a conjugação dos verbos.
( ) a flexão nos verbos (pessoa, tempo e modo). ( ) a origem da palavra.

7. Complete as palavras, escrevendo-as corretamente.

especiali____ar • espec____fico • esp____cie • espe____tante

- Agora consulte a página do dicionário e faça a correção, se necessário.

8. De acordo com as observações feitas nas atividades anteriores, marque **V** para a alternativa verdadeira e **F** para a falsa. O verbete:

( ) registra o significado das palavras.

( ) fornece informações sobre as classes gramaticais.

( ) informa sobre acontecimentos e fatos ocorridos no mundo.

( ) mostra a variação das palavras em gênero, número, grau, pessoa, tempo e modo.

( ) indica, muitas vezes, o significado específico da palavra em determinada ciência.

( ) traz a biografia de personagens ilustres de nossa História.

( ) auxilia na ortografia.

( ) faz, algumas vezes, a divisão silábica.

Verbete é o registro, no dicionário, de cada palavra, acompanhada de seu(s) significado(s) e outras informações necessárias.

Atividades

1. Leia.

SOUSA, Mauricio de. Bidu. **O Estado de S. Paulo**, São Paulo, 11 set. 2001.

a) Leia o verbete **cortar**.

Verbetes do dicionário

Cortar v. **1.** Dividir alguma coisa em partes com um instrumento de corte — *cortar o bolo / cortar a carne.* **2.** Produzir ferimento alongado em uma pessoa ou em parte de seu corpo — *Os espinhos da roseira cortaram o jardineiro.* **3.** Retirar alguma coisa de pessoa ou coisa — *cortar a palavra de um orador.* **4.** Passar pela frente de motorista ou veículo que está em movimento — *Aquele louco nos cortou, quase nos jogando fora da estrada.* [...]

MATTOS, Geraldo. **Dicionário Júnior da língua portuguesa**. São Paulo: FTD, 2010. p. 212.

#fiquedeolho

As palavras e as expressões podem admitir leituras diferentes, ter outros sentidos em um mesmo contexto. Isso se denomina **ambiguidade**.

b) Com que sentido a palavra **cortar** foi empregada no segundo quadrinho?

_____

_____

c) Como Duque entendeu?

_____

_____

d) O que provoca o humor na tira?

_____

2. Leia.

GONSALES, Fernando. Níquel Náusea. **Folha de S.Paulo**, São Paulo, 10 fev. 2012. Ilustrada, E9.

a) Procure no dicionário a palavra **gema** e escreva o seu significado.

_____

_____

b) Quando o médico da piada diz "Não **gema**", ele está empregando:

( ) a palavra cujo significado você escreveu.

( ) o verbo **gemer**, no imperativo, dando uma ordem.

c) E a que se refere o médico quando diz "dona **Clara**"?

_____

_____

d) Na tira, o médico diz "não **ovo**" em vez de "não **ouço**". Por quê?

_____

_____

94

3. Complete os quadros de palavras retiradas do texto. Veja o exemplo.

Palavras do texto	Como se apresentam no dicionário	Letra inicial
fez		
engolindo		
cobra	cobra	c
rir		
piada		

Verbetes em ordem alfabética	Abreviaturas que compõem os verbetes	Classe gramatical no texto
cobra	sf., sm.	substantivo

4. Leia estes verbetes de dicionário e sublinhe o significado mais adequado de acordo com a tira da atividade **2**.

No texto	No dicionário
ovo	**Ovo** [ô] sm. **1.** [Biologia] Corpo arredondado, envolvido por uma casca, que contém um novo ser em formação — *As fêmeas das aves, dos répteis, dos insetos e de várias outras espécies animais põem ovos.* **2.** [Biologia] Célula originada da união do óvulo, a célula reprodutora feminina, com o espermatozoide, a célula reprodutora masculina. > **Oval** amf. ou sf., **ovoide** [ói] amf. Pl.: *ovos* [ó]. **O.vo**
rir	**Rir** v. **1.** Contrair os músculos do rosto por causa de alguma coisa engraçada que viu ou ouviu — *O humorista contou a piada e todos riram.* **2.** Fazer de pessoa ou coisa motivo de riso: escarnecer, mofar, zombar — *Os garotos riram do colega que caiu da bicicleta.* Comp. com *chorar*. Verbo irregular: *eu rio / ele ri / / eu ri.* **Rir**

MATTOS, Geraldo. **Dicionário Júnior da língua portuguesa**. São Paulo: FTD, 2010. p. 536 e 656.

8 Gênero e número do adjetivo

Para chegar ao conceito

1. Leia.

SOUSA, Mauricio de. **Cascão**. São Paulo: Globo, 2006. p. 38. (Coleção As melhores tiras).

Responda.

a) Em "Sonhei que estava tomando banho num lindo lago azul...", quais são os adjetivos?

_____

b) A que substantivo esses adjetivos se referem?

_____

> **#fiquedeolho**
> O **adjetivo** atribui características ao substantivo a que se refere.

c) A que se deve o humor da tira?

_____

_____

d) Complete com os adjetivos do texto, fazendo as alterações necessárias.

Adjetivos do texto	
maravilhoso	lindo
um sonho _____	um lago _____
uma viagem _____	uma paisagem _____
uns dias _____	uns bebês _____
umas crianças _____	umas flores _____

e) Assinale a alternativa correta.

( ) O adjetivo concorda em gênero e número com o substantivo a que se refere.

( ) O adjetivo fica sempre no masculino singular, independente do substantivo a que se refere.

( ) O adjetivo é uma palavra invariável; não se flexiona.

2. Leia e complete com o **gênero** e o **número** dos artigos e dos adjetivos.

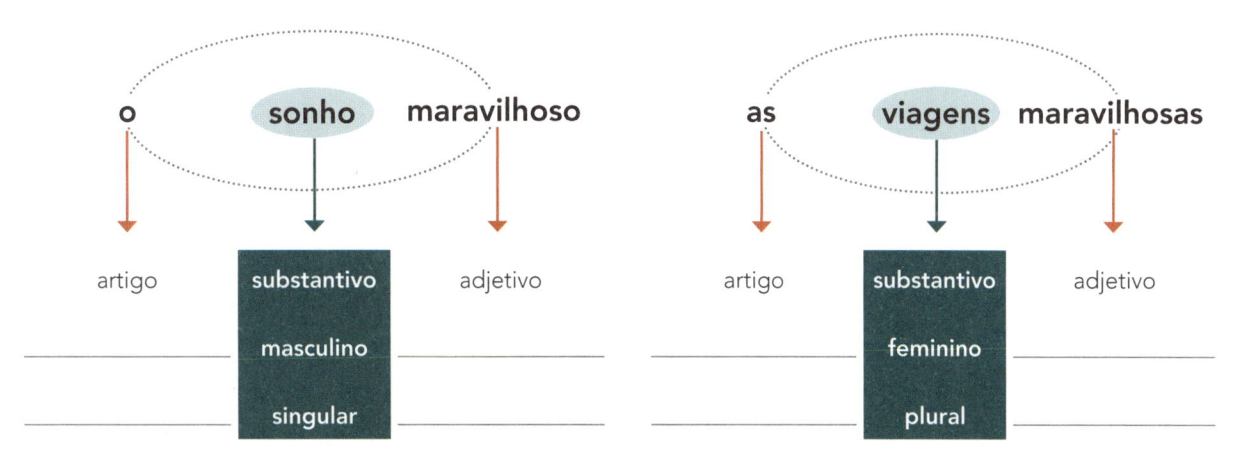

o — sonho — maravilhoso
- artigo: _____
- substantivo masculino singular
- adjetivo: _____

as — viagens — maravilhosas
- artigo: _____
- substantivo feminino plural
- adjetivo: _____

> O **adjetivo** concorda com o **substantivo** em **gênero** – masculino e feminino – e em **número** – singular e plural.

Adjetivo biforme e uniforme

1. Leia.

UNI-VERSO

"Treme a folha no galho mais alto"
— escrevo. Paro e sorvo, de olhos
fechados, o cheiro bom da terra,
do capim chovido... Parece que
quer vir um poema... [...]
Por que não caberia
então em único verso?
Um uni-verso. [...]

QUINTANA, Mário. **Sapo amarelo**.
São Paulo: Global, 2006.

- Escreva a frase "Treme a folha no galho mais alto", trocando o substantivo **galho** por **relva**.

_____

2. Complete o gráfico, indicando o gênero dos artigos e adjetivos.

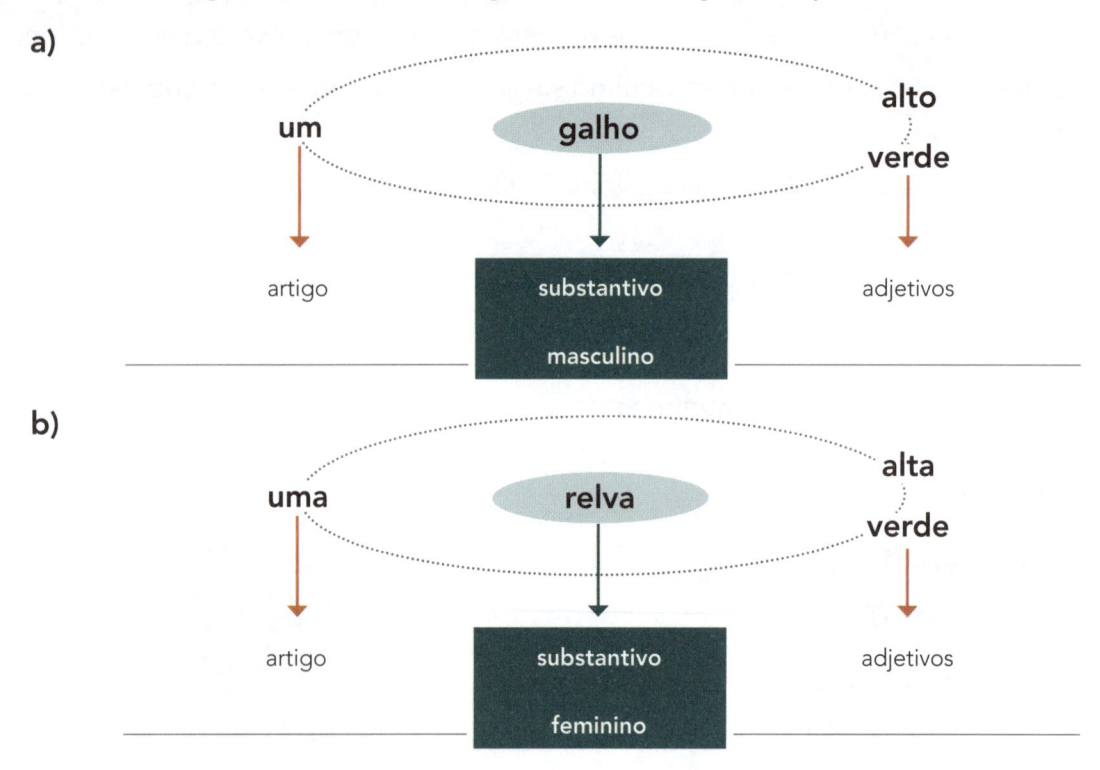

a)

um → artigo
galho → substantivo masculino
alto, verde → adjetivos

b)

uma → artigo
relva → substantivo feminino
alta, verde → adjetivos

3. Qual o feminino do adjetivo **alto**? Há alteração na palavra quanto à flexão de gênero?

_____

_____

> **Adjetivos biformes** apresentam duas formas diferentes, uma para o gênero masculino e outra para o gênero feminino.

4. O adjetivo **verde** varia para indicar masculino e feminino?

_____

_____

> **Adjetivos uniformes** apresentam uma só forma para indicar tanto o gênero masculino como o gênero feminino.

Quanto ao **gênero**, o adjetivo pode ser:

Gênero	masculino	feminino
Adjetivo biforme	alto	alta
Adjetivo uniforme	verde	

Atividades

1. Leia.

Rosa

A rosa é, certamente, uma das flores mais populares do mundo. Suas folhas são simples e suas flores, na maioria das vezes, solitárias. Cientificamente, as rosas pertencem à família Rosaceae e ao gênero Rosa, com mais de 100 espécies naturais. Atualmente, as rosas estão disponíveis em uma variedade imensa: muitas pétalas, forte aroma e cores variadas.

Sua beleza e perfume simbolizam o amor, e seus espinhos, o sofrimento que podem causar. No Egito, era dedicada à deusa Ísis e, na Grécia, à Afrodite.

Girassol

O girassol é uma planta anual da família das Asteraceae, de flores grandes e caules que podem chegar a 3 m de altura. É notável por "olhar" para o Sol, comportamento vegetal conhecido como heliotropismo.

Segundo a crença, o girassol é uma flor simbólica que significa fama, sucesso, sorte e felicidade.

a) Retire os adjetivos que encontrar nos textos.

- **Rosa**: _____

- **Girassol**: _____

b) Nesses textos, os adjetivos:

( ) caracterizam a beleza dessas flores.

( ) nomeiam as partes de cada flor.

( ) indicam as características dessas flores, diferenciando-as.

( ) indicam o plantio dessas flores.

c) Em **Rosa**, retire o único adjetivo que vem escrito antes do substantivo.

_____

d) Reescreva, colocando o adjetivo depois do substantivo. O significado do adjetivo sofreu mudança ou permaneceu o mesmo?

_____

99

e) Agora complete o quadro. Veja os exemplos.

Adjetivos dos textos	Substantivos a que se referem	Substantivo		Adjetivo		
		gênero	número	gênero	número	uniforme ou biforme
populares	flores	Feminino	Plural	F	P	Uniforme
	folhas					
	espécies					
	rosas					
	variedade					
	aroma	Masculino	Singular	M	S	
	cores					Biforme
	flor					
	planta					
	girassol					
	comportamento					

2. Leia.

Obrigada???

Obrigadas???

Obrigados???

Obrigado???

#fiquedeolho

Obrigado é um adjetivo. O adjetivo concorda com o substantivo a que se refere em gênero e número.

- Agora complete adequadamente as frases.

a) "Muito _____ ", disse o menino ao pai.

b) Os rapazes, _____ a saírem da quadra, dirigiram-se à piscina.

c) Maria, feliz com o passeio, repetia: "_____!"

d) Muitas vezes as pessoas são _____ a cumprir ordens.

3. Complete.

Eu devo responder: — Muito _____!

4. Leia.

> ERA UMA NOITE ESCURA E TEMPESTUOSA.
>
> DE REPENTE, DO MEIO DA NÉVOA, SURGIU UMA FIGURA FANTASMAGÓRICA.
>
> QUAL O ASPECTO DELA?...
>
> FANTASMAGÓRICA!

SCHULZ, Charles M. Minduim. **O Estado de S. Paulo**, São Paulo, 7 jul. 2005. Caderno 2, D4.

- Agora leia os adjetivos e escreva os substantivos a que se referem.

Adjetivo do texto	Substantivo a que se refere	Gênero e número do substantivo e do adjetivo
escura		
tempestuosa		
fantasmagórica		

5. Responda.

a) Em "Era uma noite escura e tempestuosa.", poderíamos trocar os adjetivos **escura** e **tempestuosa** por **escuro** e **tempestuoso**? Explique.

b) Como ficaria o adjetivo **fantasmagórica**, caso se referisse ao substantivo **lobisomem**?

c) Fantasmagórica é um adjetivo uniforme ou biforme? Por quê?

d) No texto, poderíamos empregar esse adjetivo no plural? Por quê?

101

Terminações -ês, -esa / -ez, -eza

1. Leia e observe.

Traje típico **chinês**.

Traje típico **norueguês**.

Traje típico **holandês**.

a) Complete o quadro com os adjetivos pátrios das legendas. Depois, escreva o substantivo primitivo dos quais eles derivam.

Adjetivos pátrios derivados	Substantivos primitivos

b) Reescreva as legendas trocando o substantivo **traje** pelo substantivo **roupa**.

___

#fiquedeolho

Os **adjetivos derivados**, terminados em **-ês**, **-esa**, que indicam nacionalidade, origem (adjetivos pátrios), escrevem-se com **s**.

2. Leia.

O jardim dos animais

[...]
Enquanto carrega nos olhos
toda a tristeza do mundo,
    o boi
        rumina a tarde,
    o tédio,
na certeza de ser pasto
na boca dos homens.
[...]

CLAVER, Ronald. **O jardim dos animais**. São Paulo: FTD, 1993. p. 23.

a) Procure no texto os **substantivos derivados** dos **adjetivos** a seguir.

triste: _____

certo: _____

> **#fiquedeolho**
> pálido → a palid**ez**
> triste → a trist**eza**
> **adjetivos** **substantivos escritos com z**

b) Conclua e complete.

Os **substantivos derivados**, terminados em **-ez** e _____,

que se originam de _____, são escritos com

_____.

Atividades

1. Leia um trecho da música "Timidez", cantada pelo grupo Biquíni Cavadão.

   [...]
   Se eu tento ser direto, o medo me ataca
   Sem poder nada fazer

   Sei que tento me vencer e acabar com a **mudez**
   Quando eu chego perto, tudo esqueço e não tenho vez
   Me consolo, foi errado o momento, talvez
   Mas na verdade, nada esconde essa minha **timidez**
   [...]

   BIQUÍNI CAVADÃO. Timidez. In: _____. **Novo Millennium**: Biquíni Cavadão. [S.l.]: Universal Music Brasil, 2005.

   - Explique por que os **substantivos** destacados no texto são escritos com **z**.

   _____
   _____

2. Substitua as locuções por adjetivos.

   esporte da Inglaterra → esporte _____

   pizza da Calábria → *pizza* _____

   - Explique por que você escreveu os **adjetivos** com **s**.

   _____
   _____

3. Veja os exemplos e complete.

a)

Adjetivo	Substantivo
grande →	a grandeza
estúpido →	a estupidez

Adjetivo	Substantivo escrito com z	Adjetivo	Substantivo escrito com z
bravo		pálido	
magro		altivo	
pobre		honrado	
duro		insensato	
nobre		ácido	
limpo		nítido	
áspero		lúcido	

b)

Substantivo	Adjetivo pátrio	
Holanda	holandês	holandesa
País	Masculino	Feminino
Dinamarca		
Finlândia		
Irlanda		
França		
Java		
Milão		
Polônia		

104

4. Encontre adjetivos e escreva-os ao lado, completando com os substantivos derivados. Veja o exemplo.

R	G	Y	T	Á	M	C	E	A
M	R	T	Y	V	I	O	P	L
A	R	Á	P	I	D	O	O	Ç
C	S	D	F	D	I	V	F	K
I	P	U	R	O	Z	B	R	N
O	H	J	K	Ç	L	B	I	X
Z	Q	F	R	A	N	C	O	M
Z	D	F	S	Ó	L	I	D	O
N	V	C	X	Z	A	S	D	L
R	I	C	O	I	O	L	A	E

Adjetivos	Substantivos derivados: -ez; -eza
ávido	a avidez

5. Complete as cruzadinhas.

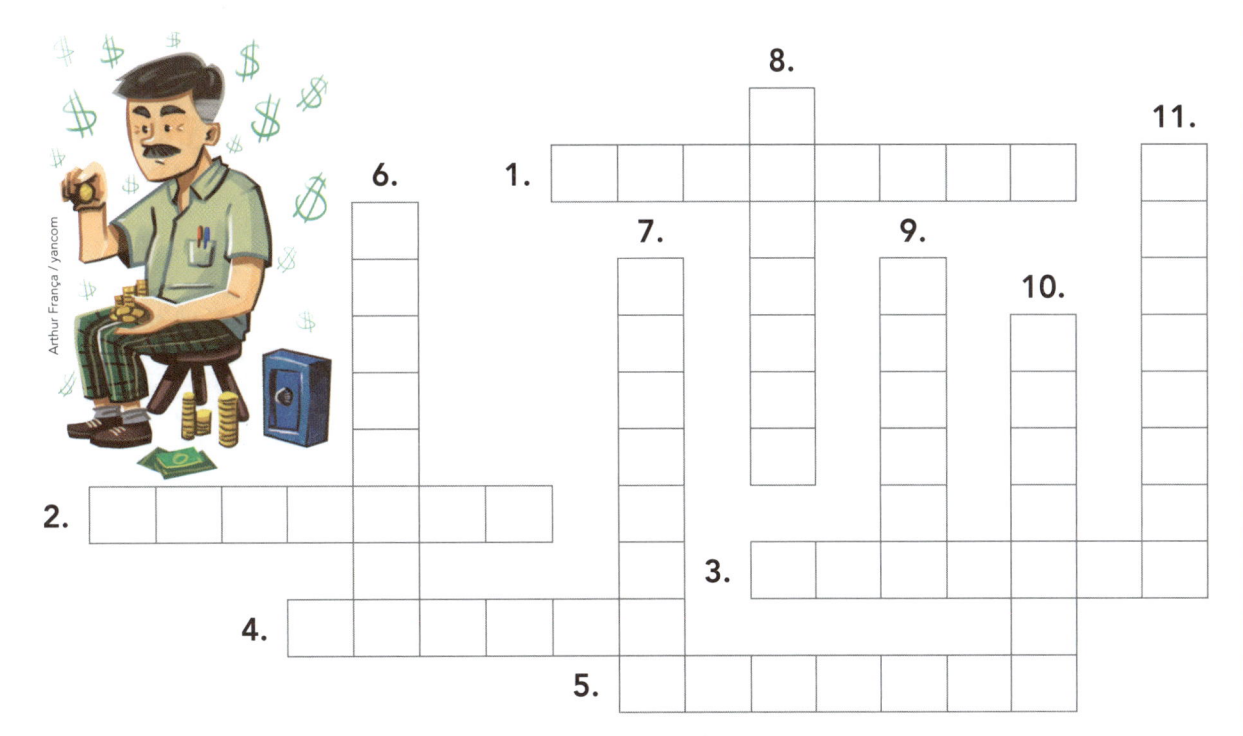

Horizontais
1. Aquela que nasce em Gênova.
2. A esposa do duque.
3. Qualidade de ser bravo.
4. Característica do que é macio.
5. Característica de quem é avaro (grande apego ao dinheiro).

Verticais
6. A esposa do barão.
7. Condição de estar impuro.
8. Característica de quem é pobre.
9. Qualidade de quem é fino (delicado, atencioso).
10. Qualidade do que é claro.
11. Aquela que nasce na Escócia.

105

9 Grau do substantivo

Para chegar ao conceito

1. Leia e responda.

   Velha história

   Era uma vez um homem que estava pescando, Maria. Até que apanhou um peixinho! Mas o peixinho era tão pequenininho e inocente, e tinha um azulado tão indescritível nas escamas, que o homem ficou com pena. E retirou cuidadosamente o anzol e pincelou com iodo a garganta do coitadinho. Depois guardou-o no bolso traseiro das calças, para que o animalzinho sarasse no quente. E desde então ficaram inseparáveis. [...]

   QUINTANA, Mario. **Prosa e verso**. 6. ed. São Paulo: Globo, 1989. p. 48.

   a) O substantivo **peixinho** indica um animal de tamanho:

   ( ) normal.   ( ) grande.   ( ) pequeno.

   b) Se esse animal tivesse um tamanho normal, você empregaria a palavra:

   ( ) peixe.   ( ) peixinho.

   c) Como você escreveria se quisesse se referir a um peixe grande?

   _____

   d) Que outro substantivo do poema indica tamanho pequeno?

   _____

2. Observe e leia.

   peixão → grau aumentativo
   peixinho → grau diminutivo
   peixe → grau normal

3. Em **peixinho** e **peixão**, o substantivo **peixe** admitiu modificações para indicar:

   ( ) variação de tamanho do ser para pequeno e grande.

   ( ) variação de número: singular e plural.

   ( ) variação de gênero: masculino e feminino.

   > **Aumentativo e diminutivo** são os dois graus que o substantivo apresenta para indicar a variação de tamanho dos seres.

4. Leia.

   O mundo de Leloca. **Meu gatinho!** 11 mar. 2013. Disponível em: <www.leloca.com.br/atividades_com_tirinhas_adjetivo_meu_gatinho/>. Acesso em: 24 fev. 2016.

   - Em "Compra um remédio pra você, meu gatinho...", o trecho **meu gatinho** indica:

   ( ) um gato pequeno.

   ( ) carinho e afeto.

   ( ) sentido pejorativo, depreciativo.

   > **#fiquedeolho**
   >
   > Às vezes, os graus **diminutivo** e **aumentativo** têm valor afetivo (ideia de carinho, ternura) ou valor pejorativo (ideia negativa de desprezo, ofensa, ironia), perdendo-se a ideia de tamanho pequeno e grande. Exemplos: • Vamos sair, *amorzinho*? • Você é meu *amorzão*! • Que *sujeitinho* chato!

5. Veja.

Grau diminutivo	
Sintético	Analítico
pedacinho campinho	pedaço pequeno campo minúsculo
O **diminutivo sintético** é formado, geralmente, com as terminações: **-inho(a)**, **-zinho(a), -ote, -ejo**...	O **diminutivo analítico** é formado, geralmente, com o auxílio de adjetivos como: **pequeno, minúsculo**...

Grau aumentativo	
Sintético	Analítico
cavalão pedação	cavalo imenso pedaço enorme
O **aumentativo sintético** é formado, geralmente, com as terminações: **-ão, -ona, -arrão, -orra, -zão**...	O **aumentativo analítico** é formado, geralmente, com o auxílio de adjetivos como: **grande, enorme, imenso**...

Atividades

1. Leia.

Novas onomatopeias

Uma alegre bicharada
Que andava entediada,
Enjoada de brigar,
Resolveu tudo mudar.
[...]
— Nós patinhos não queremos mais *grasnar*.

Só queremos, como grilos, *cricrilar*!
Cri! Cri! Cri!

Leõezinhos já não querem mais *rugir*.
— Como vacas, nós queremos só *mugir*!
Muu! Muu! Muu!
[...]

BELINKY, Tatiana. **Um caldeirão de poemas 2**. São Paulo: Companhia das Letrinhas, 2007. p. 24-25.

a) Escreva os substantivos do texto que estão no diminutivo.

_____

b) Escreva esses substantivos na sua forma normal.

_____

c) Passe para o diminutivo outros substantivos do texto que nomeiam animais.

_____

d) Na sua opinião, por que foram usadas as palavras **patinhos** e **leõezinhos** no diminutivo?

_____
_____
_____

e) Essas palavras estão no grau diminutivo sintético ou analítico? Justifique.

_____
_____

2. Leia o lembrete e responda.

Não esquecer:
- ✓ *protetor solar*
- ✓ *chinelo*
- ✓ *água*
- ✓ *saquinho para lixo*
- ✓ *óculos escuros*
- ✓ *toalha*
- ✓ *boné ou chapéu*
- ✓ *cadeira e guarda-sol*

a) Retire do lembrete um substantivo no diminutivo: _____

b) Escreva a forma normal desse substantivo: _____

c) Copie um substantivo só usado no plural: _____

d) Passe os substantivos para o aumentativo.

- chapéu: _____
- chinelo: _____

3. Dado o diminutivo sintético dos substantivos, escreva a forma normal e o diminutivo analítico. Veja o exemplo.

Diminutivos		
forma normal	sintético	analítico
filho	filhote	filho pequeno
	lugarejo	
	ruela	
	rapazote	
	riacho	
	febrícula	

4. Faça o mesmo com os substantivos no aumentativo sintético. Veja o exemplo.

Aumentativos		
forma normal	sintético	analítico
animal	animalaço	animal enorme
	fornalha	
	homenzarrão	
	canzarrão	
	vozeirão	
	facalhaz	

5. Leia.

> UM BEIJÃO PRA VOCÊ, AMIGÃO!
> SMAC!
> O QUE FOI, MÔNICA?
> GOSTO DE CEBOLA!

SOUSA, Mauricio de. Mônica. **O Estado de S. Paulo**, São Paulo, 30 nov. 2003.

a) Retire da tirinha dois substantivos empregados no grau aumentativo.

_____

b) Em que sentido eles são empregados nesse contexto?

_____

6. Na frase "Pedro é um homenzinho!", é possível dizer em que sentido (afetivo, pejorativo ou de tamanho pequeno) foi usado o diminutivo? Justifique.

_____

_____

_____

7. Faça a correspondência indicando o sentimento expresso pelos aumentativos e/ou diminutivos em destaque nas frases a seguir.

(a) carinho, delicadeza   (   ) Mateus sempre foi um **companheirão**.
(b) ironia   (   ) Seu **belezinha**, você não quer nada, não é?
(c) desprezo   (   ) Luísa completa hoje 3 **aninhos**.
(d) elogio   (   ) Aquilo, sim, é um **casarão**!
(e) amizade   (   ) Aquele **medicastro** errou o diagnóstico.

8. Faça a correspondência.

Substantivos		
forma normal	diminutivo sintético	aumentativo sintético
(a) barca	( ) cabecinha	( ) bocarra
(b) boca	( ) mureta	( ) copázio
(c) cabeça	( ) boquinha	( ) muralha
(d) copo	( ) barquinha	( ) cabeçorra
(e) muro	( ) copinho	( ) barcaça

9. Faça a correspondência da segunda e da terceira coluna com a primeira.

substantivo	forma erudita	forma coloquial
(a) barba	( ) chapelão	( ) mulherona (mulherzona)
(b) copo	( ) mulheraça	( ) chapeuzão
(c) livro	( ) livreto	( ) copão
(d) colher	( ) copázio	( ) riozinho
(e) rio	( ) barbicha	( ) livrinho
(f) chapéu	( ) colheraça	( ) colherona (colherzona)
(g) mulher	( ) riacho	( ) barbinha

10. Para fazer o plural dos diminutivos, observe.

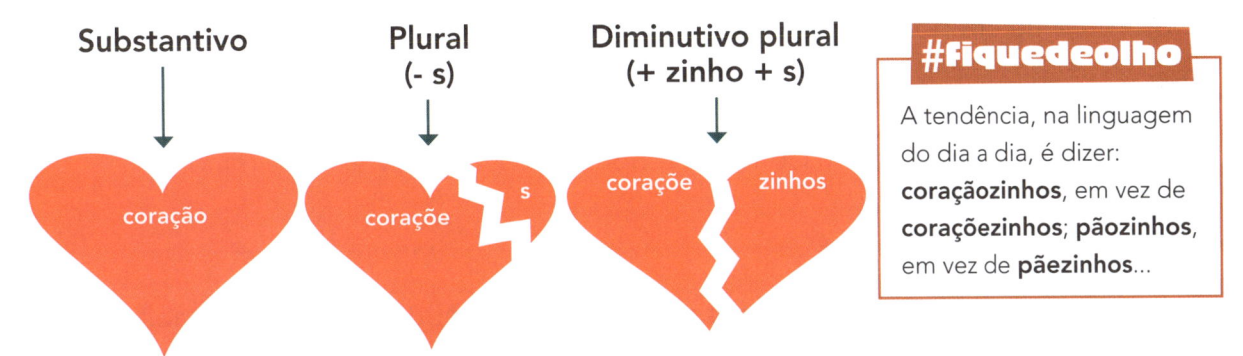

Substantivo: coração
Plural (- s): corações
Diminutivo plural (+ zinho + s): coraçõezinhos

#fiquedeolho
A tendência, na linguagem do dia a dia, é dizer: **coraçãozinhos**, em vez de **coraçõezinhos**; **pãozinhos**, em vez de **pãezinhos**...

- Agora coloque os substantivos no plural, fazendo as adaptações necessárias.

Substantivo no singular	Substantivo no plural	Diminutivo plural
pão gostoso	pães gostosos	pãezinhos gostosos
coração triste		
cão peludo		
papel reciclado		
lençol infantil		
lição fácil		
anel apertado		

Terminações
-inho, -(s)inho, -(z)inho

1. Leia.

RECRUTA ZERO — **MORT WALKER**

CHUVA, CHUVINHA, FAÇA A MINHA ALEGRIA: VÁ EMBORA E VOLTE OUTRO DIA.

EI! ESTÁ DANDO CERTO!

OH, ÓTIMO! AGORA TEREMOS DE FAZER AQUELA MARCHA!

MARCHA, MARCHINHA...

WALKER, Mort. Recruta Zero. **O Estado de S. Paulo**, São Paulo, 13 set. 2011. Caderno 2, D4.

a) Retire da tira dois substantivos no diminutivo e escreva-os na forma normal.

_____

b) Qual foi a terminação usada para empregar essas palavras no diminutivo?

_____

2. Resolva o diagrama de palavras encontrando o diminutivo das palavras abaixo.

1. coisa
2. rosa
3. raiz
4. pão
5. sabão
6. nenê
7. asa
8. tia
9. raposa
10. vaso

3. Observe, no diagrama, as palavras de números **1, 2, 7, 9** e **10**.

a) Quais são as palavras primitivas que deram origem aos diminutivos derivados?

_____

b) Escreva essas palavras na coluna indicada.

Palavra primitiva com s	Diminutivo derivado com -(s)inho
Acrescenta-se -inho(a) e permanece o s.	

4. Agora observe as palavras de números **3, 4, 5, 6** e **8**.

a) Quais são as palavras que deram origem aos diminutivos derivados das cruzadinhas?

_____

b) Complete o quadro a seguir com essas palavras e seus derivados.

Palavra primitiva sem s	Diminutivo derivado com -(z)inho
Acrescenta-se (z) + -inho(a).	

5. Leia.

> Quem não tem vizinho certo, dorme com um olho fechado e outro aberto.

a) A palavra **vizinho**, que aparece no provérbio, está no diminutivo? Explique.

_____

b) Da relação de palavras abaixo, circule apenas as que **não** estão no diminutivo.

sobrinho • espinho • mesinha • olhinho • adivinho

113

Atividades

1. Leia.

　　Num desses dias meio aborrecidos, em que o sol não aparece mas a dor nas costas sim, vovó Lia lembrou-se do aniversário da neta Luciana e resolveu escrever uma cartinha.
　　"Querida Luciana,
　　Minha netinha linda! Meus parabéns pelo seu aniversário. Dez anos é uma data muito importante, você é quase uma mocinha. [...]"

PINSKY, Mirna. Carta errante, avó atrapalhada, menina aniversariante. São Paulo: FTD, 2001. p. 7.

a) Escreva os substantivos do texto que estão no diminutivo.

_____

b) Escreva esses substantivos em sua forma normal.

_____

2. Complete com os diminutivos. Veja os exemplos.

+ -sinho(a)	
princesa →	**princesinha**
casa →	
mesa →	
pires →	
asa →	

+ -zinho(a)	
flor →	**florzinha**
trem →	
animal →	
pé →	
jornal →	

+ -inho(a)	
carro →	**carrinho**
caderno →	
menina →	
porta →	
tesoura →	

3. Procure no diagrama o diminutivo dos substantivos a seguir.

> cabelo • café • verso • jornal • blusa
> vaso • copo • adeus

Agora escreva os substantivos que você encontrou.

_____

_____

_____

_____

A	S	D	V	J	I	O	P	L	A
C	A	B	E	L	I	N	H	O	N
C	V	B	R	K	L	Ç	C	E	O
B	L	U	S	I	N	H	A	T	H
T	Y	U	I	O	O	P	S	X	N
A	H	J	N	I	H	P	O	Ç	I
D	V	B	H	K	N	L	N	E	Z
E	G	C	O	P	I	N	H	O	L
U	B	N	M	T	Z	W	A	P	A
S	Q	W	C	H	L	E	I	Ç	N
I	T	Y	E	I	A	P	B	N	R
N	C	A	F	E	Z	I	N	H	O
H	X	C	V	B	R	K	L	Ç	J
O	O	I	I	U	O	S	D	F	H
J	X	C	V	A	S	I	N	H	O

Brincando com palavras

Ordene as letras das palavras seguintes e escreva-as no lugar adequado. A seguir, dê seus diminutivos.

> routpsêug   zairn   rtao
> uêefrsg   roessforp   autt

Substantivos	Diminutivos

115

10 Grau do adjetivo

Para chegar ao conceito

1. Leia.

> Que bebê bonito você é!

> Mas, quando nascer você será mais bonito do que na barriga!

a) Nas frases dos balões, a palavra **bonito** se repete. Essa palavra classifica-se como:

( ) substantivo.

( ) adjetivo.

( ) pronome.

b) Em "você será mais bonito do que na barriga", a expressão **mais bonito do que** indica:

( ) variação de idade do bebê.

( ) comparação entre o bebê já nascido e ele mesmo na barriga da mãe.

( ) intensidade da característica **bonito**.

c) Você já viu a imagem de um bebê na barriga da mãe por meio de um exame chamado ultrassom? Se já viu, você concorda com a fala acima de que o bebê, quando nascer, será mais bonito? Por quê?

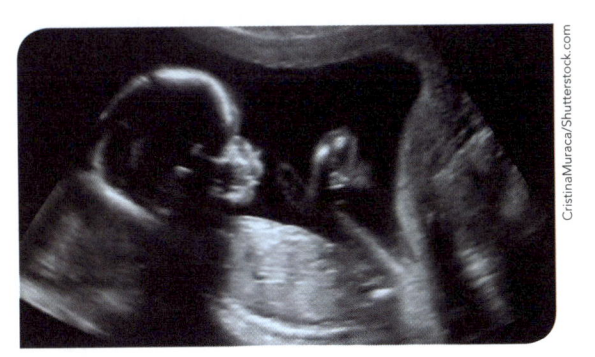

Ultrassom de bebê.

Bebê recém-nascido.

- Leia a frase a seguir.

> O bebê ao vivo é **mais** bonito (do) **que** o bebê no ultrassom.

▶ Em "**mais** bonito (do) **que**", o adjetivo **bonito** está no grau comparativo.

> O **grau comparativo do adjetivo** compara os seres, estabelecendo relações de igualdade, superioridade e inferioridade entre as características desses seres.

2. Relacione as colunas.
   - (a) O bebê ao vivo é **mais** bonito **que** ele mesmo no ultrassom.
   - (b) O bebê ao vivo é **tão** bonito **quanto** ele mesmo no ultrassom.
   - (c) O bebê ao vivo é **menos** bonito **que** ele mesmo no ultrassom.

   - ( ) A beleza do bebê ao vivo é inferior à beleza dele mesmo no ultrassom.
   - ( ) A beleza do bebê ao vivo é superior à beleza dele mesmo no ultrassom.
   - ( ) A beleza do bebê ao vivo é igual à beleza dele mesmo no ultrassom.

O grau comparativo pode ser:

Grau comparativo		
de igualdade	de superioridade	de inferioridade
... tão **bonito** (**alto**...) quanto...	... mais **bonito** (**veloz**...) que...	... menos **bonito** (**útil**...) que...
... tão **bonito** (**alto**...) como...	... mais **bonito** (**veloz**...) do que	... menos **bonito** (**útil**...) do que...

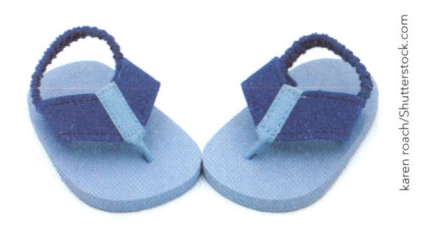

3. Em "As sandálias de bebês são tão coloridas quanto as de adulto.", o adjetivo **coloridas**:
   - ( ) está no grau comparativo de igualdade.
   - ( ) está no grau comparativo de superioridade.
   - ( ) está no grau comparativo de inferioridade.

4. Leia.

GONSALES, Fernando. **Níquel Náusea:** Nem tudo que balança cai. São Paulo: Devir, 2003. p. 37.

a) Copie o adjetivo que aparece no primeiro quadrinho.

_____

b) Agora copie o adjetivo que aparece no segundo quadrinho.

_____

c) O emprego do adjetivo **felicíssimo** indica:

( ) comparação entre os estados emotivos do personagem.

( ) intensidade da característica **feliz**.

d) Releia a frase do segundo quadrinho. Essa frase está correta? Explique por quê.

> Felicíssimo! Muito felicíssimo.

Estou **muito feliz**.

Estou **felicíssimo**.

Sou **o mais feliz**.

▶ Em "**felicíssimo**", "**muito feliz**" e "**o mais feliz**", o adjetivo **feliz** está no grau superlativo.

> O **grau superlativo do adjetivo** intensifica a característica do ser, elevando-a ao seu mais alto grau.

Há dois tipos de grau superlativo: **superlativo absoluto** e **superlativo relativo**.

Grau superlativo absoluto
Intensifica a característica do ser ao mais alto grau, **sem estabelecer** relação com outros seres.

sintético	analítico
...lind**íssimo**, felic**íssimo**, fac**ílimo**, frag**ílimo**, paup**érrimo**, mac**érrimo**...	...**muito** lindo, **bem** feliz, **bastante** fácil, **bastante** frágil, **bem** pobre, **muito** magro...
O adjetivo recebe o acréscimo das terminações: **-íssimo**, **-ílimo**, **-érrimo**.	O adjetivo vem modificado por advérbios de intensidade: **muito**, **bastante**, **bem**, **extremamente**...

Grau superlativo relativo
Intensifica a característica do ser, **estabelecendo** relação de superioridade ou de inferioridade com os outros seres.

de superioridade	de inferioridade
• Esse exercício é **o mais** fácil de todos. • Luísa é **a mais** entusiasmada das meninas. • As praias do Brasil estão entre **as mais** lindas do mundo. • Meu pai é **o mais** alto dos irmãos. • O *pit bull* é **o mais** agressivo dos cães.	• Esse problema é **o menos** fácil de todos. • Ana é **a menos** entusiasmada das meninas. • Das praias visitadas, essas são **as menos** lindas. • João é **o menos** alto do seu grupo. • O labrador é **o menos** agressivo dos cães.
O adjetivo vem modificado pelas palavras: **o mais**..., **a mais**..., **os mais**..., **as mais**...	O adjetivo vem modificado pelas palavras: **o menos**..., **a menos**..., **os menos**..., **as menos**...

5. Leia.

"Este edifício é antigo, antigo, antigo..."
Nessa frase, o adjetivo **antigo** está empregado no grau:

( ) comparativo de superioridade.

( ) comparativo de inferioridade.

( ) superlativo absoluto.

( ) superlativo relativo.

#fiquedeolho

O **superlativo absoluto** também pode ser indicado:
• pela repetição enfática do adjetivo. Aquela garota é *linda, linda*.
• por expressões como **à beça – de morrer – pra valer**... A comida está *boa à beça*!
• pelos prefixos **hiper-** e **super-**. Estou *superfeliz, hipersatisfeita*.

Atividades

1. Leia.

Doente anônimo

[...]
— Doutora, não sei o que faço!

Meu amor sofre de artrite,
stress, falta de viço,
magro, magérrimo
quase morre de cansaço.
[...]

CAPARELLI, Sérgio. **Restos de arco-íris**. 5. ed. Porto Alegre: L&PM, 1996. p. 32.

a) No texto, o eu lírico fala do amor (sentimento) como se falasse de uma pessoa. Na sua opinião, essa afirmativa é falsa ou verdadeira? Explique.

_____

_____

b) Em **magérrimo**, o adjetivo **magro** está no grau:

( ) comparativo de superioridade.

( ) superlativo absoluto sintético.

( ) superlativo absoluto analítico.

( ) superlativo relativo de superioridade.

#fiquedeolho

No poema, **eu lírico** é a voz que expressa as emoções do poeta (autor do texto).

c) E se fosse a expressão **muito magro**, em que grau o adjetivo estaria?

_____

d) No texto, o emprego do adjetivo **magérrimo**:

( ) intensifica a "magreza" do amor, a falta do amor.

( ) indica uma comparação.

( ) aumenta o tamanho do amor.

2. Escreva as duas frases em uma só, empregando o adjetivo no **grau comparativo**. A seguir, identifique o grau. Veja o exemplo.

A sala está **escura**. O quarto também está **escuro**.
A sala está **tão escura quanto** o quarto.

(grau comparativo de igualdade)

a) O abacaxi é uma fruta **ácida**. A maçã é menos **ácida**.

(_____)

b) Marina é **estudiosa**. Pedro também é **estudioso**.

(_____)

c) O cão é **feroz**. O leão é mais **feroz**.

(_____)

3. Escreva frases com as palavras sugeridas, usando o adjetivo nos graus pedidos.

edifício • antigo

a) grau superlativo absoluto analítico

b) grau superlativo absoluto sintético

c) grau superlativo relativo de superioridade

d) grau superlativo relativo de inferioridade

aluno • tranquilo • escola

121

4. Faça a correspondência, observando as terminações.

Grau superlativo absoluto sintético			
-íssimo		-érrimo	
(a) rico	( ) crudelíssimo	(a) negro	( ) magérrimo
(b) sábio	( ) capacíssimo	(b) magro	( ) libérrimo
(c) amável	( ) felicíssimo	(c) mísero	( ) celebérrimo
(d) feroz	( ) ferocíssimo	(d) célebre	( ) paupérrimo
(e) capaz	( ) sapientíssimo	(e) áspero	( ) nigérrimo
(f) veloz	( ) riquíssimo	(f) livre	( ) misérrimo
(g) feliz	( ) velocíssimo	(g) pobre	( ) aspérrimo
(h) cruel	( ) fidelíssimo		( ) macérrimo
(i) fiel	( ) amabilíssimo		

-ílimo			
(a) ágil		( ) dificílimo	
(b) frágil		( ) humílimo	
(c) humilde		( ) agílimo	
(d) difícil		( ) facílimo	
(e) fácil		( ) fragílimo	

5. Faça a correspondência entre o adjetivo e o grau superlativo.

(a) doce   (c) amigo   (e) magro
(b) amargo (d) antigo (f) pobre

Grau superlativo absoluto sintético

Forma erudita

( ) antiquíssimo
( ) paupérrimo
( ) dulcíssimo
( ) amaríssimo
( ) amicíssimo
( ) macérrimo

Forma coloquial

( ) amiguíssimo
( ) pobríssimo
( ) magríssimo
( ) amarguíssimo
( ) docíssimo
( ) antiguíssimo

#fiquedeolho

Na linguagem do dia a dia, é comum o emprego da terminação **-íssimo** para formar o **superlativo absoluto sintético**. A gramática, no entanto, apresenta formas eruditas, menos usadas.

6. Leia.

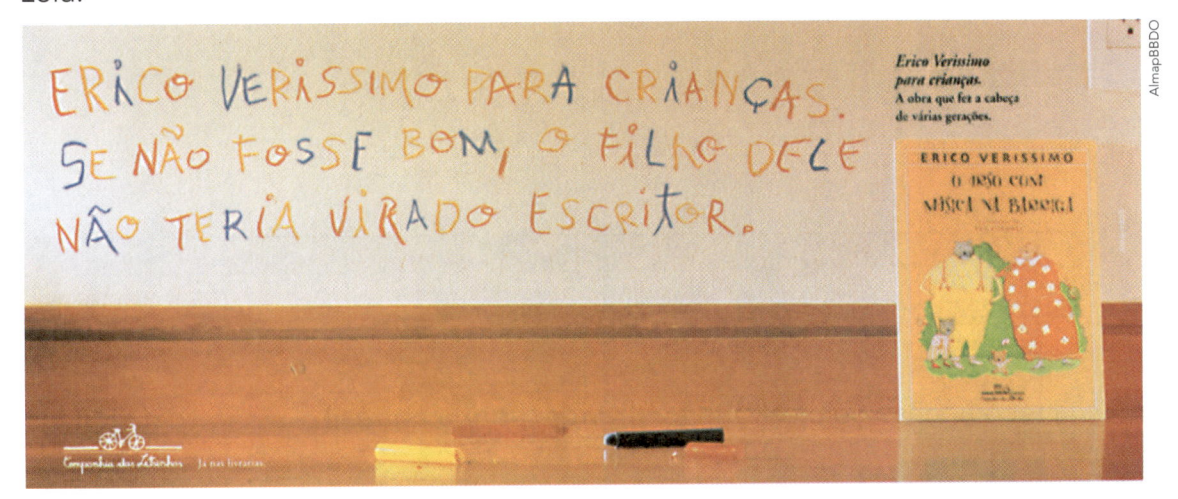

> ERICO VERISSIMO PARA CRIANÇAS.
> SE NÃO FOSSE BOM, O FILHO DELE
> NÃO TERIA VIRADO ESCRITOR.

a) Qual é o adjetivo que aparece no texto do anúncio publicitário?

_____

b) Complete as frases que exemplificam o grau superlativo do adjetivo **bom**.

O livro de Érico Veríssimo é **bom**!

_____**o melhor de todos**!

(grau superlativo relativo de superioridade)

_____

_____**ótimo**!

(grau superlativo absoluto sintético)

> **#fiquedeolho**
>
> Os adjetivos **bom**, **mau**, **grande** e **pequeno** possuem formas especiais nos graus comparativo e superlativo.

7. Leia.

Adjetivo	Comparativo de superioridade	Superlativo absoluto sintético	Superlativo relativo de superioridade
grande	maior que (do que)	máximo	o (a) maior
pequeno	menor que (do que)	mínimo	o (a) menor
bom	melhor que (do que)	ótimo	o (a) melhor
mau (ruim)	pior que (do que)	péssimo	o (a) pior

- Agora, escreva na próxima página as frases, trocando o grau do adjetivo destacado e fazendo as adaptações necessárias. Nos parênteses, escreva o grau em que estão os adjetivos nas frases que você escrever. Veja o exemplo.

  a) Esta flor é **pequena**! Que delicadeza! (forma normal)

  Esta flor é **a menor de** sua espécie! Que delicadeza! (grau superlativo relativo de superioridade)

  Esta flor é **mínima**! Que delicadeza! (grau superlativo absoluto sintético)

b) Tuca é realmente um **mau** jogador! (forma normal)

_____

(_____)

_____

(_____)

c) A sua recompensa pelo esforço foi **grande**. (forma normal)

_____

(_____)

_____

(_____)

8. Leia.

Os recordes da natureza

A maior ilha
Groenlândia, com 2 175 600 km².

[...]

O maior vulcão
Gallatiri, Chile, com 6 060 metros.

O maior rio em extensão
Nilo, no Egito, com 6 670 km.

[...]

A maior cordilheira
Cordilheira dos Andes, na América do Sul, com 8 000 km.

DUARTE, Marcelo. **O guia dos curiosos – Invenções**.
São Paulo: Panda Books, 2007.

Cordilheira dos Andes.

- Retire do texto o adjetivo destacado e escreva em que grau ele está.

_____

_____

9. Leia.

> lili
> a **EX**
>
> A MELHOR COISA É UMA SEMANA QUE COMEÇA NA **QUARTA** E ACABA NA **SEXTA!**
>
> SEMANA QUE VEM SERÁ UMA **LOOOONGA** SEMANA!

GALHARDO, Caco. Daiquiri. **Folha de S.Paulo**, São Paulo, s/d.

a) Retire o adjetivo que aparece no primeiro quadrinho.

_____

b) Em que grau está esse adjetivo?

_____

c) No terceiro quadrinho, o autor criou uma maneira diferente de intensificar o adjetivo **longa**. Como?

_____

#fiquedeolho

No **grau superlativo relativo**, acrescenta-se o artigo definido (**o**, **a**, **os**, **as**) antes dos advérbios **mais** e **menos**. Assim: **a mais alta**, **a menos alta**, **o mais alto**, **o menos alto**.

10. Indique nas frases seguintes o grau dos adjetivos destacados, colocando os números correspondentes nos quadrinhos.

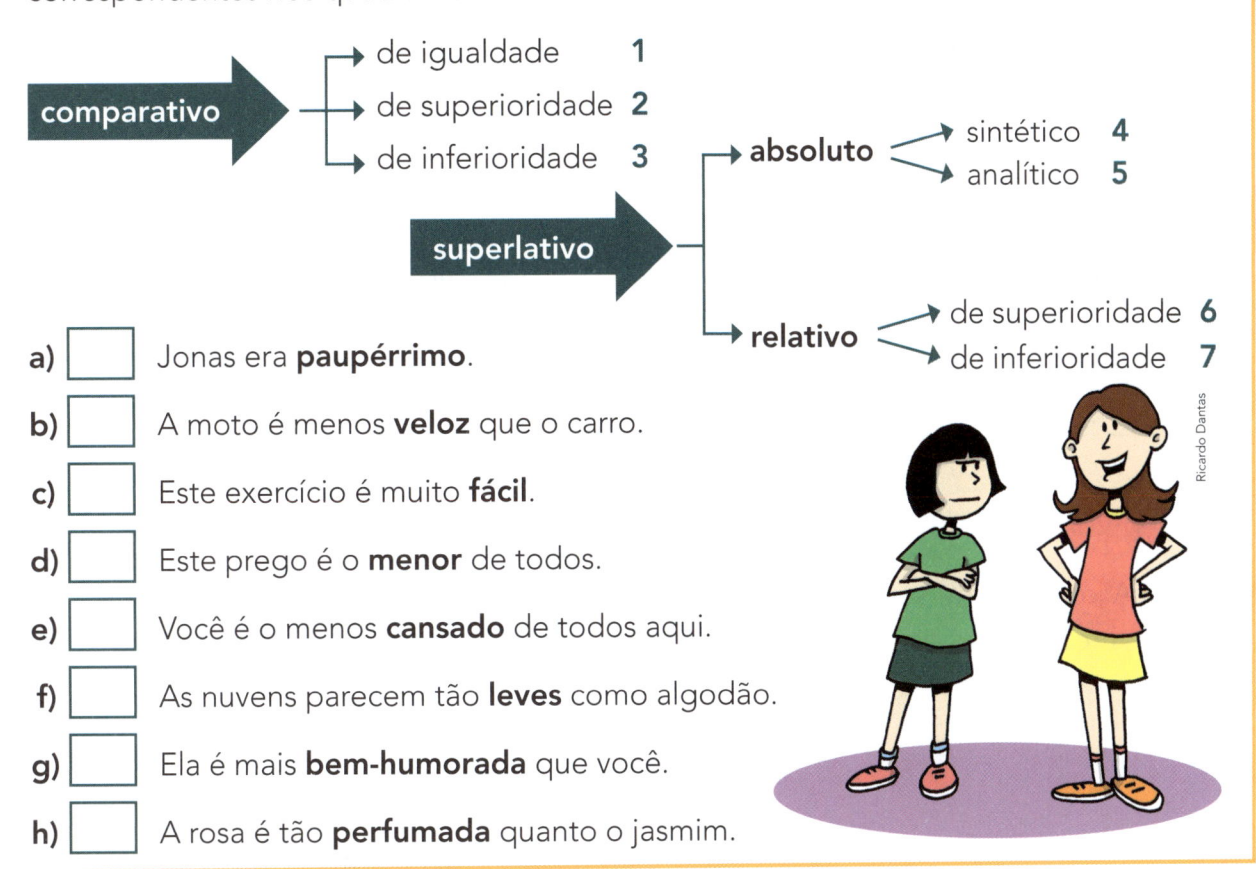

comparativo
- de igualdade — 1
- de superioridade — 2
- de inferioridade — 3

superlativo
- absoluto
  - sintético — 4
  - analítico — 5
- relativo
  - de superioridade — 6
  - de inferioridade — 7

a) ☐ Jonas era **paupérrimo**.

b) ☐ A moto é menos **veloz** que o carro.

c) ☐ Este exercício é muito **fácil**.

d) ☐ Este prego é o **menor** de todos.

e) ☐ Você é o menos **cansado** de todos aqui.

f) ☐ As nuvens parecem tão **leves** como algodão.

g) ☐ Ela é mais **bem-humorada** que você.

h) ☐ A rosa é tão **perfumada** quanto o jasmim.

Emprego de g, j

1. Leia.

BROWNE, Dik. Hagar. **Folha de S.Paulo**, São Paulo, 17 out. 2015. Disponível em: <http://www1.folha.uol.com.br/ilustrada/cartum/cartunsdiarios/#17/10/2015>. Acesso em: 19 nov. 2015.

a) Retire do segundo quadrinho a palavra escrita com a letra **g**.

_____

b) Agora observe e compare.

gente   **je**ito

- Na hora de escrever essas palavras, é possível confundir as letras **g** e **j**? Explique.

_____

2. Leia estas duas outras palavras.

ginástica   **ji**boia

a) Na escrita dessas palavras, é possível também confundir as letras **g** e **j**? Por quê?

_____

_____

b) A letra **g** pode ser confundida com a letra **j** antes das vogais:

( ) a.   ( ) e.

( ) i.   ( ) o.   ( ) u.

#fiquedeolho

As letras **g** e **j** representam o mesmo fonema (têm a mesma pronúncia) quando seguidas das vogais **e, i**: **ge / je; gi / ji**. Isso não ocorre antes das vogais **a, o, u**: **ga / ja; go / jo; gu / ju**.
Na dúvida, consulte o dicionário.

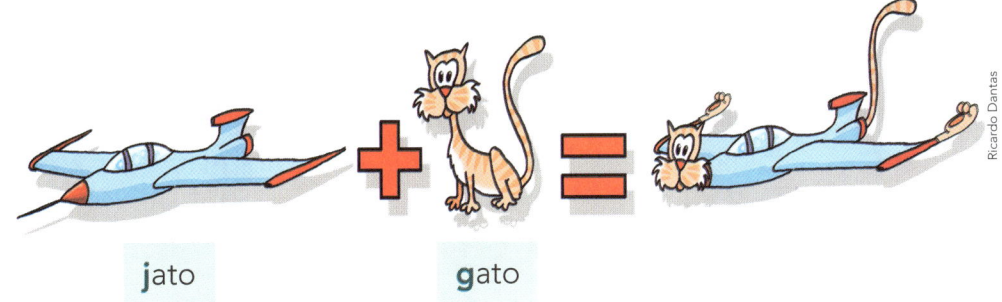

3. Veja.

jato   gato

E agora, você confundiria as letras **g** e **j** nas palavras **j**ato e **g**ato? Justifique.

_____

_____

_____

4. Complete.

• As letras **g** e **j** representam o mesmo som antes das vogais _____.

• As letras **g** e **j** não representam o mesmo som antes das vogais _____.

Atividades

1. O que é? O que é?

a) Como é que se diz "água gelada" com quatro letras?

_____

b) Qual é a única hora que o relógio não marca?

_____

c) Qual é o sinal gráfico que revigora?

_____

d) O que é que em Pindamonhangaba é cinco vezes maior que em Itu?

_____

2. Em todas as charadas há palavras escritas com **g**. Escreva-as.

_____

_____

Na escrita, quais poderiam oferecer dúvidas? Por quê?

_____

_____

3. Leia palavras escritas com **-agem**.

aterr**agem**	cont**agem**	gar**agem**	pais**agem**	report**agem**
aterriss**agem**	cor**agem**	mass**agem**	person**agem**	embal**agem**
chant**agem**	folh**agem**	mens**agem**	recicl**agem**	vant**agem**

- Complete.

    A maioria das palavras terminadas em _____ são escritas com a letra _____.

4. Escreva palavras derivadas, prestando atenção à escrita: **g** ou **j**.

Palavra primitiva → **Palavras derivadas**

jeito → en**j**eitar, _____
_____
_____

fin**g**ir → _____
_____
_____

gelo → _____
_____
_____

laran**j**a → _____
_____

#fiquedeolho

Se a palavra primitiva (jeito) é com **j**, a palavra derivada (enjeitar) também é escrita com **j**. O mesmo ocorre com as palavras escritas com **g**.

5. Leia e complete.

Desejo-lhes uma boa **viagem**.
↓
substantivo, escrito com ☐

Espero que vocês **viajem** bem.
↓
verbo viajar, escrito com ☐

6. Complete as frases com **viagem** (substantivo) ou **viajem** (verbo via**j**ar).

a) O agente de _____ fez uma boa proposta para que os formandos _____ no final do ano.

b) É bom que _____ bem cedinho, para aproveitar melhor o dia.

c) A _____ em estradas de terra é sempre mais difícil.

d) Espero que as crianças _____ de trem neste verão.

A _____ é mais pitoresca!

e) O gabinete aprovou a _____ do presidente ao exterior.

7. Escreva as palavras a seguir em ordem alfabética, acrescentando a palavra do quadro.

gênio

a) regente • congelar • herege • giz • angelical

_____
_____
_____
_____
_____

jipe

b) projeto • anjinho • manjedoura • trejeito • canjica

_____
_____
_____
_____
_____

• Procure no dicionário as palavras cujo significado você não conhece e anote-as abaixo.

_____
_____
_____

129

Brincando com palavras

Leia com atenção, procurando memorizar as palavras escritas com **j** e com **g**.

j

jiló	gorjeio	berinjela
laje	sujeira	cerejeira
majestade	hoje	traje
pajé	jejum	jiu-jítsu
jerimum	jegue	sarjeta

g

tigela	gengibre	relógio
gengiva	gelo	estrangeiro
gibi	gigante	monge
tangerina	vagem	girafa
gente	agitar	vertigem

a) Feche o livro e escreva no caderno as palavras que vão ser ditadas.

b) Após o ditado, abra o livro e confira. Se necessário, escreva de novo as palavras que você confundiu.

c) Some os pontos que você fez.

Palavras escritas com **j** ☐ × 2 = ☐

Palavras escritas com **g** ☐ × 1 = ☐

Total de pontos = ☐

11 Numeral

Para chegar ao conceito

1. Leia.

   A menina avoada

   [...]
   Foi na fazenda de meu pai antigamente.
   Eu teria dois anos; meu irmão, nove.

   > Meu irmão pregava no caixote
   > duas rodas de lata de goiabada.
   > A gente ia viajar.
   > [...]

   BARROS, Manoel de. A menina avoada. In: Vários autores. **Palavras de encantamento**. São Paulo: Moderna, 2001.

   a) Releia os trechos e faça uma seta dos termos destacados até as palavras a que se referem.

   • "Eu teria **dois** anos;"

   • "**duas** rodas de lata de goiabada."

   b) As palavras às quais os termos destacados se referem classificam-se como:
   - ( ) adjetivos.
   - ( ) substantivos.
   - ( ) artigos.
   - ( ) verbos.

   c) Ao se referirem a essas palavras, esses termos indicam:
   - ( ) uma característica.
   - ( ) uma ação.
   - ( ) um nome.
   - ( ) uma quantidade.

   d) Agora reescreva o segundo verso indicando a que palavra o termo "nove" se refere.

   _____

▶ As palavras **dois** e **duas** são **numerais**.

> **Numeral** é a palavra que dá ideia de número, podendo indicar quantidade, ordem, multiplicação e divisão.

131

Leia o quadro dos numerais.

Algarismos		Numerais			
Romano	Arábico	Cardinal	Ordinal	Multiplicativo	Fracionário
I	1	um	primeiro	simples	—
II	2	dois	segundo	dobro, duplo	meio, metade
III	3	três	terceiro	triplo	terço
IV	4	quatro	quarto	quádruplo	quarto
V	5	cinco	quinto	quíntuplo	quinto
VI	6	seis	sexto	sêxtuplo	sexto
VII	7	sete	sétimo	sétuplo	sétimo
VIII	8	oito	oitavo	óctuplo	oitavo
IX	9	nove	nono	nônuplo	nono
X	10	dez	décimo	décuplo	décimo
XI	11	onze	décimo primeiro	undécuplo	onze avos
XII	12	doze	décimo segundo	duodécuplo	doze avos
XIII	13	treze	décimo terceiro	****	treze avos
XIV	14	quatorze*	décimo quarto	—	quatorze avos
XV	15	quinze	décimo quinto	—	quinze avos
XVI	16	dezesseis	décimo sexto	—	dezesseis avos
XVII	17	dezessete	décimo sétimo	—	dezessete avos
XVIII	18	dezoito	décimo oitavo	—	dezoito avos
XIX	19	dezenove	décimo nono	—	dezenove avos
XX	20	vinte	vigésimo	—	vinte avos
XXX	30	trinta	trigésimo	—	trinta avos
XL	40	quarenta	quadragésimo	—	quarenta avos
L	50	cinquenta	quinquagésimo	—	cinquenta avos
LX	60	sessenta	sexagésimo	—	sessenta avos
LXX	70	setenta	setuagésimo	—	setenta avos
LXXX	80	oitenta	octogésimo	—	oitenta avos
XC	90	noventa	nonagésimo	—	noventa avos
C	100	cem	centésimo	cêntuplo	centésimo
CC	200	duzentos	ducentésimo	*****	ducentésimo
CCC	300	trezentos	trecentésimo	—	trecentésimo
CD	400	quatrocentos	quadringentésimo	—	quadringentésimo
D	500	quinhentos	quingentésimo	—	quingentésimo
DC	600	seiscentos	sexcentésimo**	—	sexcentésimo
DCC	700	setecentos	setingentésimo	—	setingentésimo
DCCC	800	oitocentos	octingentésimo	—	octingentésimo
CM	900	novecentos	nongentésimo***	—	nongentésimo
M	1000	mil	milésimo	—	milésimo
X̄	10 000	dez mil	décimo milésimo	—	décimo milésimo
C̄	100 000	cem mil	centésimo milésimo	—	centésimo milésimo

* ou catorze   ** ou seiscentésimo   *** ou noningentésimo   **** treze vezes   ***** duzentas vezes

Atividades

1. Leia.

Consumo de energia de eletrodomésticos				
Aparelhos domésticos	Potência média (watt: W)	Nº estimado de dias de uso no mês	Tempo médio de utilização por dia	Consumo médio mensal (quilowatt-hora: kWh)
Chuveiro elétrico	3 500	30	40 min	70,0
Computador	100	30	8 h	24,0
Ferro elétrico automático	1 000	12	1 h	12,0
Forno de micro-ondas	1 200	30	20 min	12,0
Geladeira (duas portas)	110	30	24 h	50,0
Lâmpada incandescente	100	30	5 h	15,0
Lavadora de louça	1 500	30	40 min	30,0
TV LED (32 polegadas)	95	30	5 h	14,3

CEMIG, **Guia do melhor consumo**: dicas de economia de energia e segurança com a rede elétrica. Belo Horizonte, mar. 2014. Disponível em: <www.cemig.com.br/pt-br/A_Cemig_e_o_Futuro/sustentabilidade/nossos_programas/Eficiencia_Energetica/Documents/GUIA%20MELHOR%20CONSUMO_CARTILHA.pdf>. Acesso em: 18 nov. 2015.

a) Agora escreva por extenso os numerais que indicam a potência média em watts dos aparelhos indicados abaixo.

- lavadoura de louça ⟶ _____
- ferro elétrico automático ⟶ _____
- geladeira duas portas ⟶ _____
- TV LED (32 polegadas) ⟶ _____

b) Para indicar a quantidade exata de watts, você utilizou numerais:
( ) cardinais.   ( ) ordinais.   ( ) multiplicativos.   ( ) fracionários.

2. Considerando-se que, pelo consumo médio mensal, a lavadora de louça ocupa o terceiro lugar – 30,0 kWh –, escreva por extenso o lugar que ocupam os aparelhos abaixo.

- chuveiro elétrico ⟶ _____
- forno de micro-ondas ⟶ _____
- computador ⟶ _____
- lâmpada incandescente ⟶ _____

- Para escrever a ordem de lugar que ocupam os aparelhos da atividade **2**, você utilizou numerais:

    ( ) cardinais.   ( ) ordinais.   ( ) multiplicativos.   ( ) fracionários.

3. Efetue as multiplicações e forme frases, escrevendo os numerais por extenso, como no exemplo.

Multiplicações	Numerais
2 × 10 = 20	O dobro de dez é vinte.
5 × 6 = _____	_____
6 × 8 = _____	_____

- Agora escreva os **numerais multiplicativos** dessas frases.

_____

4. Leia.

GALHARDO, Caco. Os pescoçudos. **Folha de S.Paulo**, São Paulo, 26 mar. 2006.

a) Nessa frase do balão, a palavra **dois** vem determinada por:

   ( ) um pronome.   ( ) um artigo.   ( ) um verbo.

b) Nesse caso, a palavra **dois**, na tirinha, tornou-se:

   ( ) um substantivo.   ( ) um adjetivo.

#fiquedeolho
Toda palavra determinada pelo artigo torna-se um **substantivo**.

5. Se os personagens da tira fossem duas mulheres, como ficaria a frase do balão?

_____

- Houve alguma mudança? Explique.

_____

_____

6. Complete as frases, escrevendo por extenso o numeral adequado.

a) 1/2

b) 1/6

Ana vai comer _____ da pizza.

Ana vai comer só _____ do bolo.

• Continue completando: Você escreveu numerais _____ .

7. Observe os símbolos matemáticos e escreva esses numerais por extenso, no lugar adequado do quadro.

#fiquedeolho

Os numerais são representados por **símbolos matemáticos**.

cardinal	→	1	2	3	4	...
ordinal	→	1º	2º	3º	4º	...
fracionário	→	1/2	1/3	1/4	...
multiplicativo	→	2×	6×	10× ...

5/14 • 4× • 72º • 4/8 • 198 • 6× • 16 • 213 • 341º

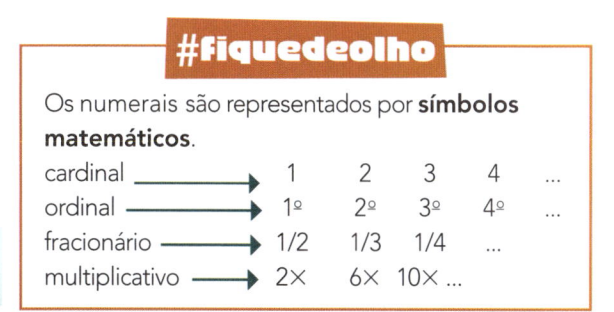

Numeral cardinal	Numeral ordinal
Numeral multiplicativo	Numeral fracionário

8. Leia e complete.

Moeda de 1 real.

Relógio de bolso.

A moeda traz o algarismo _____ 1.

O relógio marca as horas com os números em algarismos _____ .

Para a **leitura** dos algarismos romanos, usa-se ora o numeral **cardinal**, ora o **ordinal**. Veja.

Algarismo romano **após o substantivo**	Algarismo romano **antes do substantivo**
• Na leitura, emprega-se numeral ordinal de **I (primeiro)** a **X (décimo)**. • Na leitura, emprega-se o numeral cardinal do **XI (onze)** em diante.	• Na leitura, emprega-se sempre o **numeral ordinal**.

- Agora escreva por extenso como devem ser lidos os numerais destacados nas frases a seguir.

#fiquedeolho

Usam-se **algarismos romanos** na enumeração de:
- nomes de reis, imperadores e papas;
- capítulos de livros;
- séculos;
- seminários, encontros, feiras...

a) A imigração italiana no Brasil começou nas últimas décadas do século **XIX**.

_____

b) Petrônio, escritor romano do século **I**, foi o autor da obra **Satiricon**.

_____

c) O papa Estêvão **III** foi quem aprovou o culto das imagens.

_____

d) Estou lendo o capítulo **XX** do livro que você me emprestou.

_____

e) Participei do **XIV** Encontro de Estudantes.

_____

9. Leia.

ZIRALDO. **O Menino Maluquinho**. Porto Alegre: L&PM, 1991.

a) Em "... quanto custa **um** beijo seu?" o **um** é numeral ou artigo?

( ) artigo ( ) numeral

- Para tirar a dúvida, leia os quadros da página 137.

Veja.

> **Um** é numeral ou artigo????

Artigo indefinido →

a) Precede o substantivo e pode ser substituído por artigo definido.
Exemplo: **Um** rapaz te procurou na escola.
(**O** rapaz te procurou na escola.)
b) Indica um ser qualquer.
Exemplo: **Um** rapaz (qualquer) te procurou na escola.

Numeral →

a) Quando estiver em oposição a outro numeral.
Exemplo: "Moço... quanto custa **um** beijo seu?"
— "**Dois** beijos!"
b) Quando vier depois do substantivo, indicando numeração.
Exemplo: Moro na rua **um**, casa **um**.
c) Quando se relacionar com substantivo, expressando quantidade.
Exemplo: Comprei **um** quilo de feijão e **um** litro de leite.
d) Quando responder às perguntas **quantos**, **quantas**.
Exemplo: Quantos sapatos você comprou?
Um.

> Na tira, **um é numeral.**

b) Agora explique por que **um**, na história em quadrinhos, é um numeral.

_____

_____

c) Escreva uma frase utilizando o artigo indefinido **um**.

_____

137

10. Diga se a palavra **um(a)** é artigo indefinido ou numeral cardinal nestas frases.

a) A minissérie foi rica na caracterização da região amazônica. Todos se encantaram! Era **um** cenário fantástico!

_____

b) Saímos hoje o dia todo à procura de **uma** casa para comprar.

_____

c) Meus primos têm três filhos e **um** neto.

_____

d) O prédio estava escuro, mas consegui encontrar o apartamento **um**.

_____

e) Dois alunos não entregaram a pesquisa, mas **um** deles estava doente.

_____

11. Leia.
Texto A

Estrogonofe de chocolate

Tempo
1h (+ 3h de geladeira)

Rendimento
12 porções

Dificuldade
fácil

Ingredientes

- 1 e 1/2 litro de leite
- 2 latas de leite condensado
- 1 colher (sopa) de margarina
- 6 colheres (sopa) de chocolate em pó
- 2 latas de creme de leite
- 200 g de nozes picadas
- 300 g de chocolate ao leite picado
- 6 claras

Modo de preparo

Leve ao fogo médio o leite, o leite condensado, a margarina e o chocolate em pó até formar um brigadeiro. Espere esfriar e acrescente o creme de leite, as nozes, o chocolate ao leite e as claras batidas em neve. Misture bem e leve à geladeira por **6** horas. Sirva.

ESTROGONOFE de chocolate. **Guia da cozinha especial**, Bauru: Alto Astral, n. 67, 2013.

Texto B

Ofertas especiais para o seu verão

- Agora, responda. Veja o exemplo.

	Texto A	Texto B
Identifique os tipos de texto.	É uma receita culinária.	É parte de um folheto de propaganda com os produtos e respectivos preços.
Qual é o objetivo de cada um?		
Classifique os numerais que estão circulados nos textos.		
Esses textos teriam o mesmo efeito sem os numerais?		
Esses textos têm interesse para que tipo de leitor?		

139

Acentuação gráfica
Palavras monossílabas e oxítonas

1. Leia.

   THAVES, Bob. Frank & Ernest. **O Estado de S. Paulo**, São Paulo, 12 fev. 2011. Caderno 2 + Música, D7.

   a) Na tira, há algumas palavras acentuadas graficamente. Retire-as.

   _____

   b) Das palavras acentuadas que você escreveu, quais delas são monossílabas ou oxítonas?

   _____

2. Leia.

vatapá	o	perus	Baependi	e
véu	quis	pés	chapéu	com
só	dói	pus	parabéns	dois
saci	urubu	de	papel	vocês
pastéis	vi	nu	nós	me

   • Agora distribua as palavras lidas nas colunas adequadas.

Monossílabas tônicas		Monossílabas átonas		Oxítonas	
acentuadas	não acentuadas	acentuadas	não acentuadas	acentuadas	não acentuadas

3. Observando o quadro, responda.

a) Quanto ao número de sílabas, que diferença há entre as **monossílabas** e as **oxítonas**?

b) Todas as monossílabas tônicas são acentuadas?

c) As monossílabas átonas levam ou não acento?

d) Quais as terminações das palavras **monossílabas tônicas** acentuadas?

e) E as oxítonas, todas são acentuadas?

f) Quais as terminações das **oxítonas** acentuadas?

- Dessas observações podemos deduzir algumas regras de acentuação gráfica. Leia.

> **#fiquedeolho**
>
> O **til** é empregado para indicar som nasal. Em **órfão** – palavra paroxítona –, o acento está em **ó**, que é a sílaba tônica; o **til** indica o som nasal de **ã**. Lembre-se: **til não é acento**.

Acentuam-se

Monossílabas tônicas terminadas em:
- **a**, **e**, **o** (seguidas ou não de **s**). Exemplos: lá, vê, pés, nó...
- ditongos **éi(s)**, **éu(s)**, **ói(s)**, som aberto. Exemplos: réis, céu, mói...

Oxítonas terminadas em:
- **a**, **e**, **o** (seguidas ou não de **s**). Exemplos: fubá, você, avós...
- ditongos **éi(s)**, **éu(s)**, **ói(s)**, som aberto. Exemplos: anéis, chapéu, anzóis...
- **ém**, **éns**. Exemplos: ninguém, parabéns...

Atividades

1. Encaixe as palavras **monossílabas tônicas** no diagrama, acentuando-as quando necessário.

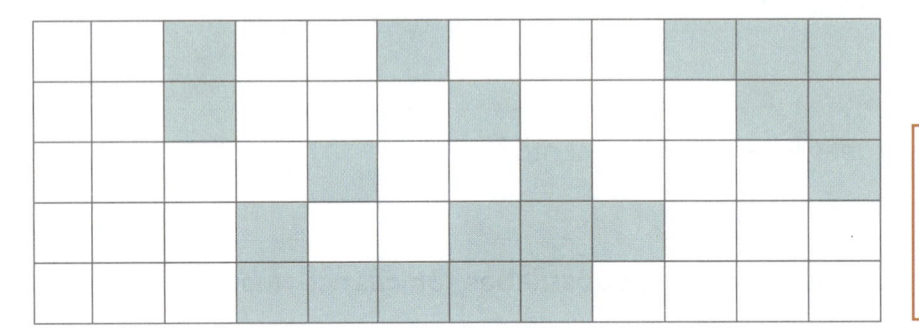

> fa • com • mar • paz • meis • a • po • pe • ceu • ou • cha
> luz • fe • ca • sem • sob • nem • cor • moi • que • tres

> **#fiquedeolho**
>
> **Ditongo** é o encontro de uma vogal com uma semivogal, ou vice-versa, na mesma sílaba.

2. Descubra palavras **oxítonas** acentuadas graficamente e complete o diagrama.

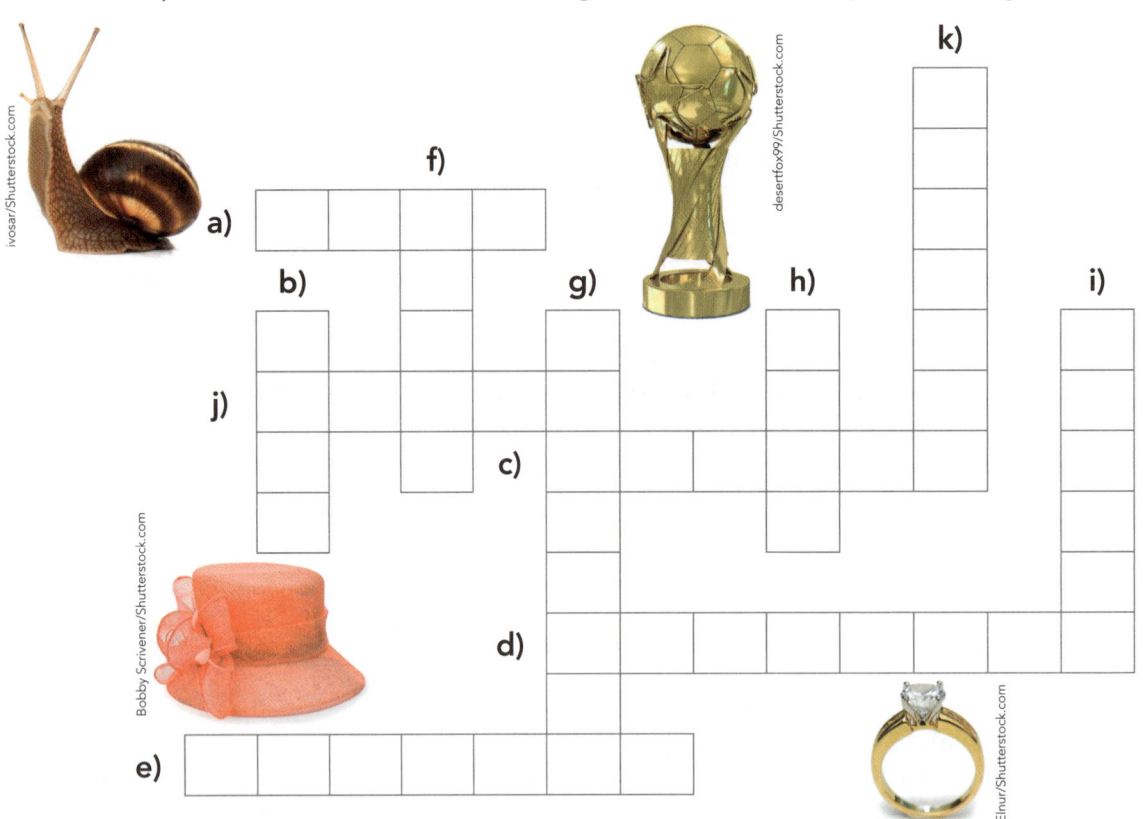

a) Planta trepadeira de haste comprida, parecida com uma corda.
b) Movimento periódico das águas do mar.
c) Peça com copa e abas para cobrir a cabeça.
d) Nome comum a vários moluscos terrestres, pequenos, de concha fina (plural).
e) Objeto comemorativo de uma vitória (plural).
f) O mesmo que **mas**, **todavia**, **contudo**.
g) Alvoroço, gritaria, alarido.
h) Gramínea usada para cobrir choças.
i) Aquele que é natural da Inglaterra.
j) Aro usado como adorno nos dedos (plural).
k) Grande fogo, com muitas labaredas.

3. Leia.

A mãe da menina e a menina da mãe

Esta é a segunda vez que eu tento escrever **esta** história. Na primeira, não deu certo. É difícil explicar com palavras as coisas que vêm na cabeça da gente. Tem coisas que a gente só sente. Ou não sabe o nome. Ou esquece, sabe como é? Na hora que vão sair da cabeça, vem outro pensamento e atrapalha. Pronto! Já **está** complicado de novo. Então eu vou tentar começar outra vez, começar de um jeito mais simples.

[...]

SOUZA, Flávio de. In: MACHADO, Ana Maria, et al. **Quem conta um conto?** São Paulo: FTD, 2001. p. 31. (Literatura em minha casa, v. 2).

- Releia.

> **Esta** é a segunda vez que eu tento escrever **esta** história.

(esta = paroxítona = pronome demonstrativo)

> Já **está** complicado de novo.

(está = oxítona = verbo estar)

- Agora complete as frases com **esta** ou **está**.

a) _____ garota _____ com dificuldade para escrever a história.

b) Eu vi _____ mochila em cima da mesa. Ela _____ vazia.

c) _____ fruta _____ com um aspecto de estragada!

4. Releia.

> Na hora que vão sair da cabeça, **vem** outro pensamento e atrapalha.

Observe o verbo destacado no trecho. Escreva-o e complete a frase.

_____ é uma forma do verbo _____.

5. Observe a acentuação gráfica dos verbos **ter** e **vir** no presente do indicativo.

3ª pessoa do singular	3ª pessoa do plural
ele tem ele vem	eles têm eles vêm

#fiquedeolho

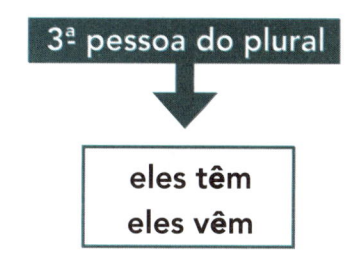

Os verbos **ter** e **vir** levam acento circunflexo na 3ª pessoa do plural do presente do indicativo.

- Agora complete as frases com os verbos **ter** e **vir**, conjugando-os na 3ª pessoa (singular ou plural) do presente do indicativo. Atenção aos acentos.

  a) Os alunos _____ aula todos os dias, mas hoje eles não _____.

  b) Aquela garota _____ uma bicicleta nova, mas não _____ à escola com ela.

  c) Os garotos não _____ bicicleta; eles _____ à escola a pé.

6. Veja agora a acentuação dos **verbos derivados** de **ter** e **vir**, no presente do indicativo.

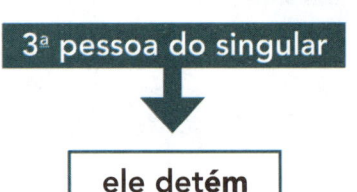

   Presente do indicativo

3ª pessoa do singular	3ª pessoa do plural
ele detém ele contém ele intervém ele provém	eles detêm eles contêm eles intervêm eles provêm

   #fiquedeolho
   Verbos **derivados** de **ter** e **vir** também levam acento.
   - 3ª pessoa do singular → **acento agudo** (´) = oxítona em **ém**.
   - 3ª pessoa do plural → **acento circunflexo** (^).

   - Complete as frases com os verbos dos parênteses, na 3ª pessoa (singular ou plural) do presente do indicativo. Atenção aos acentos.

   a) Meu pai _____ do Sul, mas meus avós _____ do Nordeste. (provir)

   b) Veja só! Este livro _____ várias páginas repetidas. (conter)

   c) O técnico sempre _____ no jogo para orientar os atletas. (intervir)

   d) Essa atitude não _____ diante de uma situação tão complicada. (convir)

7. Leia a tira e circule as formas do verbo ter.

   SCHULZ, Charles M. Minduim. **O Estado de S. Paulo**, São Paulo, 25 mar. 2011. Caderno 2, D4.

   - Agora, escreva a frase "Todo mundo tem cachorro.", trocando **todo mundo** por **todas as crianças**. Atenção à acentuação do verbo **ter**.

   _____

12 Pronome pessoal

Para chegar ao conceito

1. Leia.

   Miau

   essa gata, cuidado com ela.
   tão macia e dengosa,
   lá vai você todo prosa.
   de repente mela.
   crente que a apanha
   ela revida, dá o bote
   (do mel, cadê o pote?)
   e arranha.

   TAVARES, Ulisses. **Caindo na real**. São Paulo: Moderna, 2004. p. 56. (Veredas).

   - Releia o verso.

   > ela revida, dá o bote

   a) A palavra **ela** está no lugar de qual substantivo?

   _____

   b) Em que outro verso aparece essa palavra? Que termo ela substitui?

   _____

   c) A palavra **ela** indica:
   - ( ) a pessoa que fala (1ª pessoa).
   - ( ) a pessoa com quem se fala (2ª pessoa).
   - ( ) a pessoa de quem se fala (3ª pessoa).

   #fiquedeolho

   Na comunicação humana, há três **pessoas do discurso**, também chamadas **pessoas gramaticais** ou **pessoas verbais**.

2. Concluindo, no poema a palavra **ela**:
   - ( ) acompanha o substantivo **gata**, caracterizando-o.
   - ( ) substitui o substantivo **gata**, indicando a pessoa do discurso.
   - ( ) precede o substantivo **gata**, determinando-o.

3. Leia.

Meu irmão e eu adotamos uma gata perdida na rua.

O trecho sublinhado pode ser substituído por:

( ) menino.
( ) nós.
( ) crianças.
( ) menina.

▶ As palavras **ela** e **nós** são pronomes pessoais.

> **Pronome pessoal** é a palavra variável que substitui o substantivo, indicando as pessoas gramaticais.

Em uma situação comunicativa, há sempre três elementos envolvidos, chamados **pessoas do discurso** ou **pessoas gramaticais**. Essas pessoas são representadas por **pronomes pessoais**.

Assim:

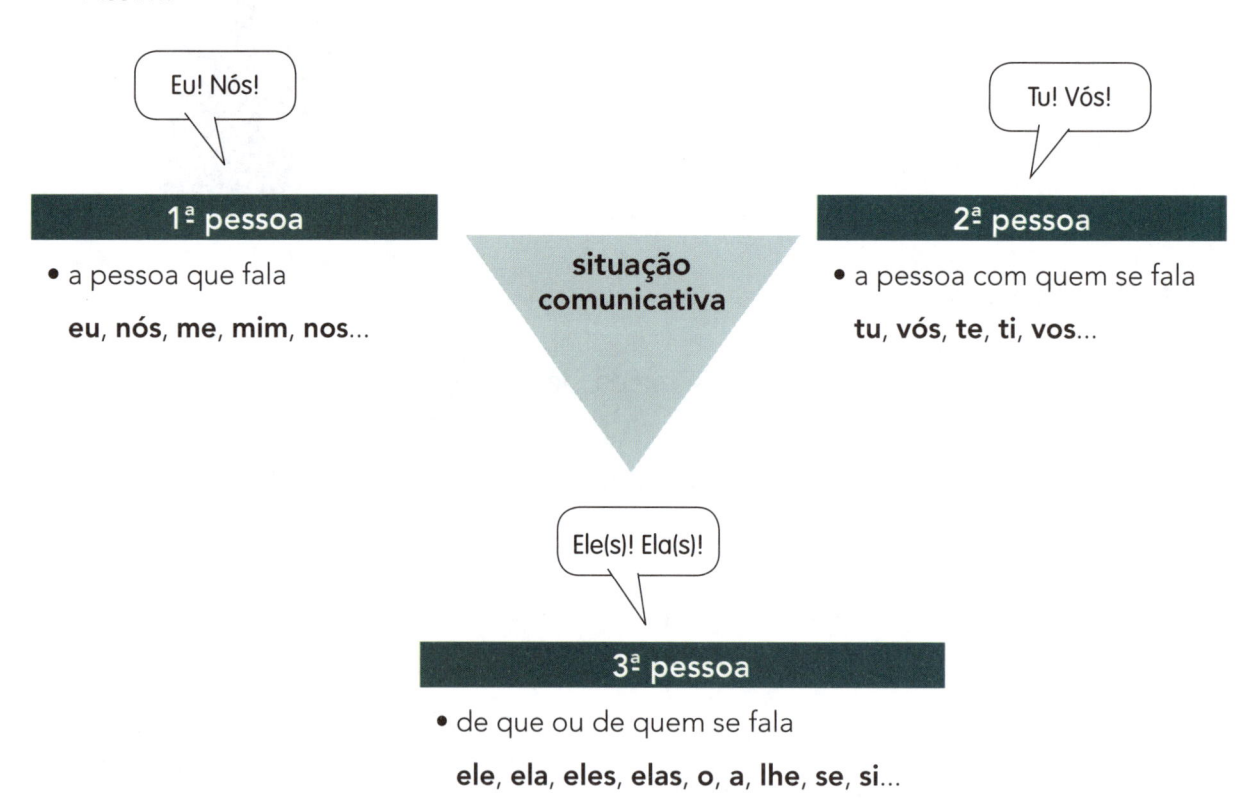

1ª pessoa — Eu! Nós!
- a pessoa que fala
  eu, nós, me, mim, nos...

2ª pessoa — Tu! Vós!
- a pessoa com quem se fala
  tu, vós, te, ti, vos...

situação comunicativa

3ª pessoa — Ele(s)! Ela(s)!
- de que ou de quem se fala
  ele, ela, eles, elas, o, a, lhe, se, si...

O **pronome pessoal** pode ser:
→ **reto**.
→ **oblíquo**.
→ **de tratamento**.

4. Leia.

> Essas gatas são macias e dengosas.
>
> **Elas** também são espertas!
>
> Ninguém **as** apanha!

a) Complete.

- Na frase "**Elas** também são espertas!", o pronome _____ substitui o substantivo _____.

- Na frase "Ninguém **as** apanha!", o pronome _____ substitui o substantivo _____.

b) Marque a alternativa adequada. Os pronomes **elas** e **as** indicam a pessoa:

( ) que fala.   ( ) com quem se fala.   ( ) de quem se fala.

Nessas frases, **elas** é um **pronome pessoal reto** e **as** é um **pronome pessoal oblíquo**. A cada pronome pessoal reto correspondem pronomes pessoais oblíquos. Veja.

	Pronome pessoal reto	Pronome pessoal oblíquo	
		átono	tônico
singular			
1ª pessoa do singular	eu	me	mim, comigo
2ª pessoa do singular	tu	te	ti, contigo
3ª pessoa do singular	ele, ela	se, o, a, lhe	si, consigo, ele, ela
plural			
1ª pessoa do plural	nós	nos	nós, conosco
2ª pessoa do plural	vós	vos	vós, convosco
3ª pessoa do plural	eles, elas	se, os, as, lhes	si, consigo, eles, elas

Pronome pessoal de tratamento

1. Leia.

O retirante explica ao leitor quem é e a que vai

— O meu nome é Severino,
não tenho outro de pia.
Como há muitos Severinos,
que é santo de romaria,
deram então de me chamar
Severino de Maria;
como há muitos Severinos
com mães chamadas Maria,
fiquei sendo o da Maria
do finado Zacarias.
Mas isso ainda diz pouco:
há muitos na freguesia,
por causa de um coronel
que se chamou Zacarias
e que foi o mais antigo
senhor desta sesmaria.
Como então dizer quem fala
ora a **Vossas Senhorias**?
Vejamos: é o Severino
da Maria do Zacarias,
lá da Serra da Costela,
limites da Paraíba.
[...]

MELO NETO, João Cabral de. **Morte e vida severina e outros poemas em voz alta**. 23. ed. Rio de Janeiro: José Olympio, 1987. p. 70.

a) No texto lido, há um pronome destacado. Qual é ele?

_____

b) Em uma carta, você usaria o pronome de tratamento **Vossa Senhoria** para se dirigir:

( ) a uma pessoa da sua família.

( ) a uma pessoa a quem se trata com respeito e cerimônia.

( ) a um amigo.

▶ **Vossas Senhorias** é um **pronome de tratamento**.

Pronome de tratamento é o pronome pessoal usado no trato familiar e íntimo, cortês e cerimonioso.

2. Veja os pronomes de tratamento mais usados.

Pronome de tratamento	Abreviatura		Usado para
	singular	plural	
Você	v.	vv.	tratamento familiar e íntimo
Vossa Senhoria	V. S.ª	V. S.ªˢ	pessoas de cerimônia, linguagem comercial, funcionários graduados, oficiais militares
Vossa Excelência	V. Ex.ª	V. Ex.ªˢ	altas autoridades, presidente da República, senadores, deputados, embaixadores
Vossa Santidade	V. S.	—	papa
Vossa Eminência	V. Em.ª	V. Em.ªˢ	cardeais
Vossa Reverendíssima	V. Rev.ᵐª	V. Rev.ᵐªˢ	sacerdotes e religiosos em geral
Vossa Alteza	V. A.	VV. AA.	príncipes e duques
Vossa Majestade	V. M.	VV. MM.	reis e rainhas
Vossa Magnificência	V. Mag.ª	V. Mag.ªˢ	reitores de universidades

3. Leia a piada e circule os pronomes. Observe a mistura dos pronomes de 2ª e de 3ª pessoas, não adequada à norma gramatical.

O Joãozinho perguntou para a professora:
— Professora, você sabe a piada do viajante?
A professora respondeu:
— Não.
E o Joãozinho retrucou:
— Ah! Quando ele voltar ele te conta!

Domínio público.

#fiquedeolho

Na maioria das regiões do Brasil, o pronome **você** substituiu o pronome **tu** (2ª pessoa – com quem se fala). No entanto, o pronome **você** exige o verbo na 3ª pessoa. É comum, na linguagem do dia a dia, a mistura de **você** e **te**. Assim, escrever ou dizer: "Eu **te** amo. **Você** também me ama?" constitui uma mistura do emprego dos pronomes (2ª e 3ª pessoas), o que **não** está de acordo com a norma gramatical.

- Quais pronomes o aluno empregou para dirigir-se à professora?

149

Atividades

1. Leia.

Quanto não **te** doeu acostumar-**te** a **mim**,
à minha alma solitária e selvagem, a meu nome que todos afugentam.
[...]
Chego a **te** crer a dona do universo.
Te trarei das montanhas flores alegres, *copihues*,
avelãs escuras, e cestas silvestres de beijos.

Quero fazer **contigo**
o que a primavera faz com as cerejas.

NERUDA, Pablo. **Presente de um poeta**. Tradução de Thiago de Mello. Buenos Aires: Vergara & Ribas, 2003. p. 15.

- Retire os pronomes destacados nos versos e classifique-os. Veja o exemplo.

Pronome	Classificação	Pessoa gramatical
te	pronome pessoal oblíquo átono	2ª pessoa do singular

2. Reescreva as frases, empregando o pronome oblíquo adequado para evitar a repetição. Veja o exemplo.

> Como as plantas estavam secas, eu aguei as plantas.
> Como as plantas estavam secas, eu **as** aguei (ou eu aguei-**as**).

a) O paciente estava internado. O médico chegou e examinou o paciente.

_____

b) A moça escolheu a flor e comprou a flor.

_____

c) O cantor encontrou as fãs no corredor e abraçou as fãs.

_____

3. Leia.

> SÓ TEM UM BISCOITO. VAMOS VOTAR PRA DECIDIR QUEM VAI COMÊ-LO.

> EU VOTO EM MIM, ENTÃO, EU COMO.

> ELEIÇÃO FRAUDADA.

SCHULZ, Charles M. Minduim. **O Estado de S. Paulo**, São Paulo, 20 abr. 2011. Caderno 2, D4.

a) Em "comê-lo", classifique o pronome.

_____

b) O pronome **lo** equivale a:

( ) **me**.   ( ) **lhe**.   ( ) **o**.

c) Esse pronome substitui qual substantivo do texto?

_____

#fiquedeolho

Os pronomes oblíquos átonos **o**, **a**, **os**, **as**, após verbos terminados em **r**, **s**, **z**, adquirem as formas **lo**, **la**, **los**, **las**, e os verbos perdem as letras finais **r**, **s**, **z**. Assim: amá-**lo** (= amar + o), vê-**los** (= ver + os), ouvi-**la** (= ouvir + a)...

4. Complete as frases, empregando o pronome oblíquo adequado. Veja o exemplo.

> Vai haver votação e Minduim vai fraudar **a votação**.
> Vai haver votação e Minduim vai fraudá-**la**.

#fiquedeolho

Emprega-se o **pronome** para evitar a repetição do substantivo.

a) Mamãe comprou uma cachorrinha e agora vai vender a cachorrinha.

Mamãe comprou uma cachorrinha e _____.

b) O cantor compôs uma nova música e quer cantar a música no *show*.

O cantor compôs uma nova música e _____.

c) Emprestei os livros de Marcelo e hoje preciso devolver os livros.

Emprestei os livros de Marcelo e _____.

5. Complete as frases, empregando o pronome oblíquo adequado. Veja o exemplo.

> Eles compraram o biscoito e levaram **o biscoito** para a escola.
> Eles compraram o biscoito e levaram-**no** para a escola.

#fiquedeolho

Os pronomes oblíquos átonos **o**, **a**, **os**, **as**, após verbos terminados em **m**, **ão**, **õe**, adquirem as formas **no**, **na**, **nos**, **nas**, e os verbos não sofrem alteração. Assim: olham-**na** (= olham + a), dão-**nas** (= dão + as).

a) Viram a boneca na vitrine e compraram **a boneca**.

Viram a boneca na vitrine e _____.

b) Pega o copo de suco. Põe **o copo** sobre a pia.

Pega o copo de suco. _____.

c) Tirem as roupas da mala e guardem **as roupas**.

Tirem as roupas da mala e _____.

6. Leia.

Eu voto em **mim**!

Este biscoito é **para mim**.
Este biscoito é **para eu comer**.

#fiquedeolho

Após a preposição **para**, usam-se os pronomes pessoais retos **eu**, **tu**, **ele**, **nós**, **vós**, **eles** antes de verbo no infinitivo: **para eu ler**, **para tu leres**, **para ele ler**, **para nós lermos**...

- Complete as frases com os pronomes **eu** ou **mim**.

a) Enviarão os documentos para _____.

b) Os documentos são para _____ enviar para a empresa.

c) Papai comprou esses tênis para _____.

d) Papai comprou os tênis para _____ dar de presente.

7. Leia.

SOUSA, Mauricio de. Mônica. **O Estado de S. Paulo**, São Paulo, 6 dez. 2003.

a) Por que Mônica não disse: "Estes ficaram perfeitos! Vou levar **eles**!"?

_____
_____
_____

b) Como ficaria a última frase do item anterior se fosse usado um pronome oblíquo átono no lugar do pronome reto destacado?

_____

c) No seu dia a dia, como você costuma falar em uma situação como a retratada na tirinha?

_____

#fiquedeolho

Na linguagem do dia a dia, é muito comum o emprego do pronome pessoal reto no lugar do oblíquo, embora não seja adequado à norma gramatical. Assim: pegar "~~ele~~"...

8. Leia.

ZIRALDO. **O Menino Maluquinho**: as melhores tiras. Porto Alegre: L&PM, 1995.

- Observe os pronomes retirados do segundo balão de fala do primeiro quadrinho e faça a correspondência.

(a) eu   (b) te   (c) você   (d) me

( ) pronome pessoal reto
( ) pronome pessoal oblíquo
( ) pronome pessoal de tratamento
( ) 1ª pessoa do singular
( ) 2ª pessoa do singular
( ) 3ª pessoa do singular

9. Releia a fala do segundo quadrinho e faça o que se pede.

a) Nessa fala, para dirigir-se à outra personagem, quais pronomes a menina de trança empregou?

_____

b) Nesse caso, houve mistura de pessoas verbais? Por quê?

_____

> **#fiquedeolho**
> De acordo com a norma gramatical, deve-se **evitar a mistura de pronomes** de 2ª pessoa com os de 3ª pessoa.

c) Embora a mistura de pessoas verbais seja um desvio da norma gramatical, permite-se esse uso nas histórias em quadrinhos. Por quê?

_____
_____
_____

153

10. Leia.

- Releia o título do *kit* anunciado.

> Vem dançar **com a gente**

a) A expressão destacada substitui qual pronome? Classifique-o.

_____

b) Reescreva a frase usando o pronome de acordo com a norma gramatical.

_____

c) Por que foi usada a linguagem do dia a dia nesse texto?

_____

_____

d) Reescreva a frase seguinte empregando o pronome pessoal reto **nós**. Atenção à concordância.

> A **gente ouviu** o CD da dupla Palavra Cantada e **adorou**.

#fiquedeolho

Na linguagem do dia a dia, é muito comum o emprego da expressão **a gente** no lugar do pronome pessoal reto **nós**. Nesse caso, atenção à concordância: **a gente vai**, **nós vamos**...

_____

_____

Acentuação gráfica
Palavras paroxítonas e proparoxítonas

1. Leia.

THAVES, Bob. Frank & Ernest. **O Estado de S. Paulo**, São Paulo, 9 nov. 2011. Caderno 2, D4.

a) Na tira, há três palavras acentuadas graficamente. Retire-as.

___

b) Classifique-as quanto à sílaba tônica.

___

2. Leia.

> jovem • pólen • táxi • túnel • tórax • órgão • itens • lâmpada • exército
> último • nêutrons • fórum • flúor • órfã • melancia • república • grátis
> nêutron • vôlei • vírus • bíceps • coco • doce • Petrópolis

- Agora copie essas palavras nos lugares adequados do quadro.

Paroxítonas		Proparoxítonas
sem acento	com acento	com acento

155

3. Observe as palavras paroxítonas que você escreveu e responda.

a) Todas as palavras paroxítonas são acentuadas?

_____

b) Nas palavras da coluna das paroxítonas acentuadas, circule as terminações indicadas abaixo.

> L • I • IS • EN • ON • ONS • US • UM
> R • X • Ã • ÃO • PS • ditongo

#fiquedeolho

Não se acentuam as **paroxítonas** terminadas em hiato:
- **o-o**: v**oo**, abenç**oo**, enj**oo**, perd**oo**, c**oo**...
- **e-em**: l**eem**, cr**eem**, v**eem**, d**eem**, rev**eem**...

c) Como terminam as paroxítonas não acentuadas?

_____

4. Qual coluna faltou no quadro da atividade **2**?

_____

- A que conclusão se pode chegar quanto à acentuação das palavras proparoxítonas?

_____

Dessas observações, podemos deduzir algumas regras de acentuação. Veja.

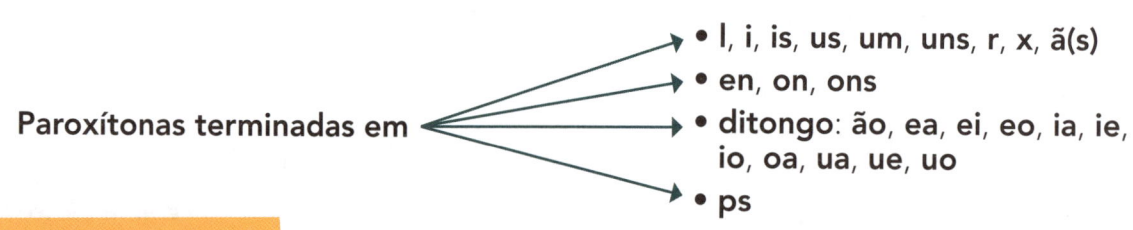

Acentuam-se

Proparoxítonas ⟶ • todas

Paroxítonas terminadas em
- l, i, is, us, um, uns, r, x, ã(s)
- en, on, ons
- ditongo: ão, ea, ei, eo, ia, ie, io, oa, ua, ue, uo
- ps

Atividades

1. Leia e acentue as palavras cujos acentos foram retirados.

Jornais e revistas

    Ler jornais para se informar sobre assuntos como politica, economia, esportes e lazer é um habito mundial. Produzidos por uma grande equipe de profissionais, entre eles reporteres, fotografos, redatores, colunistas e produtores graficos, os jornais trazem as noticias mais recentes. [...]

Revista Recreio/Abril Comunicações S.A.

- Copie as palavras que você acentuou, de acordo com as regras de acentuação.

Acentuam-se	
as **paroxítonas** terminadas em: ditongo **ia(s)**	**todas** as **proparoxítonas**

2. Assinale a terminação e justifique o acento em cada lista de palavras paroxítonas. Veja: auto**mó**ve**l**, **fá**ci**l**, admi**rá**ve**l**, i**nú**ti**l**, pos**sí**ve**l**...

São palavras paroxítonas terminadas em **l**.

#fiquedeolho

Não se acentuam as paroxítonas terminadas em **ens**: hifens, itens, polens, nuvens, homens... Somente as oxítonas terminadas em **em**, **ens** devem ser acentuadas: armaz**ém**, armaz**éns**, parab**éns**...

a) **bô**nus, **Vê**nus, **ál**bum, **fó**rum, **mé**dium, **ál**buns...

b) **í**on, **í**ons, **pró**ton, **pró**tons, **có**lon, **có**lons, **hí**fen, **pó**len, **gér**men, **sê**men, **lí**quen...

c) **dó**lar, **már**tir, ham**búr**guer, **Cé**sar, ca**rá**ter...

d) **tó**rax, **fê**nix, **ô**nix, **lá**tex...

e) **ór**fão, **só**tão, **pá**tria, **jó**quei, **gê**nios, **sé**ries...

- Procure no dicionário as palavras cujo significado você não conhece e escreva-as abaixo.

3. Leia.

[Tirinha: FARMÁCIA — "NÃO SE PREOCUPE COM SONOLÊNCIA AO VOLANTE! ESTE REMÉDIO CUSTA TÃO CARO QUE NÃO VAI SOBRAR DINHEIRO NEM PRA BOTAR GASOLINA!"]

THAVES, Bob. Frank & Ernest. **O Estado de S. Paulo**, São Paulo, 23 set. 2011. Caderno 2, D4.

a) Retire da tira três palavras acentuadas por serem paroxítonas terminadas em ditongo e separe as sílabas. Veja o exemplo.

Palavra	Paroxítona terminada em ditongo
farmácia	far-má-cia

b) Acentue apenas as palavras paroxítonas terminadas em ditongo e separe as sílabas. Veja o exemplo.

historia ⟶ his-tó-ria

geografia ⟶ _____

canoa ⟶ _____

permanencia ⟶ _____

alegria ⟶ _____

equilibrio ⟶ _____

sacrificios ⟶ _____

especie ⟶ _____

responsaveis ⟶ _____

dezesseis ⟶ _____

4. Leia e acentue, se necessário, as palavras destacadas. Atenção ao sentido da frase.

a) Os soldados do **exercito** socorreram as pessoas no acidente de avião.

Para aprender a tabuada, eu me **exercito** todos os dias.

b) **Analise** com calma o problema para encontrar uma solução.

O cientista fazia a **analise** das substâncias no laboratório.

c) A mudança das luas **influencia** as marés.

Os amigos exercem **influencia** sobre o adolescente.

5. Leia rápido. Depois acentue adequadamente e torne a ler.

Voce sabia que o sabia sabio sabia assobiar?

- Agora copie as palavras que você acentuou e justifique.

___
___
___

Brincando com palavras

Atividade em grupo

- Recorte palavras acentuadas de jornais e revistas.
- Cole em uma folha as palavras recortadas, de acordo com a tonicidade, montando um cartaz. Assim:

Regras de acentuação			
monossílabas tônicas	oxítonas	paroxítonas	proparoxítonas

EXEMPLO DE QUADRO

- Conclua o cartaz, escrevendo a regra de acentuação para cada caso.

13 Pronome: classificação
Possessivo, demonstrativo, indefinido, interrogativo

Para chegar ao conceito

1. Leia.

   Mar

   A primeira vez que vi o mar **eu** não estava sozinho. Estava no meio de um bando enorme de meninos. **Nós** tínhamos viajado para ver o mar. No meio de **nós** havia apenas um menino que já **o** tinha visto. Ele **nos** contava que havia três espécies de mar: o mar mesmo, a maré, que é menor que o mar, e a marola, que é menor que a maré. Logo a gente fazia ideia de um lago enorme e duas lagoas. Mas o menino explicava que não.

   [...]

   Depois o mar entrou na minha infância e tomou conta de uma adolescência toda, com seu cheiro bom, os seus ventos, suas chuvas, seus peixes, seu barulho, sua grande e espantosa beleza.

   [...]

   BRAGA, Rubem. **200 crônicas escolhidas**. Rio de Janeiro: Record, 1998. p. 16-17.

   a) As palavras destacadas:

   ( ) acompanham um substantivo.

   ( ) substituem um substantivo.

   ( ) indicam as pessoas do discurso.

   b) Complete a frase.

   As palavras que substituem o substantivo, indicando as pessoas do discurso, são chamadas de _____.

c) Faça a correspondência dos pronomes destacados.

(I) "... **eu** não estava sozinho." ( ) pronome pessoal oblíquo átono

(II) "... que já **o** tinha visto." ( ) pronome pessoal reto

2. Releia este trecho do texto.

> Depois o mar entrou na **minha** infância e tomou conta de uma adolescência toda, com **seu** cheiro bom, os **seus** ventos, **suas** chuvas, **seus** peixes, **seu** barulho, **sua** grande e espantosa beleza.

a) Faça uma seta das palavras destacadas até aquelas a que elas se referem.

... Depois o mar entrou na **minha** infância...

... **suas** chuvas...

... **seu** cheiro bom...

... os **seus** ventos...

... **sua** grande e espantosa beleza.

b) Nesses trechos, as palavras **minha**, **seu**, **seus**, **suas** e **sua**:

( ) não acompanham os substantivos.

( ) substituem o substantivo.

( ) acompanham os substantivos.

▶ As palavras **minha**, **seu(s)**, **sua(s)** são pronomes.

Pronome é a palavra que **substitui** ou **acompanha** um **substantivo**, indicando uma das pessoas do discurso.

Pronome possessivo

1. Leia.

WALKER, Mort. Recruta Zero. **O Estado de S. Paulo**, São Paulo, 11 set. 2011. Caderno 2, D6.

- Releia as frases, circule os pronomes e faça uma seta até os substantivos que eles acompanham.

> É como as placas que os senhores têm em suas paredes.

> Uma homenagem à minha primeira almôndega.

2. Marque a alternativa adequada.

    a) De acordo com a tira, em "suas paredes", a palavra **suas** indica que as paredes eram:

    ( ) da sala do coronel.

    ( ) da sala do recruta.

    ( ) da sala do cozinheiro.

    b) Em "minha primeira almôndega", a palavra **minha** indica que a almôndega era do:

    ( ) coronel.

    ( ) cozinheiro.

    ( ) recruta.

    c) Portanto, **suas** e **minha** indicam:

    ( ) indefinição.

    ( ) quantidade.

    ( ) posse.

▶ **Suas** e **minha** são **pronomes possessivos**.

> **Pronome possessivo** é aquele que, em geral, indica posse de alguma coisa por parte de uma das pessoas do discurso.

3. Veja a concordância dos pronomes possessivos com os substantivos e complete.

> **#fiquedeolho**
> O **pronome possessivo** concorda em gênero e número com o nome a que se refere.

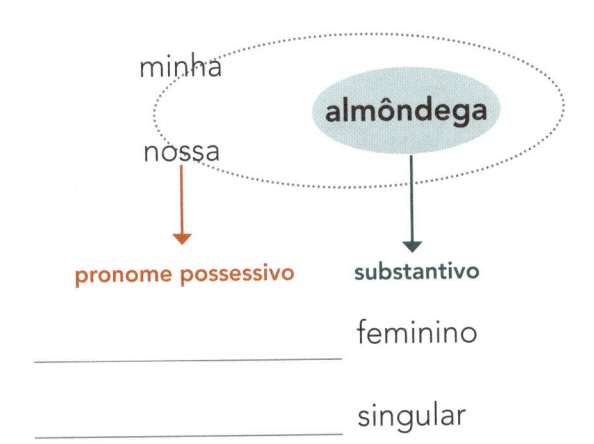

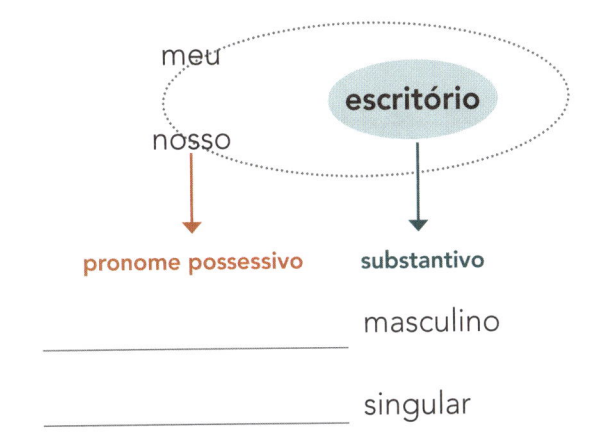

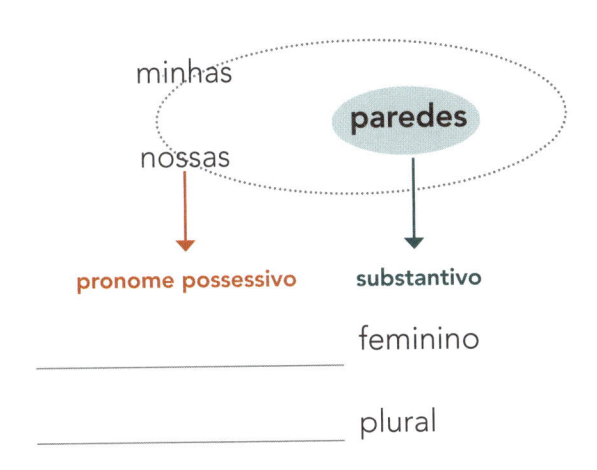

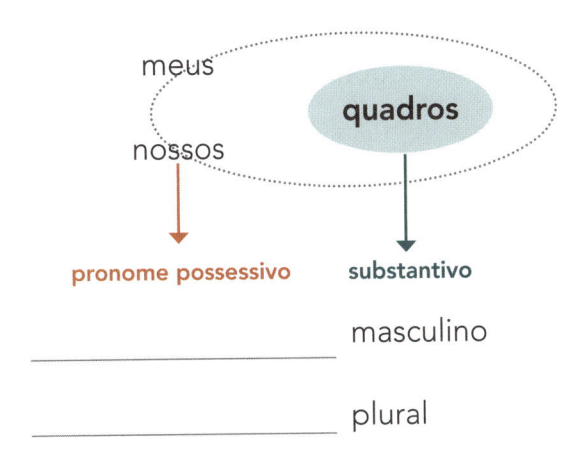

minha / nossa → almôndega
- pronome possessivo / substantivo
- _____ feminino
- _____ singular

meu / nosso → escritório
- pronome possessivo / substantivo
- _____ masculino
- _____ singular

minhas / nossas → paredes
- pronome possessivo / substantivo
- _____ feminino
- _____ plural

meus / nossos → quadros
- pronome possessivo / substantivo
- _____ masculino
- _____ plural

Observe os pronomes possessivos.

Indica algo que pertence a:		Pronome possessivo			
		masculino singular	feminino singular	masculino plural	feminino plural
1ª pessoa	(eu) (nós)	meu nosso	minha nossa	meus nossos	minhas nossas
2ª pessoa	(tu) (vós)	teu vosso	tua vossa	teus vossos	tuas vossas
3ª pessoa	(ele) – (ela)	seu (dele)	sua (dela)	seus (deles)	suas (delas)
	(eles) – (elas)	seu (dele)	sua (dela)	seus (deles)	suas (delas)

Pronome demonstrativo

1. Leia.

WALKER, Mort. Recruta Zero. **O Estado de S. Paulo**, São Paulo, 1º maio 2009. Caderno 2, D4.

a) Quando o soldado diz para o outro "**esta** clareira", ele se refere à clareira:

( ) em que estão, perto deles.

( ) a uma outra clareira, longe deles.

b) No segundo quadrinho, o soldado diz "**aquilo**" para referir-se:

( ) ao Recruta Zero.

( ) às formigas (insetos).

c) Isso significa que os insetos carregando o Recruta Zero estão:

( ) perto dos dois soldados.

( ) longe dos dois soldados.

d) Se os insetos estivessem no corpo do soldado que está falando, ele deveria dizer:

( ) **estes** insetos.

( ) **aqueles** insetos.

2. Ligue, fazendo a correspondência.

estes soldados aqui — estão longe da pessoa que fala e daquela com quem se fala (3ª pessoa).

esses soldados aí — estão perto da pessoa que fala (1ª pessoa).

aqueles soldados lá — estão perto da pessoa com quem se fala (2ª pessoa).

- Portanto, os pronomes **estes**, **esses** e **aqueles** indicam:

( ) direção.   ( ) posse.   ( ) posição dos seres.

3. Se o substantivo fosse **clareira**, escreva como ficariam os pronomes **estes**, **esses** e **aqueles**.

_____

_____

- O que ocorreria com esses pronomes?

_____

_____

▶ **Estes**, **esses**, **aqueles**, **aquilo** são **pronomes demonstrativos**.

Pronome demonstrativo é aquele que, em geral, indica a posição dos seres em relação às pessoas do discurso.

Observe os pronomes demonstrativos.

Indica aquilo que:	Pronome demonstrativo				
	masculino singular	feminino singular	masculino plural	feminino plural	invariável
está perto da 1ª pessoa (a que fala)	este	esta	estes	estas	isto
está perto da 2ª pessoa (com quem se fala)	esse	essa	esses	essas	isso
está perto da 3ª pessoa (de quem se fala)	aquele	aquela	aqueles	aquelas	aquilo

Também podem funcionar como pronomes demonstrativos:

- **tal, tais**
  Exemplo: **Tais** fatos devem ser esquecidos.

- **mesmo, mesma, mesmos, mesmas**
  Exemplo: Ela **mesma** fez o bolo.

- **próprio, própria, próprios, próprias**
  Exemplo: Nós **próprios** verificamos tudo.

#fiquedeolho

Os **pronomes demonstrativos** também podem situar os seres em relação:
- ao **tempo**. Exemplo:
  este ano (o ano presente);
  esse ano (o que passou – passado próximo);
  aquele ano (passado distante).
- ao **contexto**. Exemplo:
  Esta é a novidade: casei-me.
  (**esta** – antecede a informação);
  Casei-me: **essa** é a novidade.
  (**essa** – retoma a informação que já foi dada).

Pronome indefinido

1. Leia.

> A consciência é como a luz, **ninguém** a nota. No entanto, ilumina **tudo**.
>
> Anônimo.

a) Quais os pronomes destacados nas frases?

_____

b) Nesse contexto, os pronomes **ninguém** e **tudo**:

( ) substituem o substantivo.

( ) acompanham o substantivo.

c) É possível identificar **ninguém** e **tudo**?

_____

d) **Ninguém** e **tudo** referem-se a um ser de maneira:

( ) determinada, clara.

( ) indeterminada, vaga.

▶ **Ninguém** e **tudo** são **pronomes indefinidos**.

Pronome indefinido é aquele que se refere à 3ª pessoa, indicando-a de modo vago ou expressando quantidade indeterminada.

Observe os pronomes indefinidos.

Pronome indefinido				
singular		plural		invariável
masculino	feminino	masculino	feminino	
algum	alguma	alguns	algumas	algo
bastante	bastante	bastantes	bastantes	alguém
certo	certa	certos	certas	cada
–	–	diversos	diversas	nada
muito	muita	muitos	muitas	ninguém
nenhum	nenhuma	nenhuns	nenhumas	outrem
outro	outra	outros	outras	quem
pouco	pouca	poucos	poucas	tudo
qualquer	qualquer	quaisquer	quaisquer	
todo	toda	todos	todas	
–	–	vários	várias	

166

Pronome interrogativo

1. Leia.

> O QUE É, O QUE É?

> ???????

> **Qual** objeto dá muitas voltas sem sair de onde está?
>
> **Que** animal anda por todo lugar sem sair de casa?

↑ interrogativas diretas

> Diga-me **qual** objeto dá muitas voltas sem sair de onde está.
>
> Diga-me **que** animal anda por todo lugar sem sair de casa.

↑ interrogativas indiretas

Respostas: O relógio. O caracol.

2. Faça o que se pede.

a) As palavras destacadas em "**Qual** objeto...", "Diga-me **qual** objeto...", "**Que** animal..." e "Diga-me **que** animal..." são pronomes. A que substantivos eles se referem?

_____

_____

b) Os pronomes **qual** e **que** substituem ou acompanham esses substantivos?

_____

c) As frases da atividade **1** são:
   ( ) afirmativas.   ( ) exclamativas.
   ( ) imperativas.   ( ) interrogativas.

▶ **Que** e **qual** são **pronomes interrogativos**.

#fiquedeolho

O **pronome interrogativo** pode ser empregado em frases interrogativas diretas, que terminam por **ponto de interrogação**, ou frases interrogativas **indiretas**, que terminam por **ponto final**.

Pronome interrogativo é aquele empregado para fazer uma pergunta.

Observe os pronomes interrogativos.

Pronome interrogativo				
singular		plural		invariável
masculino	feminino	masculino	feminino	
quanto...?	quanta...?	quantos...?	quantas...?	(o) que...?
qual...?		quais...?		quem...?

Outros exemplos.

> **Qual** é a sua idade?
> **Quantos** irmãos você tem?
> **Que** aconteceu?
> **Quais** revistas comprou?
> **Quem** chegou agora?

#fiquedeolho

Na linguagem do dia a dia, é comum o uso de "Cadê?", "Quedê?", "Quede?" em lugar da expressão interrogativa "Que é de?" (= O que foi feito de? O que aconteceu com?).

Portanto, os pronomes classificam-se em:

Pronome	
pessoal	**reto:** eu, tu, ele...
	oblíquo: me, te, se...
	de tratamento: você, Vossa Senhoria...
possessivo	meu, teu, seu...
demonstrativo	este, esta, isto...
indefinido	alguém, ninguém...
interrogativo	qual?, quantos?...

3. Agora leia o diálogo e depois circule os pronomes.
   — Que aconteceu, Pedrinho?
   — Minha irmã me deu essas balas. Você quer?
   —Todas as balas?

   • Classifique os pronomes que você circulou.

Pronome substantivo e pronome adjetivo

1. Leia.

O acompanhante

Poema anônimo traduzido do inglês.

Ele disse:
— Aonde vais, ó moça bonita?
— As vacas **eu** vou ordenhar.
— Posso ir **contigo**, moça bonita?
— Muito grata por **me** acompanhar.
— O que faz o **teu** pai, ó moça bonita?
— Meu pai, **ele** é agricultor.
— E qual é a **tua** fortuna, ó moça bonita?
— É somente o **meu** rosto, senhor.
— Então não posso casar-**me contigo**!
— **Ninguém lhe** pediu, **meu** senhor!

BELINKY, Tatiana. **Um caldeirão de poemas**. São Paulo: Companhia das Letrinhas, 2001. p. 54.

- Agora encaixe adequadamente no quadro os pronomes destacados no poema.

Pronomes que substituem substantivos	Pronomes que acompanham substantivos

pronomes _____   pronomes _____

2. Complete.

a) Em "... eu vou ordenhar.", o pronome pessoal _____, que substitui um _____, é um **pronome substantivo**.

b) Em "O que faz o teu pai...", o pronome _____ **teu**, que acompanha o _____ **pai**, é um **pronome adjetivo**.

169

Pronome substantivo é aquele que substitui um substantivo.

Pronome adjetivo é aquele que acompanha um substantivo.

> **#fiquedeolho**
>
> Os **pronomes** só podem ser classificados como **pronomes substantivos** ou **pronomes adjetivos** quando organizados dentro da frase. Daí a importância do contexto na classificação das palavras.

- Agora classifique os pronomes do quadro da atividade **1**, completando com pronomes **adjetivos** e **substantivos** na coluna adequada.

Atividades

1. Leia.

> COMO VOCÊ CHAMA ISTO?!
>
> NÃO TENHO UM NOME PARA ISSO – SIMPLESMENTE JUNTEI ALGUMAS SOBRAS.
>
> ME RECUSO A COMER COMIDA ANÔNIMA.

BROWNE, Dik. Hagar. **Folha de S.Paulo**, São Paulo, 8 mar. 1999.

- Releia e responda.

> Como você chama isto?!

a) Nessa fala, há um pronome demonstrativo. Qual é ele?

_____

b) É um **pronome adjetivo** ou um **pronome substantivo**? Por quê?

_____

_____

2. Releia e faça o que se pede.

> ... simplesmente juntei **algumas** sobras.

a) Nesse balão, aparece o pronome **algumas**. Classifique-o.

_____

170

b) É um pronome substantivo ou adjetivo? Por quê?

_____

_____

c) Explique por que, na fala do primeiro balão, foi empregado **isto** e na do segundo balão, **isso**.

> **#fiquedeolho**
>
> Os **pronomes pessoais** são sempre **pronomes substantivos**. Os **pronomes possessivos**, **demonstrativos**, **indefinidos** e **interrogativos**, dependendo do contexto, poderão ser **pronomes substantivos** ou **pronomes adjetivos**.

_____

_____

_____

d) Isto e **isso** são pronomes substantivos ou pronomes adjetivos? Explique.

_____

3. Leia.

Que verdura é esta?!

a) Na frase, há um pronome destacado. Por que ele é um pronome interrogativo?

_____

_____

b) Escreva uma frase com outro pronome interrogativo.

_____

_____

_____

_____

4. Marque **X** para classificar os pronomes que aparecem na tira da atividade **1**.

Pronome	Pessoal	Possessivo	Demonstrativo	Indefinido	Interrogativo	Pronome adjetivo	Pronome substantivo
isto	☐	☐	☐	☐	☐	☐	☐
isso	☐	☐	☐	☐	☐	☐	☐
algumas	☐	☐	☐	☐	☐	☐	☐
me	☐	☐	☐	☐	☐	☐	☐

5. Leia.

COMA ESTE ANÚNCIO.

FOMOS TÃO FUNDO NO ASSUNTO SUSTENTABILIDADE, QUE ESTE ANÚNCIO FOI FEITO EM PAPEL COMESTÍVEL.

COMA este anúncio. **MTV**, Loducca, 2008. Disponível em: <http://www.b9.com.br/26ff/diversos/mtv-coma-este-anuncio/>. Acesso em: 25 fev. 2016.

a) Por que, no anúncio, foi empregado o pronome **este** e não **esse**?

b) Classifique o pronome **este**. Em seguida, diga se é um pronome adjetivo ou substantivo e por quê.

6. Leia as frases.

> Marcos encontrou Carla passeando com sua irmã.
> Rosana disse a Gabriel que seu avô parecia doente.

a) Identifique nas frases os pronomes possessivos.

b) Essas frases geram ambiguidade. Explique por quê.

c) Escreva novamente as frases de modo a desfazer a ambiguidade.

_____

_____

_____

_____

_____

> **#fiquedeolho**
> Para evitar **ambiguidade**, o pronome possessivo **seu(s) / sua(s)** precisa, em algumas situações, ser substituído por **dele(a)**.
> Exemplo: Pedro encontrou a amiga com **sua** irmã. (Nesse caso, não se sabe de quem é a irmã.)
> **Desfazendo a ambiguidade**:
> Pedro encontrou a amiga com a irmã **dele** (ou **dela**).

7. Complete as frases com os pronomes demonstrativos **isto**, **isso** ou **aquilo**, empregando-os adequadamente.

   a) O povo precisa se conscientizar de que é responsável pela economia da água na Terra. _____ é o mais difícil.

   b) _____ é o mais difícil: o povo se conscientizar de que é responsável pela economia de água na Terra.

   c) Você estava na rua na hora da tempestade? Viu que horrível foi _____?

8. Leia.
   Nessas fruteiras podem ser colocadas todas as frutas que você trouxer.

   nessas → preposição **em** + pronome demonstrativo **essas**

   > **#fiquedeolho**
   > A **preposição** pode juntar-se com os **pronomes** pessoais, demonstrativos e indefinidos.

   • Agora faça o mesmo.

   a) **dessa** + _____

   b) **daquele** + _____

9. Complete as frases com pronomes interrogativos.

   a) _____ houve?

   b) _____ músicas você prefere?

   c) _____ dinheiro lhe sobrou?

   d) _____ filme você gostaria de ver?

   e) _____ comeu o doce que estava na geladeira?

10. Leia.

[Tirinha: LAERTE. **Deus 3**: a missão. São Paulo: Olho d'Água, 2003.]

Quadrinhos:
– DEUS!
– DIGA.
– DESCOLAI-ME UM AMULETO CONTRA O MAU-OLHADO...
– AMU-QUÊ?!
– SUA PROTEÇÃO É A FÉ! NADA ATINGE QUEM TEM VERDADEIRA FÉ!...
– E ISSO ATRÁS DE VOSSA ORELHA?
– DEVE TER ENROSCADO NO JARDIM...

a) Retire o pronome possessivo que aparece no último quadrinho.

_____

b) A que pessoa gramatical corresponde esse pronome?

_____

c) Essa pessoa verbal é empregada para dirigir-se a que personagem da tirinha?

_____

d) O emprego desse pronome é comum no dia a dia do português do Brasil? Justifique sua resposta.

_____
_____
_____

#fiquedeolho

O pronome **vós**, no Brasil, está fora de uso, sendo encontrado ainda na linguagem poética, nos textos e nos discursos religiosos, entre outros.

e) Reescreva a frase "E isso atrás de vossa orelha?", substituindo o pronome **vossa** por um possessivo mais usado no Brasil.

_____

11. Complete os provérbios com os pronomes indefinidos adequados.

tudo   todos   cada   nada

a) _____ macaco no seu galho.

b) Cada um por si, Deus por _____.

c) Nem _____ que reluz é ouro.

d) Quem _____ quer _____ tem.

14 Verbo
Noções

Para chegar ao conceito

1. Leia.

[...]
Bate bate
Prega prega
Pinta pinta
Serra serra
Pega e **toma**
Leva e **traz**
Põe areia

Água e terra
Quem **quiser** me **ajudar**
Pode cavar
Pode serrar
Pode pregar
Pode pintar
[...]

MACHADO, Ana Maria. **Hoje tem espetáculo**: no país dos prequetés. Rio de Janeiro: Nova Fronteira, 2001. p. 39.

a) Faça a correspondência.

(a) bate   ( ) fato ocorrido no momento passado; já aconteceu.
(b) bateu   ( ) fato que ainda irá acontecer num momento futuro.
(c) baterá   ( ) fato que ocorre no momento presente; está acontecendo.

b) As palavras **bate**, **bateu** e **baterá** variam para indicar:

( ) gênero – masculino e feminino.

( ) grau – aumentativo e diminutivo.

( ) tempo – presente, passado e futuro.

▶ As palavras **bate**, **bateu** e **baterá** são formas do verbo **bater**.

Verbo é a palavra variável que pode ser conjugada para indicar tempo presente, passado (pretérito) e futuro.

175

2. Retire os verbos destacados no texto da atividade **1** e escreva-os abaixo, sem repetir.

_____

_____

3. Veja.

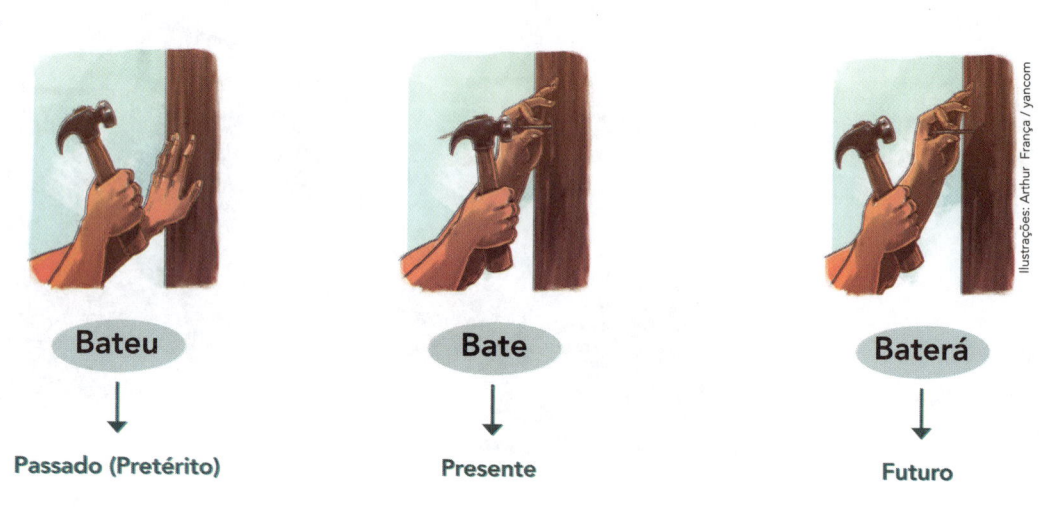

Bateu	Bate	Baterá
↓	↓	↓
Passado (Pretérito)	Presente	Futuro

4. Leia.

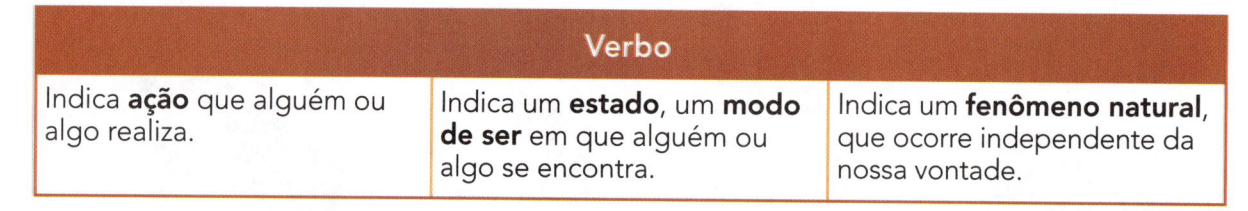

Verbo		
Indica **ação** que alguém ou algo realiza.	Indica um **estado**, um **modo de ser** em que alguém ou algo se encontra.	Indica um **fenômeno natural**, que ocorre independente da nossa vontade.

- Agora copie essas informações do quadro, de acordo com os verbos destacados.

O pintor **pinta** a casa.	O pedreiro **está** feliz.	**Chove** na construção.
↓	↓	↓
pintar	estar	chover

_____

_____

_____

Verbo é a palavra variável que indica **ação**, **estado** ou **fenômeno da natureza**.

176

5. Leia e complete com os pronomes.

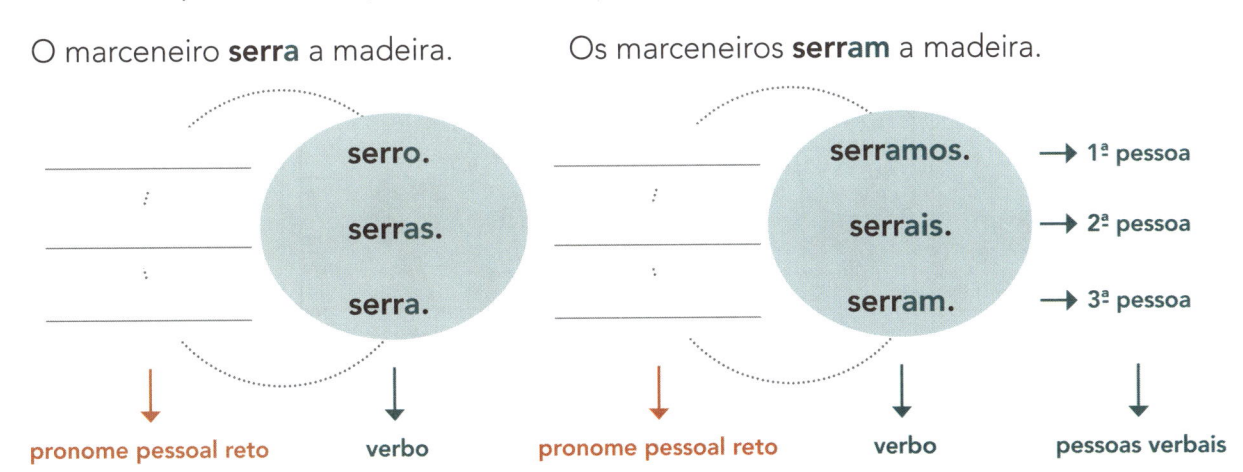

O marceneiro **serra** a madeira.   Os marceneiros **serram** a madeira.

_____ : serro.
_____ : serras.
_____ : serra.

_____ : serramos. → 1ª pessoa
_____ : serrais. → 2ª pessoa
_____ : serram.   → 3ª pessoa

pronome pessoal reto — verbo   pronome pessoal reto — verbo — pessoas verbais

- O que ocorreu com o **verbo** para indicar as pessoas verbais?

_____

6. Em **ele** serra e **a** serra, a palavra **serra** classifica-se, respectivamente, como:
( ) substantivo e adjetivo.   ( ) verbo e substantivo.   ( ) verbo e adjetivo.

- Explique sua escolha, fazendo a correspondência.

(a) **ele** serra   ( ) a palavra **serra** é substantivo, pois vem determinada pelo artigo **a**.
(b) **a** serra   ( ) a palavra **serra** é verbo, pois vem precedida do pronome pessoal reto **ele**.

> **Verbo** é a palavra variável que pode vir precedida pelos pronomes pessoais retos **eu, tu, ele, ela, nós, vós, eles, elas**, que representam as pessoas gramaticais ou pessoas verbais.

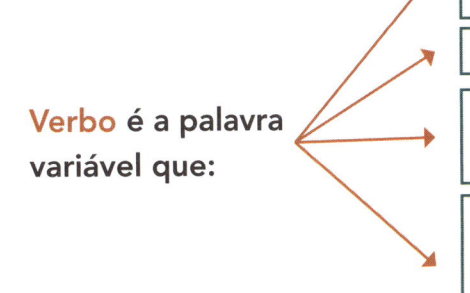

Resumindo:

Verbo é a palavra variável que:
- pode ser conjugada para indicar **tempo** passado (pretérito), presente e futuro.
- indica **ação, estado, fenômeno da natureza**...
- muda as terminações para indicar as **pessoas verbais**.
- pode vir precedida dos **pronomes pessoais retos** – **eu, tu, ele(a), nós, vós, eles(as)** –, os quais representam as **pessoas verbais**.

Atividades

1. Leia.

SCHULZ, Charles M. Minduim. **O Estado de S. Paulo**, São Paulo, 30 ago. 2009. TV & Lazer, p. 18.

a) Escreva o pronome pessoal adequado aos verbos retirados da tira.

Pronome pessoal reto	Verbo
_____	desenhei
_____	olhe
_____	ria
_____	achei

b) Esses verbos indicam:

( ) ação.   ( ) estado.   ( ) fenômeno da natureza.

c) Agora coloque artigos antes dos substantivos retirados da tira.

Artigo	Substantivo
_____	cartum
_____	graça
_____	problema
_____	cartunistas
_____	pessoas

> **#fiquedeolho**
>
> O **verbo** pode vir precedido pelo **pronome pessoal**. O **artigo** determina o **substantivo**.

2. Leia as frases com verbos que indicam estado e faça a correspondência.

(**a**) O cartunista **está** satisfeito.   ( ) Indica um estado passageiro, que pode mudar a qualquer momento.

(**b**) A menina **ficou** furiosa.   ( ) Indica um estado permanente, que dura para sempre.

(**c**) Esse **é** o problema.   ( ) Indica a mudança de estado, uma transformação.

3. Complete com as classes de palavras e assinale a que você está estudando nesta lição.

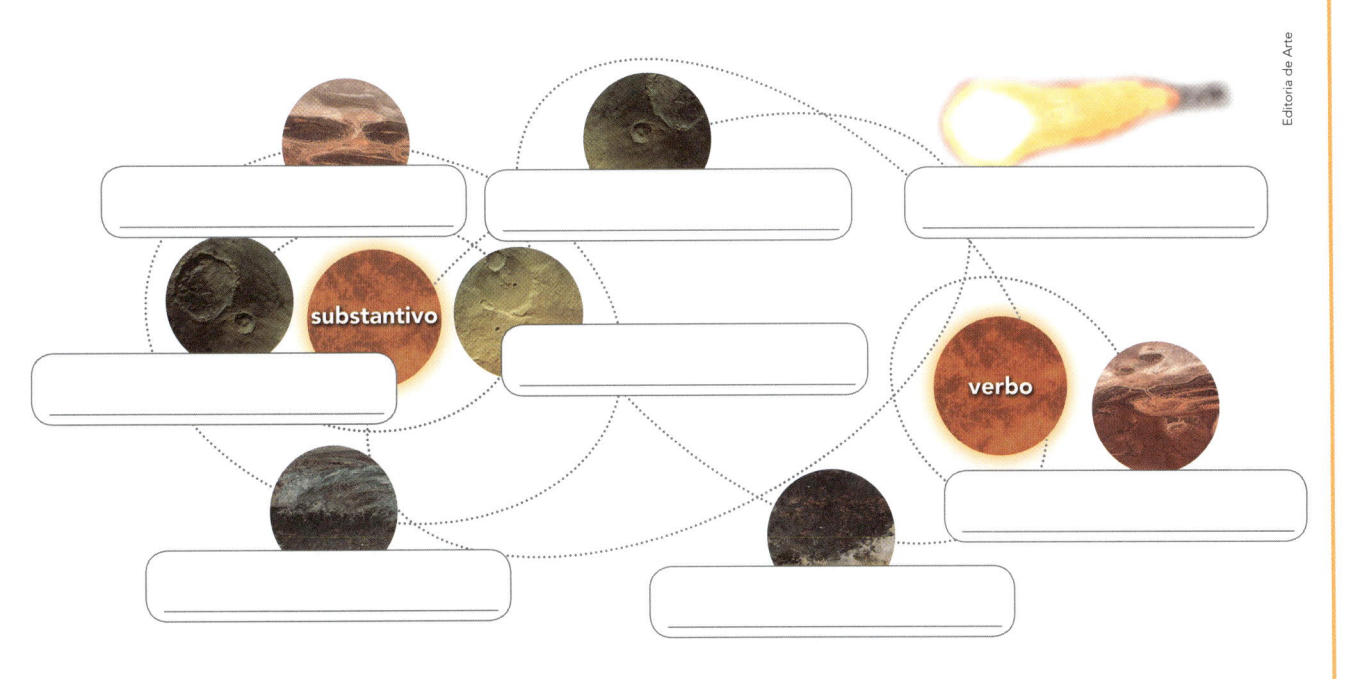

substantivo

verbo

4. Escreva verbos que indicam fenômenos da natureza.

179

5. Leia.

[...]
Nesse reino turbulento

o vento _____ o tempo

e o tempo não _____ tempo

nem tempo o vento _____ ...

Com a força do vento
e a falta de tempo,

a tartaruga _____

e a lebre _____
nas voltas do vento à toa...

É o tempo de pernas pro ar

Na roda-viva a _____ ...

_____ a veloz cidade, _____ a feroz cidade.

_____ o talento, _____ o invento.

MIGUEZ, Fátima. **Seu vento soprador de histórias**. Rio de Janeiro: Manati Produções Editoriais, s/d. p. 19-20.

a) Como está escrito, você entendeu perfeitamente o sentido do poema? Explique por quê.

_____

_____

b) As palavras retiradas do poema pertencem à classe gramatical dos:
( ) substantivos.   ( ) adjetivos.   ( ) pronomes.   ( ) verbos.

6. Complete o poema com as palavras do quadro. Atenção à concordância.

| sopra | tem | tem | corre | voa |
| girar | roda | roda | roda | roda |

a) Releia o poema completo, para compreendê-lo adequadamente. Na sua opinião, qual a importância da repetição do verbo **rodar**?

_____

_____

b) A maioria dos verbos do poema está no tempo:
( ) presente.   ( ) pretérito (passado).   ( ) futuro.

7. O **tempo presente** pode ser empregado para:

(a) indicar um fato que ocorre no momento em que se fala.
(b) indicar uma verdade científica, verdade universal.
(c) indicar uma verdade popular, como nos provérbios.
(d) indicar um fato repetitivo (presente habitual).
(e) aproximar os fatos passados (presente histórico).
(f) indicar o fato num futuro próximo.

- Agora faça a correspondência indicando para que foi empregado o **tempo presente** em cada frase abaixo.

  (   ) Agora **estou** muito ocupada!
  (   ) O despertador **toca** às seis horas, toda manhã.
  (   ) Água mole em pedra dura tanto **bate** até que **fura**.
  (   ) Cabral **chega** ao Brasil no dia 22 de abril de 1500.
  (   ) A Lua **gira** em torno da Terra.
  (   ) Daqui a pouco meus amigos **chegam** e você os **conhece**.

8. Leia.

Eu vi

Poema anônimo traduzido do inglês

Eu vi um gato com o rabo em leque
Eu vi uma rã morder pé de moleque
Eu vi um boi papar uma piranha
[...]
Eu vi o sujeito que viu tudo isso!

BELINKY, Tatiana. **Um caldeirão de poemas 2**. São Paulo: Companhia das Letrinhas, 2007. p. 17.

a) Que verbo se repete no poema? Quantas vezes ele aparece escrito?

b) Tanto **vi** como **viu** são:
(   ) monossílabos tônicos.
(   ) dissílabos.
(   ) trissílabos.

c) O que lhe sugere o emprego dessas palavras? Qual poderia ter sido a intenção da autora ao repetir esse verbo?

9. No poema, em que tempo está conjugado esse verbo que se repete?

_____

- Esse tempo é empregado para indicar o quê?

_____

_____

10. Leia.

Mingo é o apelido de um menino de 9 anos chamado Domingo, que nasceu numa terça-feira. Ele tem esse apelido desde que era neném e mora no apartamento do "ÉDifícil Sibéria", quer dizer Edifício Ibéria.

O Mingo só gosta de futebol. Só pensa em futebol. Só se interessa por futebol.

No *videogame*, ele só joga futebol. Só ouve programas de rádio sobre futebol. Só lê e relê livros, jornais e revistas sobre futebol. Não assiste a nada na TV além de partidas de futebol, compactos de partidas, programas de notícias e de debates esportivos e reprises de programas de notícias e de debates esportivos. [...]

SOUZA, Flavio de. **Quadradomingo**.
São Paulo: FTD, 2014. p. 9-10.

- Agora sublinhe todos os verbos do texto.

11. Releia.

Mingo **é** o apelido de um menino...

... desde que **era** neném...

a) Os verbos **é** – **era** (verbo **ser**) nesses trechos indicam:

( ) ação. ( ) estado. ( ) fenômeno da natureza.

b) A maioria dos outros verbos do texto indica:

( ) ação. ( ) estado. ( ) fenômeno da natureza.

12. Releia os verbos sublinhados no texto e complete o quadro.

Verbos no presente	
Verbos no passado (pretérito)	
Verbos nas formas nominais	

a) Qual é o tempo verbal predominante no texto: **presente**, **pretérito** (**passado**) ou **futuro**?

___

b) Esse tempo foi usado no texto para indicar:
( ) uma verdade científica, universal.
( ) um fato repetitivo, que se realiza todo dia – o presente habitual.
( ) uma verdade popular, como nos provérbios.

13. Reescreva as frases, empregando o tempo indicado.

a) Presente

> No *videogame*, ele só joga futebol.

Pretérito

___

Futuro

___

b) Presente

> Só lê e relê livros, jornais e revistas sobre futebol.

Pretérito

___

Futuro

___

183

Emprego de o/u – u/l

1. Leia e compare.

Texto I

LAERTE. Piratas do Tietê. **Folha de S.Paulo**, São Paulo, 13 fev. 2012. Ilustrada, E7.

Texto II

Médicos-veterinários de todo o país estão proibidos de cortar a cauda de cachorros por razões estéticas. [...]

O corte da cauda causa desequilíbrio para os cães. A cauda é usada por eles para se comunicarem com outros cães e até com os donos. [...]

VETERINÁRIOS estão proibidos de cortar caudas de animais. **Exame.com**, São Paulo, Abril, 4 jul. 2013. Disponível em: <http://exame.abril.com.br/tecnologia/noticias/veterinarios-sao-proibidos-de-cortar-caudas-de-animais>. Acesso em: 14 mar. 2016.

a) Qual a diferença na grafia das palavras **calda** e **cauda**?

___

b) E os significados, são iguais ou diferentes? Explique.

___

c) Leia em voz alta as palavras **calda** e **cauda**. O que ocorre?

___

2. Leia em voz alta.

O sino da igreja soou alto.

O garoto correu e suou muito.

a) Na **fala**, as letras **o** e **u**, destacadas nas palavras **soou** e **suou**, representam:

( ) sons semelhantes.

( ) sons muito diferentes.

b) Na **escrita**, se você usar uma letra no lugar de outra:

( ) ocorre erro de ortografia.

( ) há mudança de significado.

( ) o significado permanece o mesmo.

> **#fiquedeolho**
>
> Na **fala**, as letras **o/u – l/u** podem representar fonemas idênticos ou semelhantes, o que pode causar dificuldades na **escrita**. Na dúvida, consulte um dicionário.

Atividades

1. Leia e descubra.

Quem é que tem o pé **comprido** e o rastro redondo?
Quem é que tem um pé redondo, mas o rastro é **comprido**?

BUCHWEITZ, Donaldo. **50 piadas**. Pessoas. São Paulo: Ciranda Cultural, 2010.

Respostas: O compasso. O carro.

- Nas duas charadas, aparece a palavra **comprido**. O que ela significa?

_____

2. Leia.

> Meu dever de casa já foi **cumprido**.

a) Qual o significado de **cumprido**?

_____

b) Qual a diferença de grafia entre **comprido** e **cumprido**? Você acha que pode confundi-las na hora de escrever? Por quê?

_____

_____

3. Observe as letras destacadas e copie as palavras abaixo nos espaços adequados.

jab**u**ticaba • b**u**eiro • eng**o**lir • jab**u**ti • m**o**chila • p**o**leiro • reb**u**liço • tab**u**ada • m**o**eda

O

_____

_____

_____

U

_____

_____

_____

185

4. Complete a palavra, marque **X** na coluna adequada e escreva a palavra.

Palavras	L	U	Escreva a palavra	Palavras	O	U	Escreva a palavra
mataga__	☐	☐	_____	b__rb__rinho	☐	☐	_____
degra__	☐	☐	_____	ass__ar	☐	☐	_____
especia__	☐	☐	_____	cap__eira	☐	☐	_____
minga__	☐	☐	_____	ch__visco	☐	☐	_____
a__finete	☐	☐	_____	c__chich__	☐	☐	_____
chapé__	☐	☐	_____	b__lir	☐	☐	_____
quinta__	☐	☐	_____	s__petão	☐	☐	_____
berimba__	☐	☐	_____	c__rrupi__	☐	☐	_____
vara__	☐	☐	_____	cura__	☐	☐	_____
aventa__	☐	☐	_____	a__mento	☐	☐	_____
so__tou	☐	☐	_____	c__rtiça	☐	☐	_____
solto__	☐	☐	_____	s__pap__	☐	☐	_____

5. Complete adequadamente com a palavra entre parênteses. Atenção ao emprego de **o – u – l**.

a) O garoto estava _____ durante o jogo. (s**o**ando – s**u**ando)

b) O sino acabou de _____ as doze badaladas. (s**o**ar – s**u**ar)

c) Cansei! Esse caminho é muito _____! (c**o**mprido – c**u**mprido)

d) Bruno já havia _____ a tarefa quando saiu. (c**o**mprido – c**u**mprido)

6. Leia e complete.

    Gato de **mau** humor   Gato **mal**-humorado
           ×   ×
    Gato de **bom** humor   Gato **bem**-humorado

a) O contrário de **mau** humor é _____ humor.

b) O contrário de **mal**-humorado é _____-humorado.

> **mau** é o contrário de **bom**   **mal** é o contrário de **bem**

7. Leia os textos.

Texto I

Gato de **bom** humor
×
Você de **mau** humor

O dia lá fora está lindo e o gato a convida para sair, mas você levantou com o pé esquerdo e nem pensa em deixar o seu quarto. [...] É bom explicar a situação e deixar claro que não tem nada a ver com ele e que apenas acordou de **mau humor**. [...]

Texto II

Gato de **mau** humor
×
Você de **bom** humor

Você está superalegre, a fim de curtir todos os minutos do dia e, então, resolve compartilhar esse alto-astral com o gato. Liga pra ele e o convida para dar uma volta, mas se depara com um garoto **mau humorado**.

TODATEEN, São Paulo: Alto Astral, ano 7, n. 73, dez. 2001.

- Observe agora a palavra destacada no **texto II**.

a) Ela foi empregada adequadamente? Justifique sua resposta.

_____

_____

b) Reescreva a última frase do **texto II**, empregando a palavra destacada adequadamente.

_____

_____

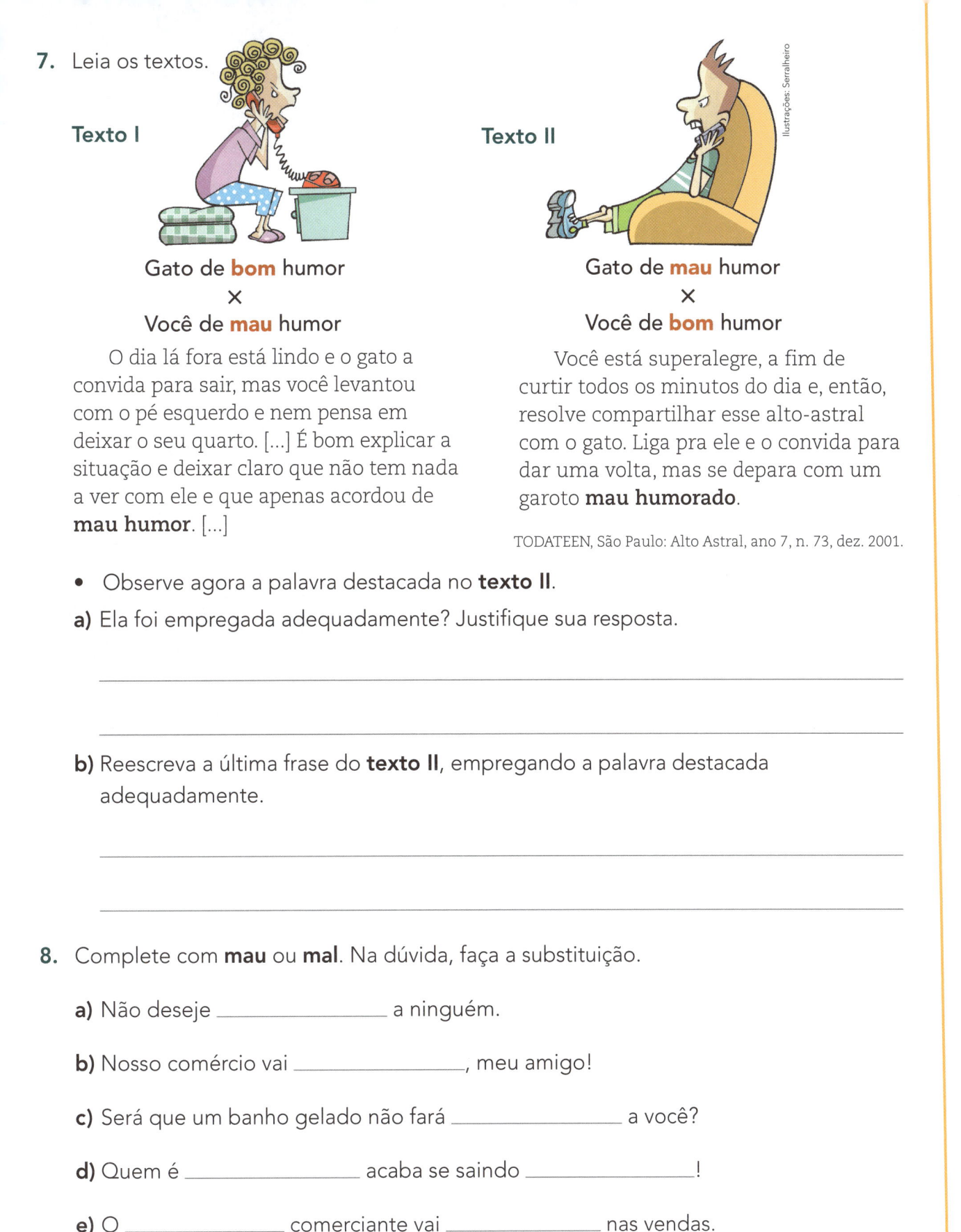

8. Complete com **mau** ou **mal**. Na dúvida, faça a substituição.

a) Não deseje _____ a ninguém.

b) Nosso comércio vai _____, meu amigo!

c) Será que um banho gelado não fará _____ a você?

d) Quem é _____ acaba se saindo _____!

e) O _____ comerciante vai _____ nas vendas.

f) Procuro afastar os _____ pensamentos e os _____ sentimentos.

g) A criança estava _____-alimentada, por isso passava _____.

187

15 Verbo: pessoa, tempo, modo, forma nominal, conjugação

Para chegar ao conceito

1. Leia.

   Buganvílias

   Nossa casa é antiga, embora não secular — explicava-me aquela senhora — e o senhor sabe como essas construções antigas têm pé-direito alto, um despropósito. Nossos dois andares enfrentam bem uns três dos edifícios vizinhos. Isso lhe dará ideia da altura de minhas buganvílias, pois as raízes delas se misturam com os alicerces, e temos praticamente dois telhados: o comum, e esse lençol rubro de flores, quando vem pintando a primavera.
   [...]

   DRUMMOND DE ANDRADE, Carlos. **Seleta em prosa e verso**. Rio de Janeiro: Record, 1987. p. 47.

   a) Em "Nossos dois andares **enfrentam** bem...", a terminação verbal destacada indica que esse verbo pode vir precedido do pronome pessoal:
   ( ) **eu**.   ( ) **tu**.   ( ) **ele(a)**.   ( ) **nós**.   ( ) **vós**.   ( ) **eles(as)**.

   b) Portanto, **enfrentam** indica a:
   ( ) 1ª pessoa – quem fala.
   ( ) 2ª pessoa – com quem se fala.
   ( ) 3ª pessoa – de quem se fala (o assunto).

2. Em "**explicava-me aquela senhora**", a terminação verbal destacada indica que esse verbo pode vir precedido do pronome pessoal:
   ( ) **eu**.   ( ) **tu**.   ( ) **ele(a)**.   ( ) **nós**.   ( ) **vós**.   ( ) **eles(as)**.

   • A forma verbal **explicava** indica a:
   ( ) 1ª pessoa – quem fala.
   ( ) 2ª pessoa – com quem se fala.
   ( ) 3ª pessoa – de quem se fala (o assunto).

Pessoa verbal

1. Leia.

   Como estudar?

   Toda a gente me diz: Marcelo estuda!
   mas como hei de estudar, pensando em ti?
   Há duas horas que este livro abri,
   e espero em vão que o raciocínio acuda.

   Página 36... nada entendi.
   Volto a reler aquilo que já li:
   de ti meu pensamento não se muda. [...]

   GAMA, Marcelo. In: Vários autores. **Poesia fora da estante**. Porto Alegre: Projeto, 2002. v. 2. p. 41.

2. Leia os verbos retirados do poema e faça a correspondência.

Pessoas gramaticais	Verbos	Pronomes pessoais
(a) 1ª pessoa do singular (b) 2ª pessoa do singular (c) 3ª pessoa do singular	( ) **diz** ( ) **estuda** ( ) **abri** ( ) **espero**	( ) eu, me, mim, nós... ( ) tu, te, ti, vós... ( ) ele, ela, lhe, se, eles...

   Veja.

Pessoa verbal	Número			
	Singular		Plural	
1ª pessoa	(eu)	esper-**o**	(nós)	esper-**amos**
2ª pessoa	(tu)	esper-**as**	(vós)	esper-**ais**
3ª pessoa	(ele, ela)	esper-**a**	(eles, elas)	esper-**am**
	pronomes	verbos	pronomes	verbos

   O **verbo** varia em:
   ( ) gênero – masculino e feminino.   ( ) grau – aumentativo e diminutivo.
   ( ) número – singular e plural.   ( ) pessoa – 1ª, 2ª e 3ª.

   > As **pessoas verbais** são três: 1ª, 2ª e 3ª pessoas, do singular e do plural, representadas pelos pronomes pessoais.

Tempo verbal

1. Observe o verbo destacado na frase **I** e responda.

   I. O garoto **anda** de bicicleta.

   a) A ação está acontecendo:
   - ( ) neste momento.
   - ( ) já aconteceu.
   - ( ) ainda vai acontecer.

   b) Nesse caso, a ação acontece no momento:
   - ( ) presente.
   - ( ) passado (pretérito).
   - ( ) futuro.

   > O **presente** (anda) indica que a ação acontece no momento da fala.

2. Veja o verbo destacado nas frases **II**, **III** e **IV**.

   II. O garoto **andou** de bicicleta.

   Nessa frase, a ação de andar:
   - ( ) já aconteceu.
   - ( ) ainda não aconteceu.
   - ( ) está acontecendo neste momento.

   O verbo **andou** está no **pretérito perfeito**.

   > O **pretérito perfeito** (andou) indica ação passada, já concluída antes do momento da fala.

   III. O garoto **andava** de bicicleta quando choveu.

   Nessa frase, a ação de andar:
   - ( ) foi concluída antes de chover.
   - ( ) não estava concluída quando choveu.
   - ( ) vai ser concluída depois que chover.

   O verbo **andava** está no **pretérito imperfeito**.

   > O **pretérito imperfeito** (andava) indica ação passada, não concluída, mantendo-se a ideia de continuidade.

IV. O garoto já **andara** (= **tinha andado**) de bicicleta quando choveu.

Nessa frase, a ação de andar:

( ) será concluída depois que chover.

( ) está sendo concluída no momento em que choveu.

( ) já havia sido concluída antes da outra ação, também concluída (choveu).

O verbo **andara** (= **tinha andado**) está no **pretérito mais-que-perfeito**.

> O **pretérito mais-que-perfeito** (andara = tinha andado) indica ação concluída antes de outra, também já concluída; portanto é ação acabada antes do pretérito perfeito (choveu).

3. Leia agora as frases **V** e **VI**.

V. O garoto **andará** de bicicleta.

Nessa frase, a ação de andar:

( ) ainda vai acontecer.

( ) já aconteceu.

( ) está acontecendo no momento da fala.

O verbo **andará** está no **futuro do presente**.

> O **futuro do presente** (andará) indica ação futura, que vai acontecer após o momento presente.

VI. O garoto **andaria** de bicicleta se não chovesse.

Nessa frase, a ação de andar:

( ) iria acontecer após uma outra ação, já ocorrida.

( ) ainda vai acontecer.

( ) está acontecendo nesse momento.

O verbo **andaria** está no **futuro do pretérito**.

> O **futuro do pretérito** (andaria) indica ação futura em relação a outra ação, já passada.

Modo verbal

1. Leia e responda.

   Utilize lâmpadas adequadas para cada ambiente. Não relaxe. Continue poupando energia.

   Ministério de Minas e Energia. Governo Federal

   > **#fiquedeolho**
   >
   > Os **verbos** também indicam a maneira como se fala, variando em **modo**.

   Na propaganda, para influenciar o consumidor, os verbos **utilize**, [não] **relaxe**, **continue** e **poupe** indicam o fato verbal como:

   (   ) certo, preciso, exato, real.

   (   ) ordem, pedido, conselho.

   (   ) duvidoso, incerto, possível.

2. Leia.

   GONSALES, Fernando. Níquel Náusea. **Folha de S.Paulo**, São Paulo, 4 maio 2008. Ilustrada, D16.

- Escreva a frase da tira em que o fato verbal expressa uma ordem.

  _____

3. Leia e compare.

    Nós **fechamos** a porta. → modo indicativo

    Talvez eles **fechem** a porta. → modo subjuntivo

    Fechem a porta. → modo imperativo

- Agora ligue os quadros, fazendo a correspondência.

    modo indicativo — Indica que a ação se passa de modo duvidoso, incerto.

    modo subjuntivo — Indica uma ordem, um pedido, um conselho.

    modo imperativo — Indica a ação de modo certo, exato, preciso.

4. Complete o quadro com o verbo **fechar** e faça as modificações necessárias.

Presente do indicativo
Eu fecho a porta.
Tu _____ a porta.
Ele _____ a porta.
Nós _____ a porta.
Vós fechais a porta.
Eles _____ a porta.

193

Modo imperativo	Pretérito imperfeito do subjuntivo
Feche a porta.	Se eu fechasse a porta.
Não _____ a porta.	Se tu _____ a porta.
Fechemos a porta.	Se ele _____ a porta.
Não _____ a porta.	Se nós fechássemos a porta.
Fechem a porta.	Se vós fechásseis a porta.
Não _____ a porta.	Se eles _____ a porta.

Conjugar um verbo é mudar suas terminações (desinências) para indicar variações de pessoa e número, tempo e modo.

Forma nominal

1. Veja a palavra destacada e coloque nos parênteses **N** para nome e **V** para verbo.

    ( ) Amanhã o Sol vai **nascer** às 5 horas.
    ( ) As pessoas admiravam o **nascer** do Sol.
    ( ) Estamos **examinando** o projeto social.
    ( ) O **examinando** fez uma boa prova!
    ( ) Muitos candidatos foram **aprovados** no concurso.
    ( ) Os **aprovados** deverão comparecer ao departamento pessoal.

    #fiquedeolho
    Toda palavra determinada pelo **artigo** torna-se um **substantivo** (nome).

2. Complete.

    As palavras **nascer**, **examinando** e **aprovados(as)** podem, de acordo com o contexto, ser classificadas como _____ ou _____ .

    ▶ As palavras **nascer**, **examinando** e **aprovados(as)** são **formas nominais** do verbo.

Forma nominal do verbo é aquela que, dependendo do contexto, exerce a função de **verbo** ou de **nome**.

Os verbos possuem **três formas nominais**. Veja.

Formas nominais		
Infinitivo	Gerúndio	Particípio
examina**r** nasce**r** dividi**r**	examina**ndo** nasce**ndo** dividi**ndo**	examina**do** nasci**do** dividi**do**
terminação **-r**	terminação **-ndo**	terminação **-do**

Conjugação verbal

Os verbos da língua portuguesa, de acordo com a terminação do infinitivo, reúnem-se em três grandes grupos, chamados **conjugações verbais**. Veja.

1ª conjugação

Verbos terminados em

ar

poup**ar**, jog**ar**, cans**ar**, cheg**ar**...

2ª conjugação

Verbos terminados em

er

vend**er**, l**er**, faz**er**, cresc**er**...

3ª conjugação

Verbos terminados em

ir

part**ir**, abr**ir**, sa**ir**, divid**ir**, fug**ir**...

1. Observe as palavras destacadas nas frases.
   a) A funcionária **põe** flores nos vasos toda semana.
   b) O pianista **compõe** lindos arranjos musicais.
   c) O encarregado **repõe** as cápsulas de café todo dia.
   d) Os pintores **expõem** suas telas naquele ateliê.
   e) O diretores se **opõem** às regras expostas.
   f) Meu avô tem galinhas **poedeiras** no sítio.
   g) O **poente** do Sol na praia foi maravilhoso.
   h) Essa atitude desleal **depõe** contra sua pessoa.

   - Agora circule apenas os verbos e diga a que conjugação eles pertencem.

#fiquedeolho

O verbo **pôr** (e seus derivados – compor, repor...) pertence à 2ª conjugação, pois sua forma antiga era po**e**r. Esse **e** ainda permanece em algumas formas verbais ou palavras derivadas: tu põ**e**s, ele põ**e**, eles põ**e**m, sol po**e**nte, galinha po**e**deira...

Concluindo:

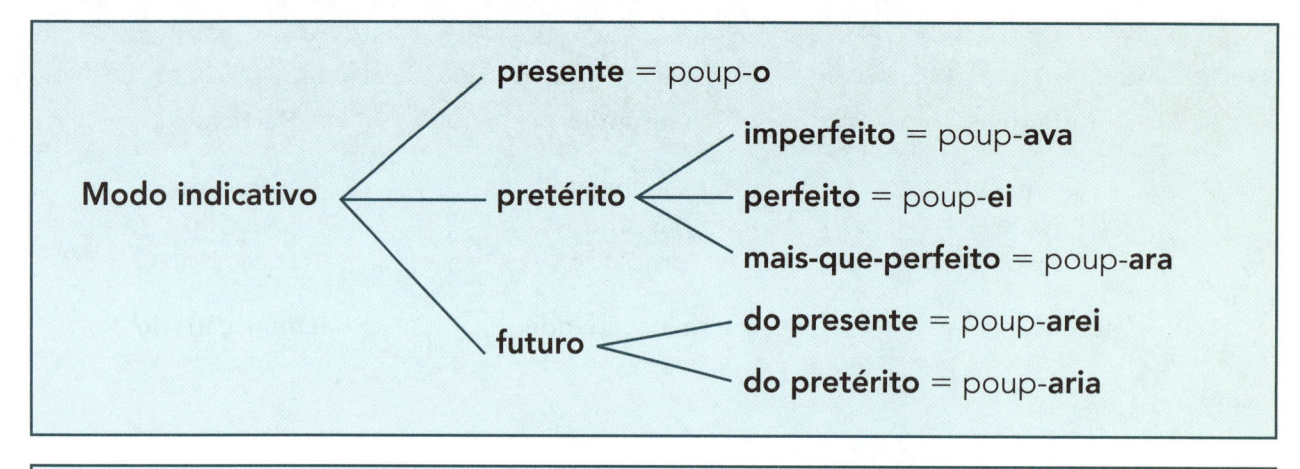

- **Modo indicativo**
  - **presente** = poup-**o**
  - **pretérito**
    - **imperfeito** = poup-**ava**
    - **perfeito** = poup-**ei**
    - **mais-que-perfeito** = poup-**ara**
  - **futuro**
    - **do presente** = poup-**arei**
    - **do pretérito** = poup-**aria**

- **Modo subjuntivo**
  - **presente** = que eu poup-**e**
  - **pretérito imperfeito** = se eu poup-**asse**
  - **futuro** = quando eu poup-**ar**

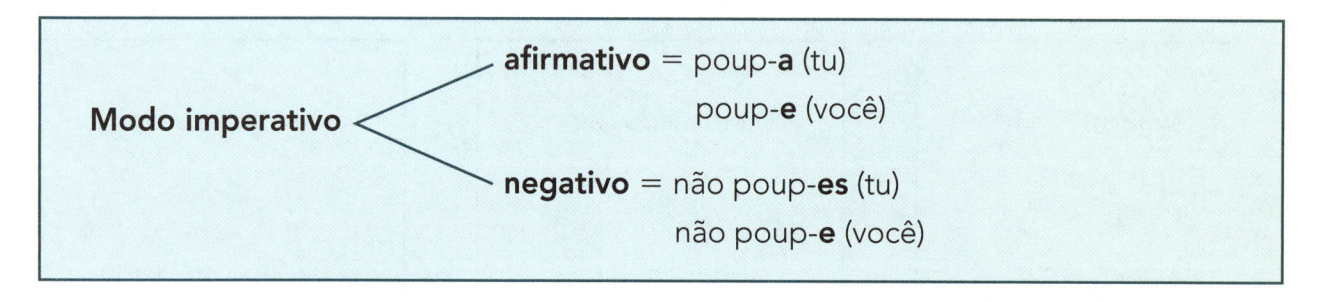

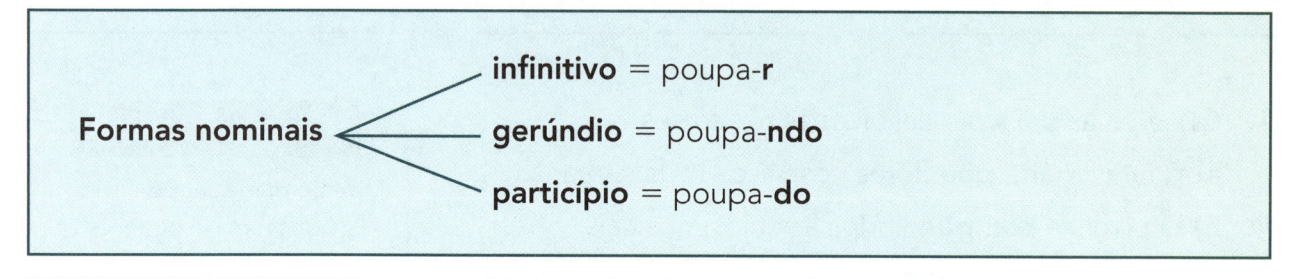

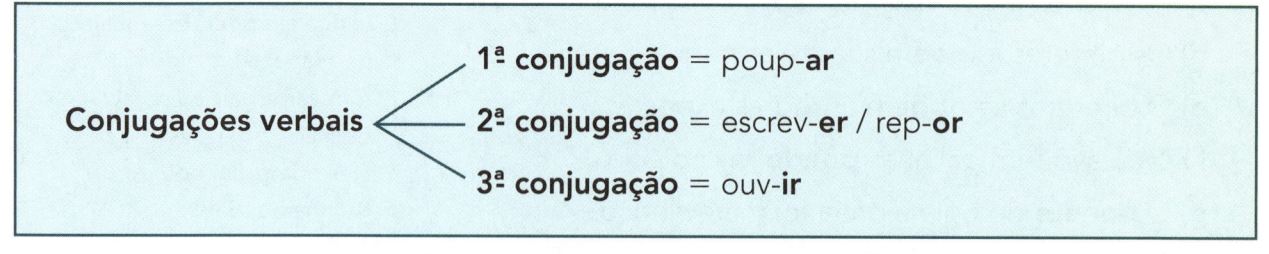

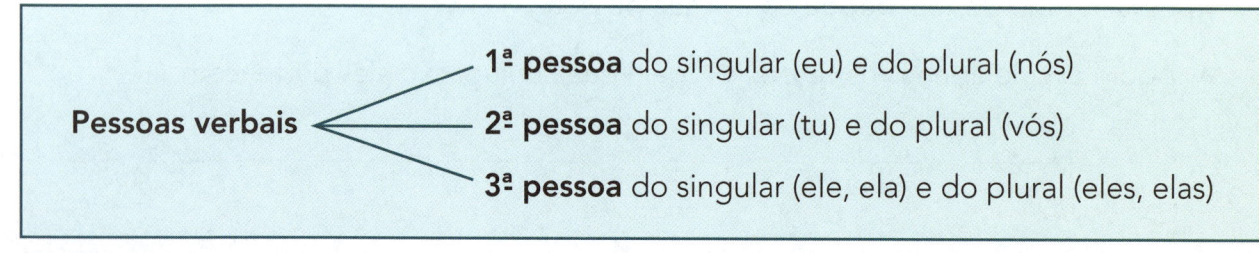

- **Modo imperativo**
  - **afirmativo** = poup-**a** (tu)
    poup-**e** (você)
  - **negativo** = não poup-**es** (tu)
    não poup-**e** (você)

- **Formas nominais**
  - **infinitivo** = poupa-**r**
  - **gerúndio** = poupa-**ndo**
  - **particípio** = poupa-**do**

- **Conjugações verbais**
  - **1ª conjugação** = poup-**ar**
  - **2ª conjugação** = escrev-**er** / rep-**or**
  - **3ª conjugação** = ouv-**ir**

- **Pessoas verbais**
  - **1ª pessoa** do singular (eu) e do plural (nós)
  - **2ª pessoa** do singular (tu) e do plural (vós)
  - **3ª pessoa** do singular (ele, ela) e do plural (eles, elas)

Atividades

1. Leia.

DECORAR É IN

Dicas para fazer do seu quarto o melhor cantinho da casa

Pergunta básica: onde você passa a maior parte do tempo? Pra estudar, ler, ouvir música ou curtir uma preguicinha? Se a resposta foi no seu quarto, nada mais justo do que cuidar dele com carinho. Por isso, procuramos (e encontramos!) várias opções fáceis e baratas para transformá-lo num palácio *fashion* e descolado!

FIRMINO, Carolina. **Todateen**, São Paulo: Alto Astral, ano 19, n. 222, p. 62, maio 2014.

a) Complete com as pessoas verbais. Depois continue conjugando os verbos destacados como no exemplo.

Procuramos e **encontramos** várias opções fáceis e baratas.

1ª pessoa do singular ⟶ Eu **procurei** e **encontrei** várias opções fáceis e baratas.

2ª pessoa do _____ ⟶ Tu _____ e _____ várias opções fáceis e baratas.

3ª pessoa _____ ⟶ Ele _____ e _____ várias opções fáceis e baratas.

1ª _____ ⟶ Nós _____ e _____ várias opções fáceis e baratas.

_____ ⟶ Vós _____ e _____ várias opções fáceis e baratas.

_____ ⟶ Eles _____ e _____ várias opções fáceis e baratas.

b) Marque a alternativa que indica o tempo em que esses verbos estão conjugados e o que esse tempo expressa.

( ) presente
( ) pretérito perfeito
( ) futuro

expressa ⟶

( ) fatos que ainda vão ocorrer.
( ) fatos que ocorrem no momento da fala.
( ) fatos que já aconteceram.

2. Leia.

> QUE DIRÍEIS, SENHORA, SE EU TIRASSE A BARBA?
>
> EM VOSSA BARBA RESIDE VOSSA AUTORIDADE, VOSSA DETERMINAÇÃO – EM ÚLTIMA ANÁLISE, A ESSÊNCIA DE VOSSO PODER.
>
> AGRADEÇO, SENHORA!
>
> NÃO É UM ELOGIO, CASO NÃO O HAJAIS PERCEBIDO.

LAERTE. Piratas do Tietê. **Folha de S.Paulo**, São Paulo, 28 ago. 2010. Ilustrada, E12.

a) Observe os personagens da tira e diga quem é a pessoa que fala no primeiro quadrinho.

_____

b) A quem ele se dirige?

_____

c) Os personagens empregam os verbos **diríeis**, **hajais**. Qual pronome pessoal reto pode preceder esses verbos?

_____

> **#fiquedeolho**
>
> No Brasil, a **2ª pessoa do plural** (**vós**) é empregada, em geral, na linguagem poética, em textos religiosos e em textos jurídicos, entre outros.

d) Esse pronome indica a:
( ) 1ª pessoa do singular. ( ) 2ª pessoa do singular. ( ) 3ª pessoa do singular.
( ) 1ª pessoa do plural. ( ) 2ª pessoa do plural. ( ) 3ª pessoa do plural.

3. Na língua portuguesa do Brasil, é raro o emprego dessa pessoa verbal. Justifique seu uso na tira.

_____

_____

4. Passe as frases do modo indicativo para o subjuntivo e para o imperativo, fazendo as adaptações necessárias. Veja o exemplo.

> Nossa família **viajou** nas férias. (modo indicativo)
> Nossa família talvez **viaje** nas férias. (modo subjuntivo)
> **Viajem** durante as férias! (modo imperativo)

a) Os atletas chegaram cedo ao estádio. (indicativo)

_____
_____(_____)
_____
_____(_____)

b) Ela vende romances infantojuvenis. (indicativo)

_____
_____(_____)
_____
_____(_____)

c) No dia marcado, Patrícia comparecerá à entrevista. (indicativo)

_____
_____(_____)
_____
_____(_____)

5. Leia.

Códigos e símbolos

Pare um pouco e observe: estamos **cercados** de sinais e símbolos por todos os lados. Graças a eles, a vida em sociedade torna-se mais fácil. Já pensou a bagunça que seria se cada pessoa tivesse o seu código de comunicação? Eles existem para **orientar** e **organizar** nossas atividades, como os códigos de trânsito, o alfabeto, os números, a escala musical, entre outros.

Revista Recreio/Abril Comunicações S.A.

a) Retire do texto os verbos destacados e indique a forma nominal de cada um.

_____

b) Agora complete, escrevendo as formas nominais desses verbos. Veja o exemplo.

Formas nominais →

Gerúndio	Infinitivo	Particípio
cercando	cercar	cercado

6. Copie do texto os verbos que estão no imperativo.

_____

7. Copie do texto um verbo no pretérito perfeito.

_____

- O **pretérito perfeito** expressa uma:
    - ( ) ação já concluída antes do momento da fala.
    - ( ) ação passada, não concluída.
    - ( ) ação concluída antes de outra também já acabada.

8. Qual é o único verbo do texto que está no futuro do pretérito?

_____

- O **futuro do pretérito** indica uma:
    - ( ) ação já concluída antes do momento da fala.
    - ( ) ação futura em relação a outra ação, já passada.
    - ( ) ação concluída antes de outra também já acabada.

9. Leia e escreva uma frase, empregando o **pretérito mais-que-perfeito** na sua forma composta. Veja o exemplo.

> O jovem já **acabou** o dever de casa. Foi passear com o amigo.
>
> O jovem já **tinha acabado** (**havia acabado**) o dever de casa quando foi passear com o amigo.

a) Nós já **viajamos**. O feriado chegou.

_____

_____

200

b) Eu já **estudei**. Meus amigos chegaram.

_____

_____

c) Carla já **dormiu**. O filme chegou ao fim.

_____

_____

d) Ela já **comemorou** o aniversário. O convite para a festa chegou.

_____

_____

_____

> **#fiquedeolho**
>
> O **pretérito mais-que-perfeito** é normalmente usado na forma composta com os verbos ter e haver: **tínhamos telefonado, havíamos chegado**...

e) Bruno **comprou** um computador. O professor sugeriu a pesquisa na internet.

_____

_____

10. Agora escreva novamente as frases da atividade **9** com o verbo no **pretérito mais-que-perfeito** usando a forma simples. Veja o exemplo.

> O jovem já **acabara** o dever de casa quando foi passear com o amigo.

a) _____

b) _____

c) _____

d) _____

e) _____

- Na sua opinião, qual a forma mais usada do pretérito mais-que-perfeito: a forma simples (**chegara**) ou a composta (**tinha chegado**)?

_____

201

11. Leia.

BROWNE, Dik. Hagar. **Folha de S.Paulo**, São Paulo, 4 jul. 1999.

- Faça a correspondência.

Modos verbais	Verbos da tirinha	O que cada modo expressa
(a) modo indicativo	( ) vejo	( ) Expressa uma ordem.
(b) modo subjuntivo	( ) (talvez) achem	( ) Indica o fato como certo, verdadeiro, real.
(c) modo imperativo	( ) (se) ficarem	( ) Indica que a ação se passa de modo duvidoso, incerto.
	( ) rendam(-se)	
	( ) destruiremos	
	( ) pilharemos	

12. Dos verbos da tirinha, assinale aqueles usados por Hagar para ameaçar os ingleses.

( ) vejo　　( ) achem　　( ) iremos　　( ) ficarem
( ) rendam　　( ) destruiremos　　( ) renderemos　　( ) pilharemos
( ) estiver　　( ) mataremos

- Em que tempo e modo verbal estão conjugados os verbos que você assinalou?

_____

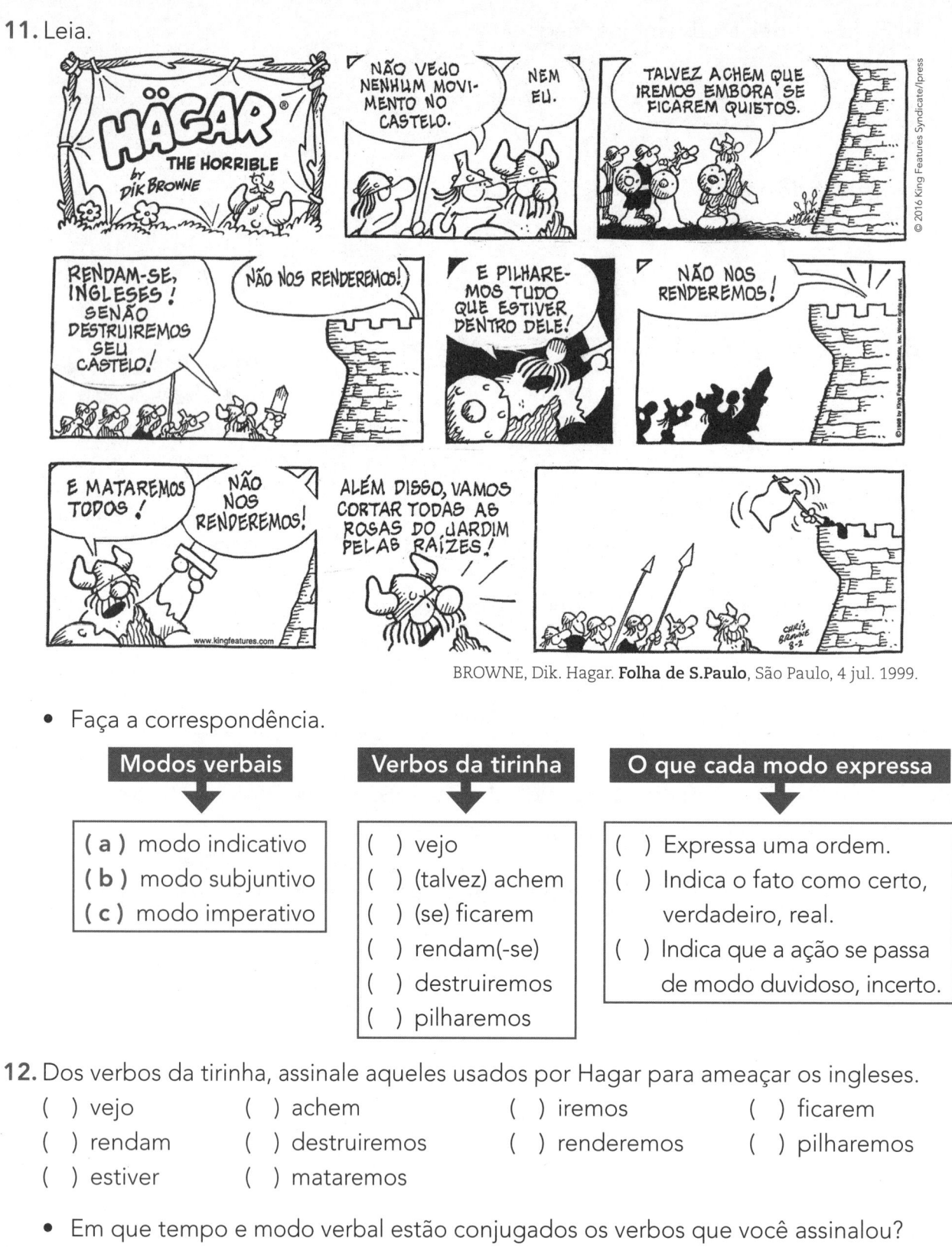

13. Observe na última fala a expressão verbal **vamos cortar** usada por Hagar para ameaçar os ingleses. Essa expressão verbal tem valor de:

( ) presente.　　( ) pretérito perfeito.　　( ) futuro do presente.

Brincando com palavras

Quantos verbos de 1ª, 2ª e 3ª conjugações – no **infinitivo** – você é capaz de formar com as letras escritas no relógio? Escreva-os no quadro. Veja os exemplos.

Letras no relógio: A, E, N, T, P, S, C, U, L, D, O, X, I, V, M, R

Tempo: 10 minutos.

Verbos no infinitivo		
1ª conjugação	2ª conjugação	3ª conjugação
tirar	prender	mentir

203

Terminações
-isar / -izar

1. Leia.

Minhas férias

Eu, minha mãe, meu pai, minha irmã (Su) e meu cachorro (Dogman) fomos fazer *camping*. Meu pai decidiu fazer *camping* este ano porque disse que estava na hora de a gente conhecer a natureza de perto, já que eu, minha irmã (Su) e o meu cachorro (Dogman) nascemos em apartamento, e, até os 5 anos de idade, sempre que via um passarinho numa árvore, eu gritava "aquele fugiu!" e corria para **avisar** um guarda [...].

VERISSIMO, Luis Fernando. **O santinho**. Rio de Janeiro: Objetiva, 2001. p. 61.

a) Copie o verbo destacado no texto e escreva a palavra da qual ele é derivado.

_____

b) Veja.

av**is**o • av**isar** • real • real**izar**

As palavras **aviso** e **real** são:
( ) primitivas.
( ) derivadas.

c) As palavras **avisar** e **realizar** são:
( ) substantivos.
( ) verbos.

• Observe.

av **is** o
av **isar**
fri **s** o
fri **sar**
bi **s**
b **isar**

→ Palavra primitiva com **is**.
Verbo com **-isar**.

204

real –
real izar
legal –
legal izar

final –
final izar
profeta –
profet izar

→ Palavra primitiva **não** tem **is**.
Verbo com **-izar**.

Atividades

1. Escreva verbos com **-isar** e **-izar**. Veja os exemplos.

Palavra primitiva	Verbo com -isar
pesqu**is**a	pesqu**is**ar
anál**is**e	
l**is**o	
av**is**o	
rev**is**ão	
improv**is**o	

Palavra primitiva	Verbo com -izar
atual	atual**iz**ar
civil	
moderno	
escravo	
ridículo	
tranquilo	

- O que você pode concluir a respeito da escrita dos verbos terminados em **-isar** e **-izar**?

_____

_____

_____

205

2. Marque **X** na coluna adequada e escreva verbos com **-isar** ou **-izar**.

Palavras	-isar	-izar	Verbos
preciso	☐	☐	
canal	☐	☐	
eterno	☐	☐	
paralisia	☐	☐	
legal	☐	☐	
ágil	☐	☐	
análise	☐	☐	
pesquisa	☐	☐	
friso	☐	☐	
catequese	☐	☐	

3. Escreva palavras da mesma família. Veja o exemplo.

#fiquedeolho

A palavra **catequese não** tem **is**. O verbo **catequizar** é escrito com **z**. **S** ou **Z**? Na dúvida, pense em outra palavra da mesma família.

Palavra primitiva	Verbo	Substantivo
imóvel	imobil**izar**	imobil**iza**ção
democracia		
final		
paralisia		
normal		
improviso		
sinal		
símbolo		

16 Verbo regular
Conjugação

Para chegar ao conceito

1. Leia.

   Lira do amor romântico ou a eterna repetição

   [...]
   Atirei um limão n'água,
   ele afundou um barquinho.
   Não se espantaram os peixes:
   faltava-me o teu carinho.
   [...]
   Atirei um limão n'água
   mas depois me arrependi.
   Cada peixinho assustado
   me lembra o que já sofri.
   [...]

   DRUMMOND DE ANDRADE, Carlos. Lira do amor romântico ou a eterna repetição. In: _____.
   Poesia e prosa. 6 ed. Rio de Janeiro (RJ): Editora Nova Aguilar, 1988. p. 1045-1046.

   a) Complete o quadro com verbos do texto na 3ª pessoa do singular dos tempos pedidos. Veja o exemplo.

Verbo no infinitivo	Tempo verbal		
	Presente	Pretérito perfeito	Futuro do presente
atirar	atira	atirou	atirará
afundar			
espantar			
faltar			
lembrar			
sofrer			

   b) Dos verbos que você escreveu, há apenas um que não pertence à 1ª conjugação. Qual é ele e a que conjugação pertence?

207

2. Veja a conjugação do verbo **atirar** e complete o quadro com as pessoas verbais e a conjugação do verbo **afundar**.

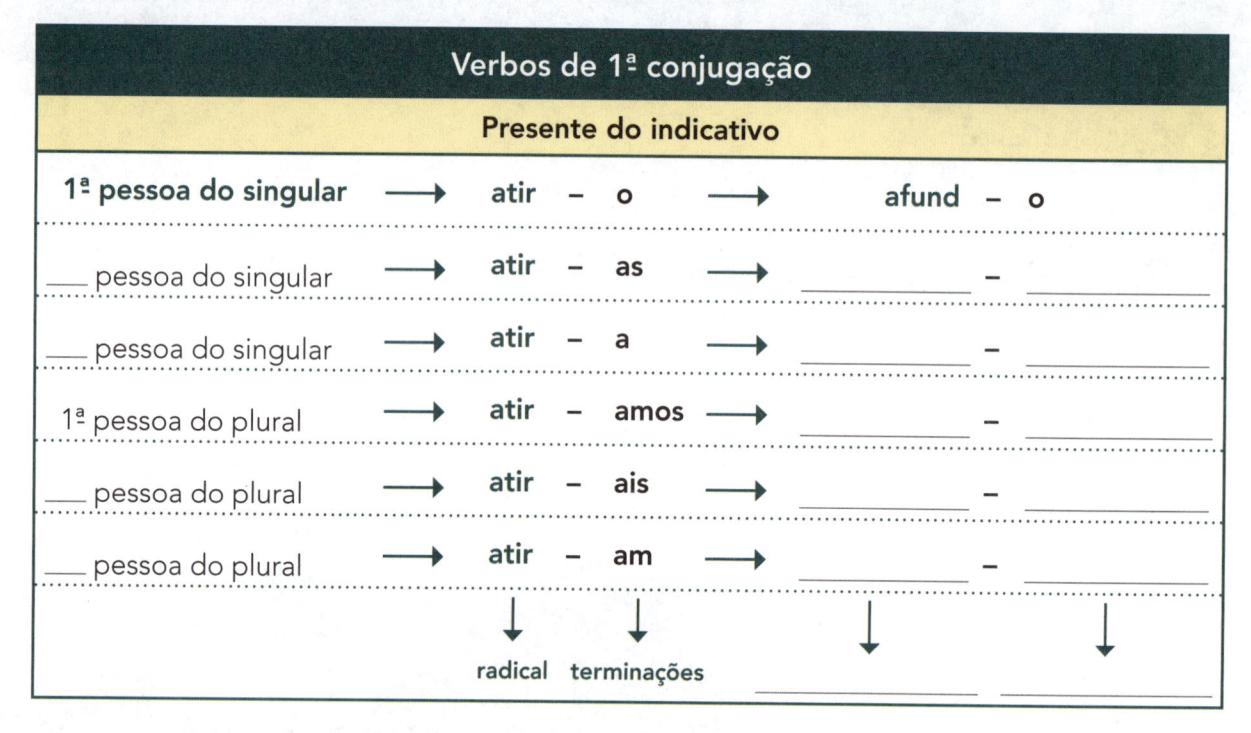

Verbos de 1ª conjugação				
Presente do indicativo				
1ª pessoa do singular	→	atir – o	→	afund – o
___ pessoa do singular	→	atir – as	→	_____ – _____
___ pessoa do singular	→	atir – a	→	_____ – _____
1ª pessoa do plural	→	atir – amos	→	_____ – _____
___ pessoa do plural	→	atir – ais	→	_____ – _____
___ pessoa do plural	→	atir – am	→	_____ – _____
		↓ ↓		↓ ↓
		radical terminações		_____ _____

a) Qual parte dos verbos sofreu variação para indicar pessoa e número?

_____

b) Qual parte não sofreu modificação?

_____

#fiquedeolho

Radical é a parte do verbo que contém o significado básico e, nos **verbos regulares**, não sofre alteração. As **desinências** (terminações) são elementos acrescidos ao radical para indicar pessoa, número, tempo e modo verbal.

▸ Os verbos **atirar** e **afundar** são **verbos regulares**.

> **Verbo regular** é aquele que **não** sofre alteração no radical, e as terminações seguem o modelo (ou paradigma) da conjugação.

3. Veja.

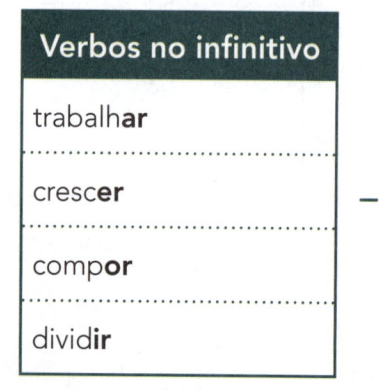

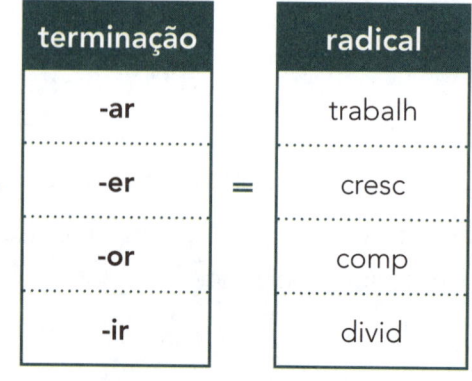

Verbos no infinitivo		terminação		radical
trabalh**ar**		-ar		trabalh
cresc**er**	–	-er	=	cresc
comp**or**		-or		comp
divid**ir**		-ir		divid

#fiquedeolho

Para obter o **radical** do verbo, retiram-se as terminações **-ar**, **-er** (**-or**), **-ir** do **infinitivo**.

208

Modelos (paradigmas) de conjugação dos verbos regulares

Verbo de 1ª conjugação – amar

Modo indicativo

Presente	Pretérito imperfeito	Pretérito perfeito	Pretérito mais-que-perfeito	Futuro do presente	Futuro do pretérito
eu amo	eu amava	eu amei	eu amara	eu amarei	eu amaria
tu amas	tu amavas	tu amaste	tu amaras	tu amarás	tu amarias
ele ama	ele amava	ele amou	ele amara	ele amará	ele amaria
nós amamos	nós amávamos	nós amamos	nós amáramos	nós amaremos	nós amaríamos
vós amais	vós amáveis	vós amastes	vós amáreis	vós amareis	vós amaríeis
eles amam	eles amavam	eles amaram	eles amaram	eles amarão	eles amariam

Modo subjuntivo

Presente (que)	Pretérito imperfeito (se)	Futuro (quando)
que eu ame	se eu amasse	quando eu amar
que tu ames	se tu amasses	quando tu amares
que ele ame	se ele amasse	quando ele amar
que nós amemos	se nós amássemos	quando nós amarmos
que vós ameis	se vós amásseis	quando vós amardes
que eles amem	se eles amassem	quando eles amarem

Modo imperativo

Afirmativo	Negativo
—	—
ama (tu)	não ames (tu)
ame (você)	não ame (você)
amemos (nós)	não amemos (nós)
amai (vós)	não ameis (vós)
amem (vocês)	não amem (vocês)

Formas nominais

Infinitivo pessoal	Infinitivo impessoal	Gerúndio	Particípio
amar eu, amares tu, amar ele, amarmos nós, amardes vós, amarem eles	amar	amando	amado

A grande maioria dos verbos da língua portuguesa pertence à **1ª conjugação**, que constitui o padrão da língua e permite o maior número de criação de verbos: clicar, dedurar, deletar, escanear, plugar, conectar, formatar, terceirizar...

#fiquedeolho

Todos os **verbos regulares** de **1ª** e de **2ª conjugação** conjugam-se como os modelos **amar** e **comer**.
Portanto, aprendendo-se um, aprendem-se todos.

Verbo de 2ª conjugação – comer

Modo indicativo

Presente	Pretérito imperfeito	Pretérito perfeito	Pretérito mais-que-perfeito	Futuro do presente	Futuro do pretérito
eu como	eu comia	eu comi	eu comera	eu comerei	eu comeria
tu comes	tu comias	tu comeste	tu comeras	tu comerás	tu comerias
ele come	ele comia	ele comeu	ele comera	ele comerá	ele comeria
nós comemos	nós comíamos	nós comemos	nós comêramos	nós comeremos	nós comeríamos
vós comeis	vós comíeis	vós comestes	vós comêreis	vós comereis	vós comeríeis
eles comem	eles comiam	eles comeram	eles comeram	eles comerão	eles comeriam

Modo subjuntivo

Presente (que)	Pretérito imperfeito (se)	Futuro (quando)
que eu coma	se eu comesse	quando eu comer
que tu comas	se tu comesses	quando tu comeres
que ele coma	se ele comesse	quando ele comer
que nós comamos	se nós comêssemos	quando nós comermos
que vós comais	se vós comêsseis	quando vós comerdes
que eles comam	se eles comessem	quando eles comerem

Modo imperativo

Afirmativo	Negativo
—	—
come (tu)	não comas (tu)
coma (você)	não coma (você)
comamos (nós)	não comamos (nós)
comei (vós)	não comais (vós)
comam (vocês)	não comam (vocês)

Formas nominais

Infinitivo pessoal	Infinitivo impessoal	Gerúndio	Particípio
comer eu, comeres tu, comer ele, comermos nós, comerdes vós, comerem eles	comer	comendo	comido

Verbo de 3ª conjugação – partir

Modo indicativo

Presente	Pretérito imperfeito	Pretérito perfeito	Pretérito mais-que-perfeito	Futuro do presente	Futuro do pretérito
eu parto	eu partia	eu parti	eu partira	eu partirei	eu partiria
tu partes	tu partias	tu partiste	tu partiras	tu partirás	tu partirias
ele parte	ele partia	ele partiu	ele partira	ele partirá	ele partiria
nós partimos	nós partíamos	nós partimos	nós partíramos	nós partiremos	nós partiríamos
vós partis	vós partíeis	vós partistes	vós partíreis	vós partireis	vós partiríeis
eles partem	eles partiam	eles partiram	eles partiram	eles partirão	eles partiriam

Modo subjuntivo			Modo imperativo	
Presente (que)	Pretérito imperfeito (se)	Futuro (quando)	Afirmativo	Negativo
que eu parta	se eu partisse	quando eu partir	—	—
que tu partas	se tu partisses	quando tu partires	parte (tu)	não partas (tu)
que ele parta	se ele partisse	quando ele partir	parta (você)	não parta (você)
que nós partamos	se nós partíssemos	quando nós partirmos	partamos (nós)	não partamos (nós)
que vós partais	se vós partísseis	quando vós partirdes	parti (vós)	não partais (vós)
que eles partam	se eles partissem	quando eles partirem	partam (vocês)	não partam (vocês)

Formas nominais			
Infinitivo pessoal	Infinitivo impessoal	Gerúndio	Particípio
partir eu, partires tu, partir ele, partirmos nós, partirdes vós, partirem eles	partir	partindo	partido

Alguns verbos regulares de 3ª conjugação: abrir, agir, aplaudir, assistir, assumir, decidir, desiludir, distinguir, exprimir, iludir, imprimir, permitir, reassumir, resumir, tingir, unir…

#fiquedeolho

Todos os **verbos regulares** de **3ª conjugação** conjugam-se como o modelo **partir**. Portanto, aprendendo-se um, aprendem-se todos.

Atividades

1. Releia.

   Lira do amor romântico ou a eterna repetição

   […]
   Atirei um limão n'água,
   o rio logo **amargou**.
   os peixinhos **repetiram**:
   é dor de quem muito **amou**.
   […]
   Atirei um limão n'água,
   foi **levado** na corrente.
   Senti que os peixes diziam:
   hás de amar eternamente.

   DRUMMOND DE ANDRADE, Carlos. Lira do amor romântico ou a eterna repetição. In: _____. **Poesia e prosa**. 6 ed. Rio de Janeiro (RJ): Editora Nova Aguilar, 1988. p. 1046-1047.

- Complete com os verbos destacados no poema. Veja o exemplo.

Verbo	Infinitivo	Conjugação	Radical	Terminação
atirei	atirar (-ar)	1ª	atir	ei
amargou				
repetiram				
amou				
levado				
senti				

2. Conjugue o verbo **levar** nos tempos pedidos. Na dúvida, consulte o modelo de conjugação (verbo **amar**).

   a) Presente do indicativo

   eu _____   nós _____

   tu _____   vós _____

   ele _____   eles _____

   b) Pretérito perfeito do indicativo

   eu _____   nós _____

   tu _____   vós _____

   ela _____   elas _____

   c) O verbo **levar** é um verbo regular? Explique.

   _____

   _____

3. Continue conjugando o verbo **sentir** no tempo pedido.

Presente do indicativo	
eu **sinto**	nós _____
tu **sentes**	vós _____
ele _____	eles _____

- O verbo **sentir** é um verbo regular? Explique.

_____

_____

4. Leia.

> FIQUEI ATÉ MEIA-NOITE LENDO SOBRE COLOMBO.
>
> DECOREI TODAS AS PALAVRAS DESTA LISTA.
>
> LI ESTE LIVRO DUAS VEZES.
>
> DECOREI AS CAPITAIS DE TODOS OS ESTADOS.
>
> ESTOU USANDO UM ELÁSTICO NO PULSO...

SCHULZ, Charles M. Minduim. **O Estado de S. Paulo**, São Paulo, 30 jan. 2011. Caderno 2, D6.

- Em que tempo estão os verbos das frases "Decorei todas as palavras desta lista." e "Decorei as capitais de todos os estados."?

_____

_____

5. Leia e observe o emprego dos tempos verbais.

> Se eu **decorasse** todas as palavras desta lista, **responderia** a todas as perguntas.

> Se eu **decorasse** as capitais de todos os estados, **completaria** as questões de Geografia.

| pretérito imperfeito do subjuntivo | futuro do pretérito do indicativo |

- Agora escreva as frases, empregando adequadamente esses tempos verbais.

a) Se nós (vencer) o campeonato, (ganhar) uma viagem.

_____

_____

b) Se você (chegar) tarde, as crianças (ficar) sem companhia.

_____

_____

c) Se eles se (atrasar), nós não (ensaiar) a peça de teatro.

_____

_____

d) Se tu (soltar) a pipa, ela (voar) muito alto!

_____

_____

6. Observe o emprego dos tempos verbais.

> Quando **decorarmos** as palavras da lista, **poderemos** fazer a prova.
>   ↓   ↓
> futuro do subjuntivo   futuro do presente do indicativo

- Agora escreva as frases, usando adequadamente esses tempos.

a) Quando nós (vencer) o campeonato, (ganhar) uma viagem.

_____

_____

b) Se você (chegar) tarde, as crianças (ficar) sem companhia.

_____

_____

#fiquedeolho

Atenção à correlação dos tempos verbais:
- **pretérito imperfeito do subjuntivo** (tivéssemos) e **futuro do pretérito do indicativo** (poderíamos);
- **futuro do subjuntivo** (tivermos) e **futuro do presente do indicativo** (poderemos).

7. Leia a frase.

São muitas as palavras. Como vou decorá-las?

a) A expressão **vou decorá-las** tem valor de:

( ) presente.

( ) pretérito.

( ) futuro.

b) Conjugue o verbo **decorar** nos tempos pedidos.

Presente do indicativo	Futuro do presente do indicativo

c) O verbo **decorar** é regular. Por que se pode afirmar isso?

_____

_____

_____

8. Leia.

> CHEGUEI, HELGA!
>
> PARECE QUE O DIA DELE FOI MELHOR DO QUE O MEU...

BROWNE, Dik. Hagar. **Folha de S.Paulo**, São Paulo, 11 fev. 2012. Ilustrada, E7.

a) Na tira, aparece a forma verbal **cheguei**, pretérito perfeito do verbo **chegar**. Veja estas formas.

Verbos regulares de 1ª conjugação			
Presente do indicativo	Radical	Pretérito perfeito do indicativo	Presente do subjuntivo
Eu chego	cheg	Eu che**gu**ei	Que eu che**gu**e
Eu ataco	atac	Eu ata**qu**ei	Que eu ata**qu**e
Eu fujo	fuj	Eu fu**g**i	Que eu fu**j**a

b) Os verbos **chegar**, **atacar** e **fugir** são regulares? Explique.

_____

_____

_____

> **#fiquedeolho**
>
> Em alguns **verbos**, ocorre mudança de letra no radical para que se mantenha o mesmo fonema, o mesmo som. Nesse caso, continuam sendo **verbos regulares**.

9. Conjugue os verbos pedidos. Veja o exemplo.

Verbos regulares de 1ª conjugação		
almoçar Pretérito perfeito do indicativo	**brincar** Presente do subjuntivo	**jogar** Presente do subjuntivo
eu almocei	que eu brinque	que eu jogue
tu _____	que tu _____	que tu _____
ele _____	que ele _____	que ele _____
nós _____	que nós _____	que nós _____
vós _____	que vós _____	que vós _____
eles _____	que eles _____	que eles _____

Verbos regulares de 2ª conjugação
proteger Presente do indicativo

eu _____	nós _____
tu _____	vós _____
ele _____	eles _____

Verbos regulares de 3ª conjugação
fingir Presente do indicativo

eu _____	nós _____
tu _____	vós _____
ele _____	eles _____

Brincando com palavras

Conjugações verbais

Reúnam-se em grupos e leiam as instruções.

1. Cada grupo deve observar os verbos conjugados nas três pessoas do singular, na metade superior da página a seguir.

2. Depois deve observar os verbos conjugados no plural, na metade inferior da mesma página.

3. A seguir, combinem os retângulos superiores com os inferiores, colocando dentro dos círculos os números correspondentes.

   BOA SORTE!!!

4. Vencerá o grupo que primeiro apresentar a resposta correta.

   PARABÉNS!!!

5. Se o seu grupo apresentar as respostas e houver erros, perderá a chance.
   PACIÊNCIA!!!

1 Presente
eu escrevo
tu escreves
ele escreve

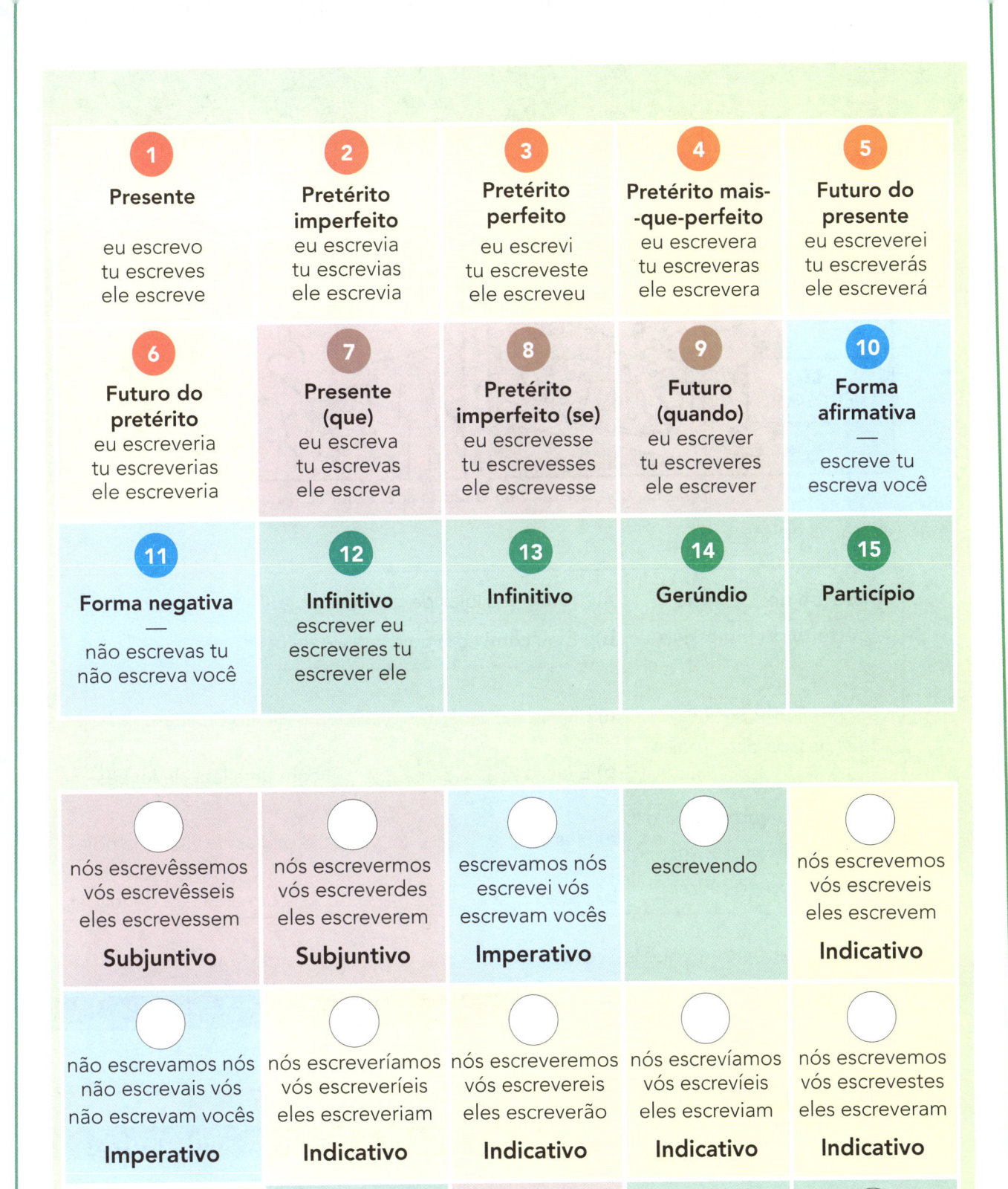

2 Pretérito imperfeito
eu escrevia
tu escrevias
ele escrevia

3 Pretérito perfeito
eu escrevi
tu escreveste
ele escreveu

4 Pretérito mais-que-perfeito
eu escrevera
tu escreveras
ele escrevera

5 Futuro do presente
eu escreverei
tu escreverás
ele escreverá

6 Futuro do pretérito
eu escreveria
tu escreverias
ele escreveria

7 Presente (que)
eu escreva
tu escrevas
ele escreva

8 Pretérito imperfeito (se)
eu escrevesse
tu escrevesses
ele escrevesse

9 Futuro (quando)
eu escrever
tu escreveres
ele escrever

10 Forma afirmativa
—
escreve tu
escreva você

11 Forma negativa
—
não escrevas tu
não escreva você

12 Infinitivo
escrever eu
escreveres tu
escrever ele

13 Infinitivo

14 Gerúndio

15 Particípio

---

nós escrevêssemos
vós escrevêsseis
eles escrevessem
Subjuntivo

nós escrevermos
vós escreverdes
eles escreverem
Subjuntivo

escrevamos nós
escrevei vós
escrevam vocês
Imperativo

escrevendo

nós escrevemos
vós escreveis
eles escrevem
Indicativo

não escrevamos nós
não escrevais vós
não escrevam vocês
Imperativo

nós escreveríamos
vós escreveríeis
eles escreveriam
Indicativo

nós escreveremos
vós escrevereis
eles escreverão
Indicativo

nós escrevíamos
vós escrevíeis
eles escreviam
Indicativo

nós escrevemos
vós escrevestes
eles escreveram
Indicativo

nós escrevêramos
vós escrevêreis
eles escreveram
Indicativo

escrevermos nós
escreverdes vós
escreverem eles
Pessoal

nós escrevamos
vós escrevais
eles escrevam
Subjuntivo

escrito

escrever

Impessoal

Terminações -ram / -rão

1. Leia.

> TOMEI 8 PÍLULAS DE VITAMINA HOJE!
> 100 METROS RASOS
>
> E EU COMI COM UMA LATA DE FEIJÕES.

WALKER, Mort. **Recruta Zero**. *O Estado de S. Paulo*, São Paulo, 21 abr. 2011. Caderno 2, D4.

a) Agora complete.

Verbo no pretérito perfeito do indicativo	a) "**Tomei** 8 pílulas de vitamina hoje!"
	b) "E eu **comi** com uma lata de feijões."
Passando para a 3ª pessoa do plural	a) Eles _____ 8 pílulas de vitamina hoje!
	b) E eles _____ com uma lata de feijões.
Passando o verbo para o futuro do presente, 3ª pessoa do plural	a) Eles _____ 8 pílulas de vitamina hoje!
	b) E eles _____ com uma lata de feijões.

b) Copie os verbos que você escreveu.

3ª pessoa do plural

Pretérito perfeito do indicativo
_____

Futuro do presente do indicativo
_____

c) Que diferença você observa nas terminações verbais desses tempos?

_____
_____
_____

2. Compare.

Eles **comeram** uma lata de feijões.

Eles **comerão** uma lata de feijões.

▶ Portanto, na **3ª pessoa do plural** desses verbos, temos as terminações:

-ram – pretérito perfeito do indicativo
comeram – palavra paroxítona

-rão – futuro do presente do indicativo
comerão – palavra oxítona

Atividades

1. Leia.

[...]

Uma estaca **bater**

Uma parede **encher**

A janela **prender**

Uma porta **fazer**

Um telhado **cobrir**

E a casa **construir**

Quem quiser se **divertir**

Quem quiser me **ajudar**

Pode **cantar**

Pode **dançar**

Pode **tocar**

Pode **brincar**

[...]

MACHADO, Ana Maria. **Hoje tem espetáculo**: no país dos prequetés. Rio de Janeiro: Nova Fronteira, 2001. p. 40.

a) Os verbos destacados no texto estão:

( ) no gerúndio.

( ) no infinitivo.

( ) no particípio.

b) No texto, há dois verbos que estão conjugados. Quais são eles?

219

c) Complete os quadros com alguns desses verbos na 3ª pessoa do plural dos tempos indicados. Veja os exemplos.

Pretérito perfeito do indicativo — 3ª pessoa do plural	Sílaba tônica	Classificação	
		oxítona	paroxítona
bateram	te		X

Futuro do presente do indicativo — 3ª pessoa do plural	Sílaba tônica	Classificação	
		oxítona	paroxítona
baterão	rão	X	

d) Escreva a sua conclusão sobre as terminações verbais: **-ram** e **-rão**.

_____

_____

2. Complete adequadamente as frases com os verbos entre parênteses, no pretérito perfeito e no futuro do presente do indicativo.

a) As crianças já _____ para o ensaio da peça. Amanhã _____ novamente para outro ensaio. (chegar)

b) Os escoteiros _____ pela trilha da montanha. Mais tarde _____ pela trilha do rio. (andar)

c) Os alunos _____ a porta e foram para o pátio. Depois do sinal de saída, _____ a porta novamente para irem embora. (abrir)

220

d) No zoológico, os veterinários _____ um espaço para o leão. Será que _____ também para os tigres? (construir)

e) Os amigos se _____ com a piada que o rapaz contou.

Provavelmente, outros amigos se _____ também.

3. Leia.

Macacalho

[...] Cada um com suas novidades
Eles muito **conversaram**.
Em pouco tempo **ganharam** amizade
Até que um dia se **tocaram**.
Deram um abraço tão bom e apertado
Que ambos se **sentiram** transformados.
Desse abraço surgiu macacalho
Mistura de macaco com espantalho. [...]

PAIXÃO, Fernando. Macacalho. In: Vários autores. **Varal de poesia**. São Paulo: Ática, 2003. p. 26.

- Releia os verbos destacados no poema e responda.

a) Em que tempo e pessoa estão conjugados?

_____

b) Qual é a terminação verbal nesse tempo e pessoa?

_____

4. Agora complete, usando os mesmos verbos, na mesma pessoa, mas no **futuro do presente do indicativo**.

Cada um com suas novidades

Eles muito _____.

Em pouco tempo _____ amizade

Até que um dia se _____.

_____ um abraço tão bom e apertado

Que ambos se _____ transformados.

- Qual a terminação verbal agora?

_____

221

17 Advérbio

Para chegar ao conceito

1. Leia.

   VOCÊ TEM CHOCOLATE SUÍÇO?
   EU COMPRO E VENDO DE TUDO!
   ALIÁS, UM NEGOCIANTE DE MÓVEIS USADOS PASSOU AQUI HOJE...

   WALKER, Mort. Recruta Zero. **O Estado de S. Paulo**, São Paulo, 19 abr. 2008. Caderno 2, D8.

   • Releia e responda.

   Aliás, um negociante de móveis usados passou aqui hoje...

   a) O negociante passou **onde**? _____

   b) O negociante passou **quando**? _____

   c) Portanto, essas duas palavras dão ideia de:

   (   ) lugar e modo.   (   ) tempo e dúvida.   (   ) lugar e tempo.

   d) Nessa frase, as palavras **aqui** e **hoje** referem-se ao:
   (   ) substantivo **negociante**.   (   ) substantivo **móveis**.
   (   ) verbo **passou**.   (   ) artigo **um**.

2. Leia.

   Um homem passou aqui hoje.

   a) Escreva a frase no plural.

   _____

222

b) Escreva a frase no feminino.

_____

_____

c) Nas frases que você escreveu, que palavras sofreram variações?

_____

_____

_____

_____

3. Que palavras não sofreram variações nas frases que você escreveu na atividade **2**?

_____

#fiquedeolho

Palavra variável é aquela que sofre modificação para indicar gênero, número, pessoa, tempo, modo.
As **classes gramaticais variáveis** são: substantivo, artigo, adjetivo, numeral, pronome e verbo.

#fiquedeolho

Palavra invariável é aquela que não sofre modificação para indicar gênero, número, pessoa, tempo, modo.
As **classes gramaticais invariáveis** são: advérbio, preposição, conjunção e interjeição.

▶ As palavras **aqui** e **hoje**, que se referem ao verbo **passou** e indicam circunstâncias de lugar e tempo, são **advérbios**.

> Onde? Quando? Como? Com que intensidade?

Advérbio é a palavra invariável que modifica o verbo, acrescentando circunstâncias de tempo, lugar, intensidade, modo, afirmação, negação, dúvida...

Leia a lista dos principais **advérbios**.

afirmação	sim, deveras, certamente, efetivamente, incontestavelmente, realmente...
dúvida	talvez, decerto, porventura, acaso, provavelmente, possivelmente...
intensidade	muito, pouco, bastante, mais, menos, demais, tanto, tão, quão, meio...
lugar	aqui, ali, aí, cá, lá, além, atrás, perto, longe, junto, abaixo, debaixo, acima, adiante, dentro, fora, além...
modo	bem, mal, assim, depressa, devagar e a maior parte dos advérbios terminados em **-mente**: calmamente, tristemente, rapidamente...
negação	não
tempo	hoje, amanhã, ontem, breve, logo, antes, depois, agora, já, sempre, nunca, jamais, cedo, tarde, outrora, diariamente, anualmente, antigamente, novamente...

4. Leia e observe os advérbios destacados nas frases.

A professora **falou pouco**.
verbo   advérbio

Ela é **bastante inteligente**.
advérbio   adjetivo

A professora falou **muito devagar**.
advérbio advérbio

a) As palavras **pouco**, **bastante** e **muito** são **advérbios** que indicam circunstâncias de:

( ) lugar.
( ) tempo.
( ) negação.
( ) intensidade.

> **#fiquedeolho**
>
> O **advérbio de intensidade** pode modificar, além do **verbo**, o **adjetivo** ou outro **advérbio**.

b) Observe as setas dos advérbios até as palavras a que eles se referem e complete.

Advérbio de intensidade	Palavra a que se refere	Classe gramatical dessa palavra
pouco		
bastante		
muito		

c) Complete e conclua.

O **advérbio de intensidade** pode modificar, além de um _____,

também um _____ ou outro _____.

Advérbios interrogativos

1. Leia e resolva as charadas.

   I. **Onde** o veneno da cobra começa a agir?

   II. **Quando** é que a quarta-feira vem antes da terça-feira?

   III. **Por que** a água foi presa?

   IV. **Como** as enzimas se cumprimentam?

   BUCHWEITZ, Donaldo. **50 piadas**. Pessoas. São Paulo: Ciranda Cultural, 2010.

   Respostas: I. No fim da picada. II. No dicionário. III. Porque matou a sede. IV. Oi, tudo "enzima"?.

   a) Essas frases são:

   ( ) declarativas.   ( ) exclamativas.   ( ) imperativas.   ( ) interrogativas.

   b) Observe as palavras destacadas nas frases acima e faça a correspondência com a circunstância que expressam.
   - (a) Onde...?   ( ) causa
   - (b) Quando...?   ( ) tempo
   - (c) Por que...?   ( ) modo
   - (d) Como...?   ( ) lugar

As palavras **onde**, **quando**, **por que** e **como**, empregadas em frases interrogativas (diretas ou indiretas), expressando circunstâncias de lugar, tempo, causa e modo, são **advérbios interrogativos**.

> **#fiquedeolho**
>
> É possível construir frases de sentido interrogativo sem usar o ponto de interrogação: são as **frases interrogativas indiretas**.

Veja.

Advérbios interrogativos		
	Frase interrogativa direta	Frase interrogativa indireta
de lugar	**Onde** nos encontraremos?	Diga **onde** nos encontraremos.
de tempo	**Quando** Paula irá para Maceió?	Perguntaram-me **quando** Paula irá para Maceió.
de causa	**Por que** o professor não veio dar aula hoje?	Os alunos querem saber **por que** o professor não veio dar aula hoje.
de modo	**Como** você descobriu onde eu estava?	Explique-me **como** você descobriu onde eu estava.

Locução adverbial

1. Leia.

O medo do menino

Que barulho estranho,
vem lá **de fora**,
vem lá **de dentro**?!...

Que barulho medonho,
no forro,
no porão,
na cozinha,
ou **na despensa**!...
[...]

JOSÉ, Elias. O medo do menino. In: Vários autores. **Palavras de encantamento**: antologia de poetas brasileiros. São Paulo: Moderna, 2001. p. 36.

• Agora responda.

a) As expressões **de fora**, **de dentro**, **no forro**, **no porão**, **na cozinha**, **na despensa** indicam que tipo de circunstância?

_____

b) De quantas palavras é formada cada uma dessas expressões?

_____
_____

c) Se no lugar dessas expressões fossem usados os advérbios **lá**, **ali** ou **aqui**, a circunstância expressa seria a mesma?

_____
_____

2. Complete.

Lá, **ali** e **aqui** são _____ de lugar.

▶ **De fora**, **de dentro**, **no forro**, **no porão**, **na cozinha**, **na despensa** são locuções adverbiais de lugar.

Locução adverbial é uma expressão formada de duas ou mais palavras, com a mesma função do advérbio, que exprime uma circunstância.

3. Leia e complete.

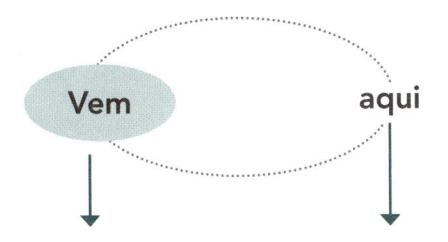

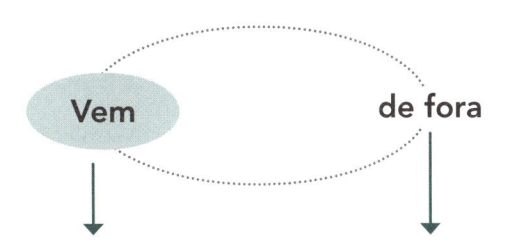

Vem .... aqui   Vem .... de fora

_____   _____   _____   _____

Atividades

1. Leia.

Depois de **hoje**

a vida não vai mais ser a mesma
a menos que eu insista em me enganar
aliás
depois de **ontem**

também foi assim
anteontem
antes
amanhã

LEMINSKI, Paulo. **Toda poesia**. São Paulo: Companhia das Letras, 2013. p. 21.

a) Retire do texto os advérbios destacados, sem repeti-los.

_____

b) Que circunstância esses advérbios indicam?

_____

2. Qual a importância dos advérbios na construção desse poema?

_____

3. Complete com as classes gramaticais e faça o que se pede.

   a) Identifique com o símbolo ● as duas classes gramaticais que representam os núcleos.

   b) Identifique com o símbolo ▲ as que se relacionam com o núcleo substantivo.

   c) Identifique com o símbolo ★ a que se refere mais diretamente ao núcleo verbo.

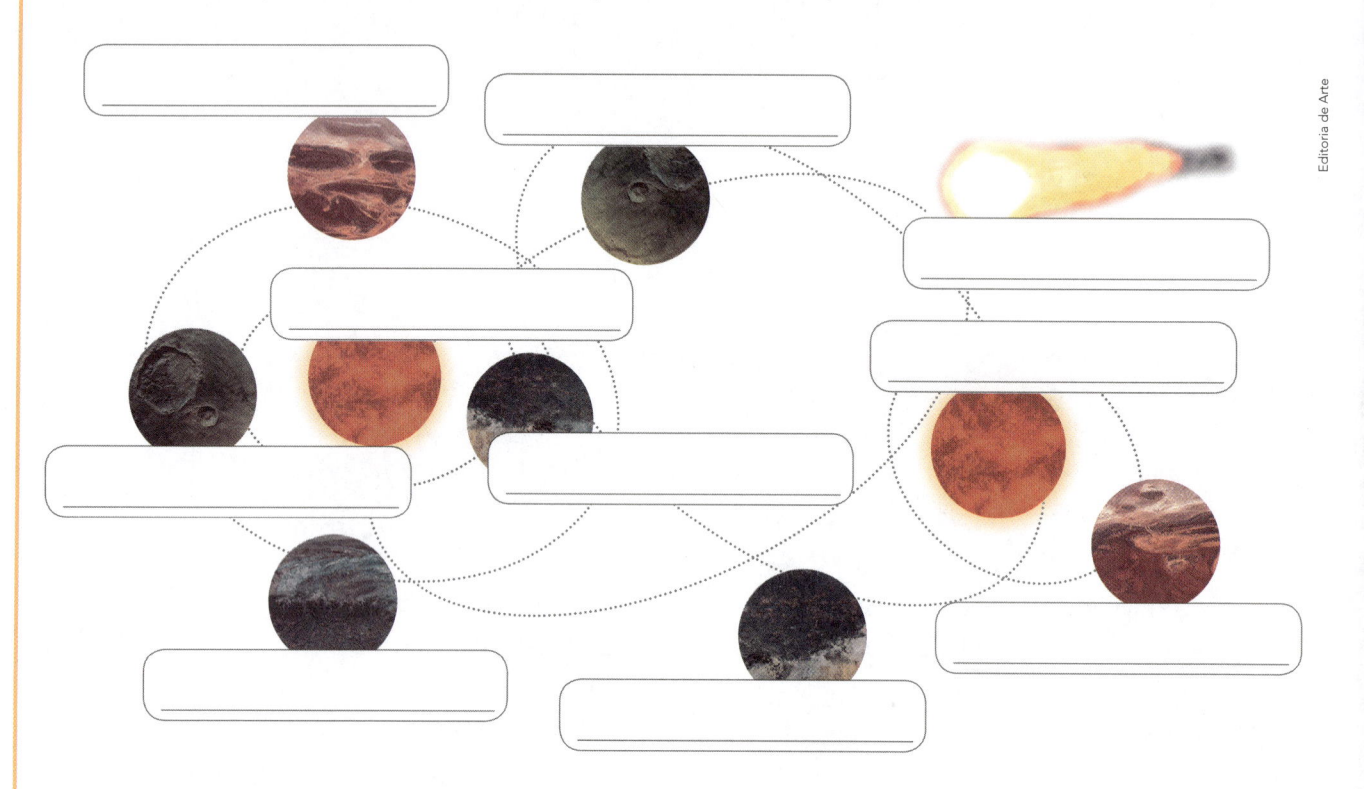

   d) Agora copie os nomes das classes gramaticais que não foram identificadas com os símbolos.

   _____

   _____

4. Numere as colunas de acordo com a classificação dos advérbios.

( ) Provavelmente irei!	**(1)** lugar	( ) talvez
( ) Ela não gosta disso.	**(2)** tempo	( ) não
( ) Estamos longe.	**(3)** afirmação	( ) sim
( ) Eles falam depressa.	**(4)** negação	( ) muito, mais
( ) Cláudio certamente vencerá.	**(5)** dúvida	( ) bem, devagar
( ) Ontem ganhei um CD.	**(6)** intensidade	( ) cá, lá, ali
( ) Nós comemos pouco.	**(7)** modo	( ) logo, agora

5. Leia os advérbios e as locuções adverbiais abaixo.

muito • bastante • com satisfação • com cuidado • com vontade • compassadamente
com clareza • compulsivamente • logo • devagar • prontamente • com atenção
com lentidão • depressa • amanhã • durante a comédia • de mansinho • daquele lugar

- Agora copie no quadro dois advérbios e duas locuções adverbiais para cada verbo dado. Veja o exemplo.

Verbo	Advérbios	Locuções adverbiais
rir	muito compulsivamente	com vontade durante a comédia
falar		
correr		
fugir		
responder		

6. Complete com os adjetivos dados, transformando-os em **advérbios de modo** com a terminação **-mente**.

correto • suave • feliz • profundo • raro • claro

Adjetivos	Advérbios de modo

7. Nas frases seguintes, circule o advérbio e faça uma seta indicando a que palavra ele se refere. A seguir, classifique essas palavras. Veja o exemplo.

A decoração da festa ficou (muito) bonita.
                                      advérbio adjetivo

a) O discurso que ele redigiu ficou quase perfeito.

_____

b) Ela foi ao supermercado e chegou agora.

_____

c) A irmãzinha do Bruno nasceu ontem.

_____

8. Agora classifique os advérbios que você circulou na atividade anterior.

a) _____

b) _____

c) _____

9. Classifique as palavras destacadas como **adjetivo**, **pronome** ou **advérbio**.

	Adjetivo	Pronome	Advérbio
a) O dia estava **claro** e ensolarado.			
b) Ele falou bem **claro** o que pretendia.			
c) Este sótão é velho e **alto**. Cuidado!			
d) Comi **muito** doce nessas férias.			
e) Comi **muito** nessas férias.			

#fiquedeolho

Adjetivo e **pronome** são palavras variáveis em gênero e número e referem-se ao **substantivo**.
Advérbio é uma palavra invariável que se refere ao **verbo**, ao **adjetivo** ou a outro **advérbio**.

Emprego de x, ch

1. Leia.

SOUSA, Mauricio de. Turma da Mônica. **O Estado de S. Paulo**, São Paulo, 3 fev. 2011. Caderno 2, D4.

- Na tira aparecem as palavras xícara (escrita com **x**) e chá (escrita com **ch**).

a) Haveria possibilidade de se confundir a grafia dessas palavras? Por quê?

_____

_____

b) Você se lembra de outras palavras como essas (com **x** e **ch**) que podem causar dúvida na escrita? Quais?

_____

_____

#fiquedeolho

Às vezes, encontramos dificuldades ao escrever palavras com **x** e **ch**. É preciso tomar cuidado. Em caso de dúvida, consulte um dicionário.

- Confira no dicionário se você acertou as palavras que escreveu.

Atividades

1. Leia as palavras e complete.

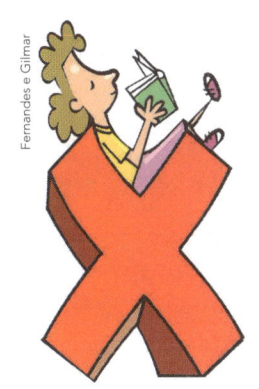

abaca____i   me____erico   ca____imbo

ca____umba   rela____ar   pi____e

coa____ar   ____ingar   ____aminé

gra____a   beli____e   ____icote

li____o   bo____e____a   ____impanzé

me____er   bro____e   ____u____u

2. Complete as palavras com **X**.

Coluna A	Coluna B	Coluna C
en_____ofre	**me**_____erica	mad**ei**_____a
en_____urrada	**me**_____ericar	p**ai**_____ão
en_____ugar	**me**_____ido	fr**ou**_____o
en_____ada	**me**_____er	qu**ei**_____o
en_____erido	**me**_____icano	c**ai**_____a
en_____aqueca	**me**_____eriqueiro	f**ei**_____e

- Agora responda.

a) Qual a sílaba inicial das palavras da coluna **A**?

_____

b) Qual a sílaba inicial das palavras da coluna **B**?

_____

c) Nas palavras da coluna **C**, o que antecede a letra **X**?

_____

#fiquedeolho

Palavras escritas com **ch**:
- **encher** – **enchente** (derivadas de **cheio**).
- **encharcar** – **encharcado** (derivadas de **charco**).
- **enchouriçar** (derivada de **chouriço**).
- **enchova** ou **anchova** (tipo de peixe).

d) Complete.

Escreve-se _____ (som de **ch**) após as sílabas iniciais _____, _____ e após os ditongos _____, _____, _____.

#fiquedeolho

Escreve-se com **ch**:
mecha: uma mecha de cabelo, de algodão.

3. Leia.

a) Copie da piadinha as palavras que têm a letra **x** na escrita.

_____

b) Embora as duas palavras sejam escritas com **x**, elas têm a mesma pronúncia?

_____

c) Escreva outras palavras em que a letra **x** representa fonemas diferentes.

_____

_____

Foi uma cegonha que me trouxe! E você?

Eu vim de táxi!...

BUCHWEITZ, Donaldo. **50 piadas**. São Paulo: Ciranda Cultural, 2010.

4. Escreva as palavras abaixo nas colunas adequadas.

> baixo • sintaxe • fixar • exagero • exaltado • auxílio • xampu • êxodo • intoxicação
> excursão • xadrez • fluxo • extinto • xavantes • exaltar • nexo • extensão
> exausto • flexão • léxico • executar • extremidade • deixar • exato
> boxe • peixada • expectativa • caxinguelê

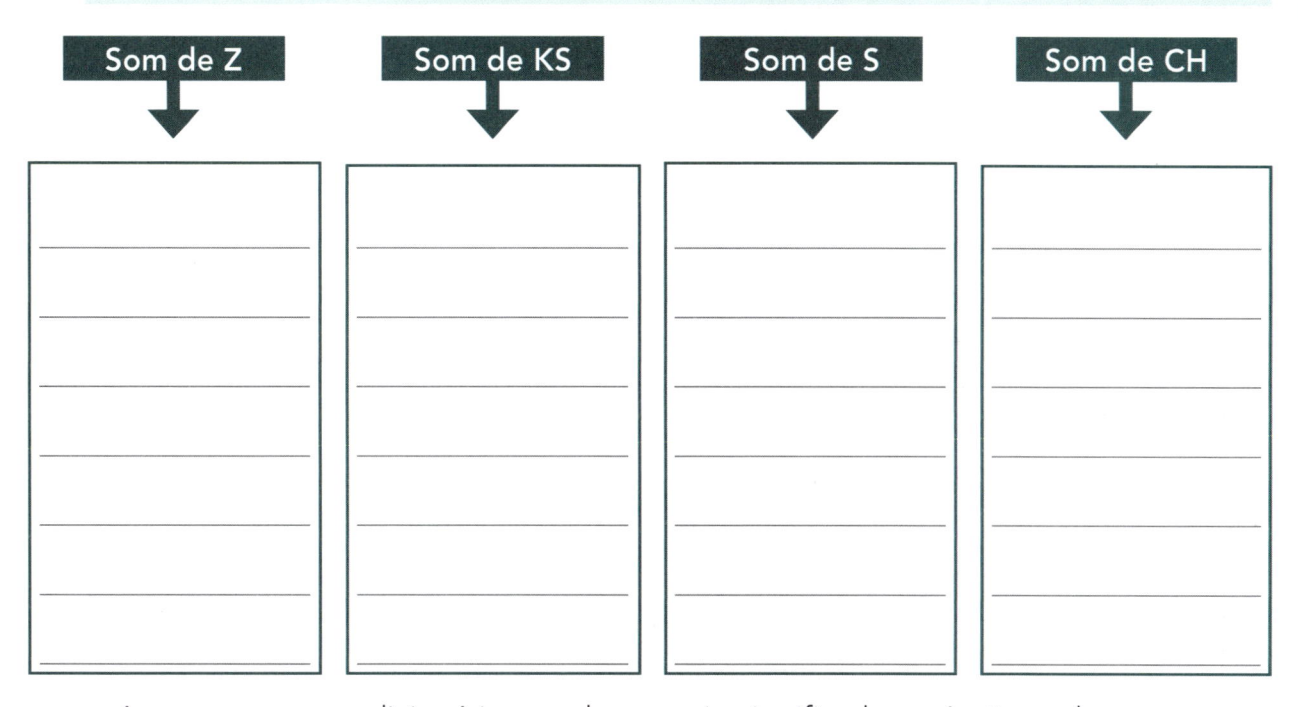

Som de Z	Som de KS	Som de S	Som de CH

- Agora procure no dicionário as palavras cujo significado você não conhece.

5. Complete com palavras derivadas.

Palavra primitiva	Palavras derivadas
faxina	
graxa	
lixo	
roxo	
bicho	
flecha	
piche	
cochicho	

- Desses quadros, pode-se concluir que:

a) palavra primitiva escrita com **x**, palavra derivada também _____.

b) palavra primitiva escrita com **ch**, palavra _____.

233

6. Agora complete a palavra derivada com **x** ou **ch** e escreva a primitiva.

____urrascaria ⟶ _____   enfai____ar ⟶ _____

abai____ar ⟶ _____   ____icotear ⟶ _____

____efia ⟶ _____   entrou____ar ⟶ _____

e____igência ⟶ _____   acol____oado ⟶ _____

in____aço ⟶ _____

Brincando com palavras

Jogo da velha

Em cada um dos jogos abaixo existe um **segredo**. Esse segredo refere-se à ortografia estudada nesta lição.

O desafio é descobrir esse segredo!

I.

mexer	xingar	lixa
mexicano	chance	exato
mexerica	ficha	extremidade

Segredo
_____
_____
_____

II.

queixar	rouxinol	macho
xeque-mate	xereta	chaleira
enxerto	enxoval	enxaguar

Segredo
_____
_____
_____

III.

feixe	pirex	próximo
México	encaixar	xerife
ameixa	enxofre	trouxe

Segredo
_____
_____
_____

18 Preposição

Para chegar ao conceito

1. Leia.

Trem de ferro

Café com pão
Café com pão
Café com pão

Virge Maria que foi isso maquinista?

Agora sim
Café com pão
Agora sim
Voa, fumaça
[...]

BANDEIRA, Manuel. **Antologia poética**. 8. ed. Rio de Janeiro: J. Olympio, 1976. p. 96-98.

a) No poema, o verso "Café com pão" se repete. Que efeito ele provoca?

_____

_____

b) Escreva as palavras do texto que estabelecem ligação entre os termos abaixo.

Singular   **Plural**

| café _____ pão | trem _____ ferro | cafés _____ pães | trens _____ ferro |

c) Na passagem do singular para o plural:

( ) houve modificação nas palavras **com** e **de**.

( ) não houve modificação nas palavras **com** e **de**.

▶ No texto, as palavras **com** e **de** são **preposições**.

Preposição é uma palavra invariável que liga duas outras, estabelecendo relações entre elas.

Veja a lista de preposições.

a	com	de	em	para	sem	trás
ante	contra	desde	entre	per	sob	
após				perante	sobre	
até				por		

2. Leia.

Café com pão → preposição

relação de companhia, presença (o café acompanhado de pão)

Café sem pão → preposição

relação de ausência, falta, carência (o café apenas, faltando o pão)

As **preposições** estabelecem relações entre as palavras.

#fiquedeolho
Isolada, a preposição nada significa. Ela só tem valor dentro de um **contexto**.

3. Veja algumas relações estabelecidas pelas **preposições** e faça a correspondência.

Relações	Exemplos
(a) assunto	( ) Estudei **para** as provas.
(b) ausência, falta, carência	( ) Os cidadãos devem agir **contra** a violência.
(c) causa	( ) As meninas saíram **com** as amigas.
(d) companhia	( ) Vestia-se **com** elegância.
(e) conteúdo	( ) Esperaremos **até** a noite.
(f) tempo	( ) Namoro **sem** beijo, goiabada **sem** queijo.
(g) finalidade, fim	( ) A porta foi aberta **com** a chave.
(h) lugar	( ) Ficou apavorado **com** a ventania.
(i) instrumento ou meio	( ) Os cabelos **de** Clara estavam presos.
(j) modo	( ) Os repórteres nada entendiam **de** política.
(k) oposição	( ) Nós iremos **a** (**até**, **para**) Recife.
(l) posse	( ) Esse sino é **de** bronze. Esta é uma taça **de** cristal.
(m) matéria	( ) Ainda se morre **de** fome.
	( ) Passava **a** ferro toda a roupa.
	( ) Tome um copo **de** suco. Este é o vidro **com** perfume.

Locução prepositiva

1. Leia.

> COMO ASSIM, "PRA QUE SERVEM OS CÃES"?
>
> OS CÃES SÃO MARAVILHOSOS!
>
> SOMOS A FORMA DE VIDA MAIS MARAVILHOSA DA TERRA! O MUNDO SE CURVA DIANTE DE NÓS!
>
> ... NÃO É?

SCHULZ, Charles M. Minduim. **O Estado de S. Paulo**, São Paulo, 1º abr. 2010. Caderno 2, D6.

a) Complete com o número de palavras que formam cada termo destacado abaixo.

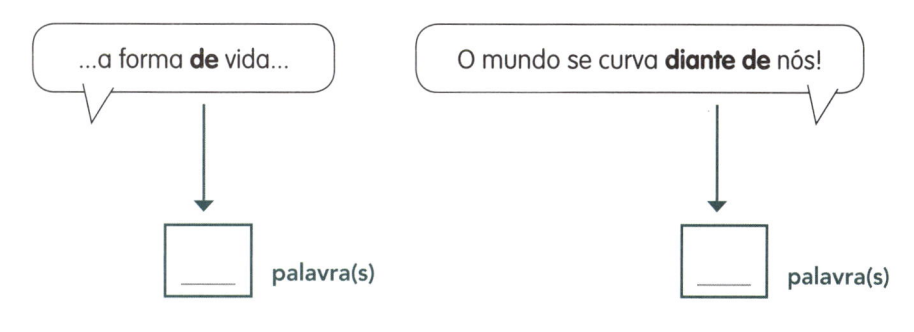

...a forma **de** vida... → _____ palavra(s)

O mundo se curva **diante de** nós! → _____ palavra(s)

b) A palavra **de** classifica-se como:

( ) artigo.   ( ) pronome.   ( ) advérbio.   ( ) preposição.

▶ A expressão **diante de** classifica-se como **locução prepositiva**.

> **Locução prepositiva** é o conjunto de duas ou mais palavras empregadas com valor de preposição.

2. Veja alguns exemplos de locuções prepositivas.

acerca de	ao redor de	em cima de
acima de	a respeito de	em vez de
a despeito de	de cima de	junto a
além de	dentro de	junto de
antes de	depois de	por baixo de
ao lado de	diante de	por trás de...

#fiquedeolho

Em geral, a **locução prepositiva** é formada de advérbio (ou locução adverbial) mais preposição.

237

Combinação e contração

1. Leia.

Barbie

A boneca mais famosa **do** mundo, lançada em 1958, foi inspirada em Barbie Handler (e ganhou seu nome), filha da americana Ruth Handler, fabricante de brinquedos. Ruth achava a cara das bonecas da época infantil demais. Por isso, ela desenhou sua Barbie com um ar mais adulto. **Ao** lado do marido, Elliot, fabricante de casas de bonecas, ela fundou a fábrica de brinquedos Mattel em 1945. [...]

DUARTE, Marcelo. **O Guia dos Curiosos**: Invenções.
São Paulo: Panda Books, 2007. p. 316.

a) Observe.

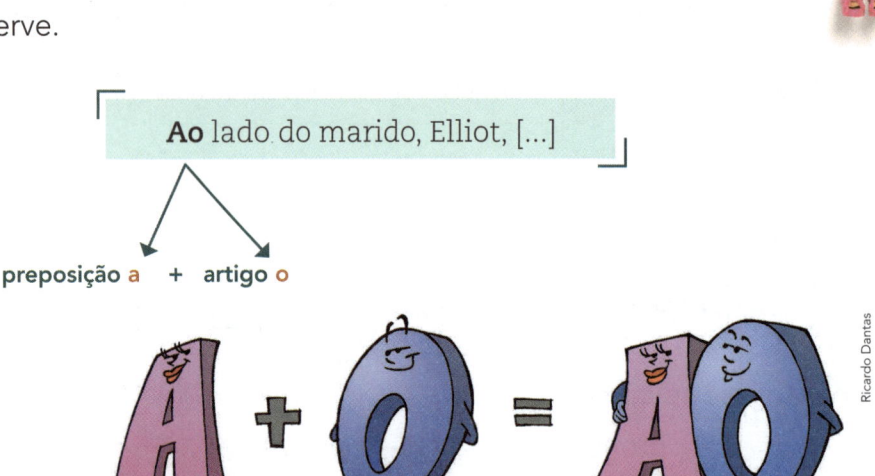

Ao lado do marido, Elliot, [...]

preposição **a** + artigo **o**

A + O = AO

- Na união da preposição **a** + artigo **o** houve perda ou modificação de letras e/ou fonemas?

    ( ) Sim.   ( ) Não.

▶ Em **ao** existe uma **combinação**.

Combinação é a união da preposição **a** com outra palavra, sem que haja perda ou transformação de elementos.

- Veja estas combinações.

Combinação da preposição a	
ao(s)	combinação da preposição **a** + artigo **o(s)**
aonde	combinação da preposição **a** + advérbio **onde**

238

2. Leia.

> Barbie, a boneca mais famosa **do** mundo.

preposição **de** + artigo **o**

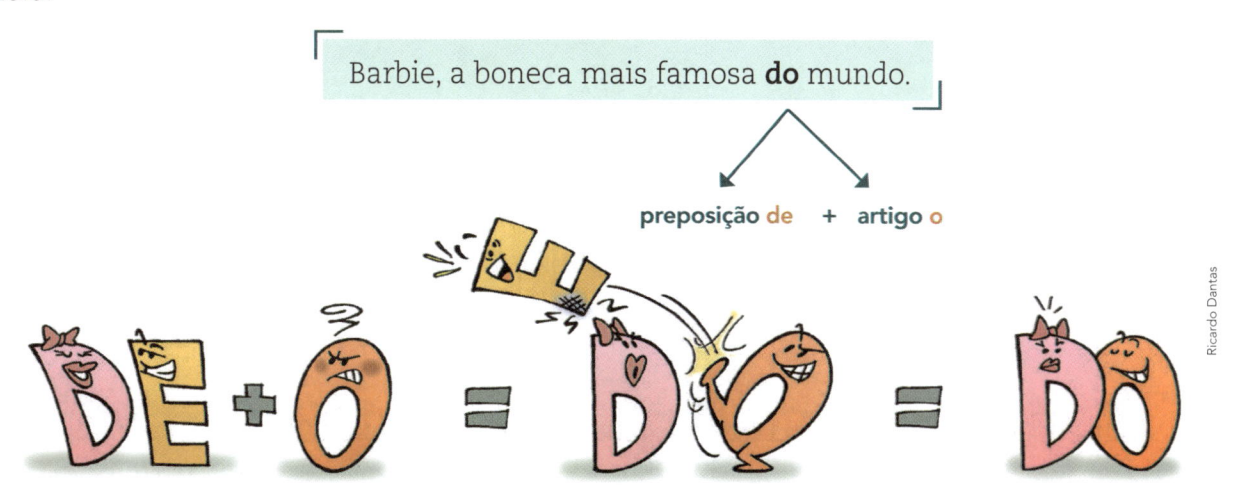

DE + O = DO = DO

- Na união da preposição **de** + artigo **o**, houve perda ou modificação de letras e/ou fonemas?

  ( ) Sim.   ( ) Não.

▶ Em **do** existe uma **contração**.

Contração é a união da preposição com outra palavra, havendo perda ou transformação de elementos.

Veja algumas contrações.

Algumas contrações da preposição a	
à(s)	preposição **a** + artigo **a(s)**
àquele(s)	preposição **a** + pronome **aquele(s)**
àquela(s)	preposição **a** + pronome **aquela(s)**
àquilo	preposição **a** + pronome **aquilo**...

Contrações da preposição per	
pelo(s)	preposição **per** + artigo **o(s)**
pela(s)	preposição **per** + artigo **a(s)**

Algumas contrações da preposição de	
do(s), da(s)	preposição **de** + artigo **o(s), a(s)**
dele(s)	preposição **de** + pronome **ele(s)**
deste(s)	preposição **de** + pronome **este(s)**
daquele(s)	preposição **de** + pronome **aquele(s)**
daquilo	preposição **de** + pronome **aquilo**
daqui	preposição **de** + advérbio **aqui**...

Algumas contrações da preposição em	
no(s)	preposição **em** + artigo **o(s)**
na(s)	preposição **em** + artigo **a(s)**
nele(s)	preposição **em** + pronome **ele(s)**
nela(s)	preposição **em** + pronome **ela(s)**
nessa(s)	preposição **em** + pronome **essa(s)**
nisto	preposição **em** + pronome **isto**...

Atividades

1. Leia.

> VOVÔ, SAIA DESSE LABORATÓRIO!
> BAM BAM!
>
> DEPOIS DE CERTA IDADE, OS **PELOS** CRESCEM NO CORPO DE FORMA IRREGULAR!
>
> O QUE VOCÊ ESTÁ INVENTANDO, VOVÔ?
>
> TÔNICO CAPILAR PARA **ORELHAS**!

GALHARDO, Caco. Daiquiri. **Folha de S.Paulo**, São Paulo, 25 set. 2011. Ilustrada, E9.

a) Retire da tira uma locução prepositiva.

_____

b) Agora complete o quadro com as preposições e indique a relação que cada uma delas estabelece.

Preposição	Relação que estabelece
"... no corpo _____ forma irregular!"	_____
"Tônico capilar _____ orelhas!"	_____

c) Complete a formação das contrações a seguir.

desse < _____ + _____

no < _____ + _____

2. Faça a correspondência entre a preposição destacada e a relação que estabelece.

(a) Assustou-se **com** o trovão.　　(　) de companhia
(b) Foi ao cinema **com** os amigos.　(　) de oposição
(c) O Brasil jogou **com** Portugal.　　(　) de causa
(d) Tratava todos **com** carinho.　　(　) de modo

#fiquedeolho
A mesma **preposição** pode estabelecer relações diferentes.

3. Leia e circule as preposições.
　a) Chegou a Manaus ontem.
　b) Parou ante o monumento e admirou-o.
　c) Meu sítio começa após aquela estrada.
　d) Ele veio de Belém.
　e) Foi para o Recife estudar.
　f) Ficou em casa o domingo inteiro.

• Em todas as frases, as diferentes preposições estabelecem a mesma relação de:
　(　) causa.　　(　) lugar.　　(　) tempo.

#fiquedeolho
Preposições diferentes podem estabelecer a mesma relação de sentido.

4. Leia.

Chegou { a, ante, após, até, para, perante, sem } { mim. ti. ela... }

preposições → pronomes oblíquos tônicos

Falou { contra, de, em, para, por, sem, sobre } { mim. ti. nós... }

preposições → pronomes oblíquos tônicos

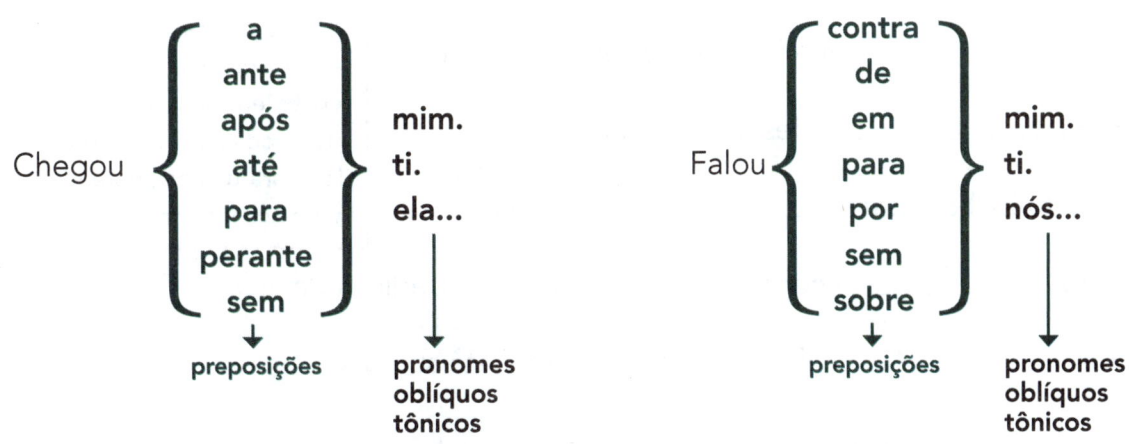

- Complete as frases com a preposição destacada e o pronome oblíquo tônico da 1ª pessoa do singular – **mim**.

> Ela sempre se voltava **contra nós**.
> Ela sempre se voltava **contra mim**.

a) Nunca saberão o que aconteceu **entre você** e Ricardo naquele dia.

Nunca saberão o que aconteceu _____ e Ricardo naquele dia.

b) **Entre nós** e seus irmãos, existe uma grande amizade.

_____ e seus irmãos, existe uma grande amizade.

c) A jovem chegou **até ele**, para perguntar o local da festa.

A jovem chegou _____, para perguntar o local da festa.

d) Durante a comemoração, entregou o troféu **para nós**.

Durante a comemoração, entregou o troféu _____.

e) **Sem ela**, Luísa não vai conseguir resolver o exercício.

_____, Luísa não vai conseguir resolver o exercício.

#fiquedeolho

Após **preposição**, devemos empregar pronome pessoal oblíquo tônico.

5. Leia.

A bola é **para eu jogar**, ou melhor, **para nós jogarmos**...

A bola é **para mim**.

241

- Complete as frases com **eu** (pronome pessoal reto) ou **mim** (pronome pessoal oblíquo).

   a) Entregaram a carta **para** _____.

   b) **Para** _____ ir à festa, precisei de um táxi.

   c) **Para** _____, a festa foi perfeita.

   d) Esse trabalho é **para** _____ fazer logo.

   e) **Para** _____ chegar até sua casa, precisei pedir ajuda.

   f) **Para** _____, foi muito difícil chegar até sua casa.

   > **#fiquedeolho**
   > Após a preposição **para**, usam-se os pronomes pessoais retos **eu, tu, ele, nós, vós, eles** antes de verbo no infinitivo: **para eu ler, para tu leres, para ele ler, para nós lermos**...

6. Compare os pares de frases e explique a diferença de sentido entre elas.

   a) Falou de você.
      Falou com você.

   b) Pão com manteiga.
      Pão sem manteiga.

   • _____

   • _____

   • _____

   • _____

   c) O que provocou a mudança de sentido nesses pares de frases?
   _____

7. Leia.

   Fui à festa.
   Fui na festa.
   Fui pra festa.

   > **#fiquedeolho**
   > Na fala e em textos informais, é comum o uso da contração da preposição **para** com o artigo definido **o(s), a(s): pra** (para + a), **pro** (para + o), **pras** (para + as), **pros** (para + os).

   a) Há diferença de sentido nas frases acima?
   _____

   b) Qual dessas frases você usaria em uma situação mais formal?
   _____

   c) Quais frases você usaria na linguagem mais descontraída do dia a dia?
   _____

   d) Escreva a última frase de acordo com a norma gramatical.
   _____

Emprego de s, z

1. Leia.

Lá vem o "seu" S...

Silvando...
Sibilando...
Simulado...
Sinuo**s**o...
Sorrateiro...
E**ss**e era o **S**.
Surgia a**ss**im o **S**, linguinha de fora, **s**erpenteando, in**s**inuando-**s**e, em suce**ss**ivos **s**altinhos e **s**aracoteio**s**.
Surgia e corria.
[...]

LESSA, Orígenes. **As letras falantes**. Rio de Janeiro: Ediouro/Tecnoprint, 1973.

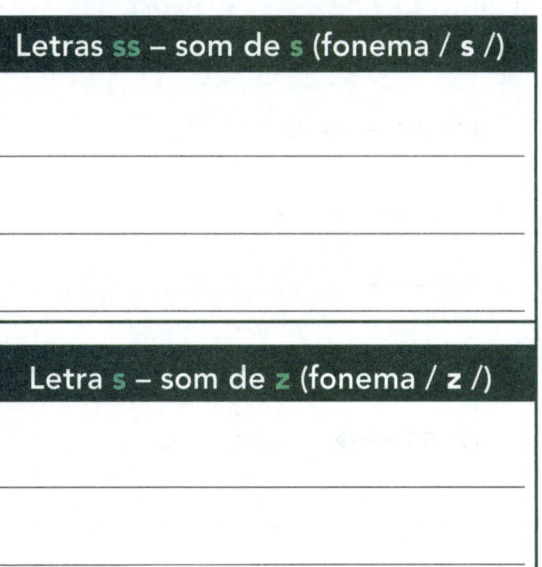

a) Releia todas as palavras escritas com a letra **s**. A letra **s** tem o mesmo som em todas elas?

_____

b) Complete adequadamente com palavras do poema, escritas com a letra **s**.

Letra s – som de s (fonema / s /)	Letras ss – som de s (fonema / s /)
	Letra s – som de z (fonema / z /)

c) Escreva cinco palavras em que a letra **s** representa o fonema / z /.

_____

d) Agora escreva cinco palavras em que a letra **s** representa o fonema / s /.

_____

2. Observe.

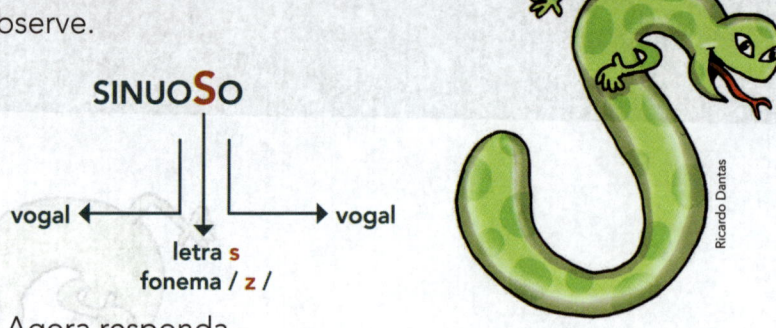

SINUO**S**O

vogal ← letra **s** / fonema / **z** / → vogal

- Agora responda.
Quando a letra **s** representa o fonema / z /?

_____
_____

> **#fiquedeolho**
>
> A letra **s** entre **vogais** tem som de **z** (fonema / z /). Na escrita, podem-se confundir as letras **s** e **z**. Na dúvida, consulte um dicionário.

Atividades

1. Continue escrevendo palavras derivadas, pertencentes à mesma família.

rosa ⟶ _____   cruz ⟶ _____

análise ⟶ _____   azedo ⟶ _____

liso ⟶ _____   deslize ⟶ _____

atraso ⟶ _____   vizinho ⟶ _____

- A partir dessa observação, o que se pode concluir sobre a escrita de palavras com **s** ou **z**?

_____
_____
_____

> **#fiquedeolho**
>
> **S** ou **Z**? Na dúvida, pense em outra palavra da mesma família.

244

2. Leia e continue fazendo.

Adjetivo	Substantivo derivado -eza
fraco	a fraqu**eza**
limpo	_____
certo	_____
puro	_____
rico	_____

Adjetivo	Substantivo derivado -ez
tímido	a timid**ez**
ácido	_____
pálido	_____
surdo	_____
grávida	_____

- Nesse caso, conclui-se que:

Substantivo derivado de _____ escreve-se com a terminação

_____ / _____, usando-se a letra _____.

3. Leia e continue. Veja o exemplo.

Lugar de origem	Adjetivo pátrio		
	masculino singular	feminino singular	masculino plural
China	chinês	chinesa	chineses
Irlanda	_____	_____	_____
Milão	_____	_____	_____
Polônia	_____	_____	_____
França	_____	_____	_____
Escócia	_____	_____	_____

- Nesse caso, conclui-se que:

Adjetivo pátrio terminado em _____ / _____ / _____ /

escreve-se com a letra _____, som de _____.

4. A partir dos substantivos, escreva adjetivos derivados. Veja o exemplo.

O gosto	O amor	O carinho	A coragem
gost**oso**	_____	_____	_____
gost**osa**	_____	_____	_____

- Complete.

Adjetivos terminados em _____ e _____

são escritos com _____, som de _____.

#fiquedeolho

Nos **adjetivos**, a terminação **oso(a)** significa "cheio de".

19 Interjeição

Para chegar ao conceito

1. Leia e responda.

   Caraca!

   Pra que serve a interjeição?
   Pra dar força à expressão!
   Ouça então:

   Monte logo na garupa –
   A demora preocupa!
   Upa!

   Gira o Juca no maxixe –
   Até parece dervixe!
   Ixe!

   Não quero que você me agarre!
   Em mim, nem mesmo que esbarre!
   Arre!
   [...]

   BELINKY, Tatiana. **Um caldeirão de poemas 2**. São Paulo: Companhia das Letrinhas, 2007. p. 20-21.

   • Os versos lidos fazem parte de um poema que fala sobre:
   (   ) o maxixe do Juca.
   (   ) a montaria.
   (   ) palavras usadas para dar força às expressões.

2. O título do poema é "Caraca!". O que essa palavra expressa?

   _____
   _____
   _____

   • Que outro título você daria ao poema, expressando a mesma emoção?

   _____

3. O autor emprega algumas palavras para chamar a atenção do leitor. Faça a correspondência entre esses termos e o que elas expressam.

(a) Caraca!   ( ) alívio
(b) Upa!   ( ) surpresa, entusiasmo
(c) Ixe!   ( ) admiração, surpresa
(d) Arre!   ( ) animação

▶ **Caraca!**, **Upa!**, **Ixe!**, **Arre!** são **interjeições**.

> **Interjeição** é uma palavra invariável usada para exprimir os vários estados emotivos.

4. Veja algumas interjeições.

- de **admiração** → Ih! Uai! Nossa! Puxa! Ah! Oh!
- de **advertência** → Alerta! Cuidado! Atenção!
- de **afugentamento** → Xô! Passa! Fora! Rua!
- de **alegria** → Ah! Oh! Oba! Eh! Eia!
- de **alívio** → Arre! Ufa!
- de **animação** → Avante! Coragem! Eia!
- de **aplauso** → Bis! Bravo! Viva! Olé!
- de **aversão** → Xi! Credo! Arre!
- de **chamado** ou **apelo** → Ei! Psiu! Alô! Olá! Ô!
- de **despedida** → Adeus! Tchau!
- de **dor** → Ai! Ui!
- de **indignação** → Fora! Abaixo! Uh!
- de **medo** → Uh! Ui! Credo! Cruzes!
- de **satisfação** → Oba! Boa! Viva!
- de **saudação** → Oi! Olá! Salve!
- de **silêncio** → Psiu! Silêncio!
- de **socorro** → Socorro!
- de **suspensão** → Basta! Alto! Chega!

#fiquedeolho

A **interjeição** é a única classe de palavras que não mantém relação com nenhuma outra classe.

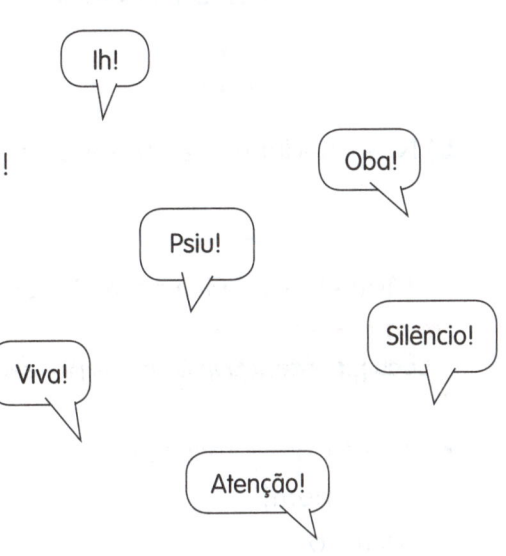

Locução interjetiva

1. Leia.

> **Quadro 1:** — FOI ÓTIMO A MAMÃE TER FICADO COM BONIFÁCIO E MOSTARDA DURANTE AS NOSSAS FÉRIAS!
> — GRAÇAS A DEUS!
>
> **Quadro 2:** — ASSIM QUE CHEGARMOS, TEMOS QUE PEGÁ-LOS NA CASA DELA.
> — AI, AI, MEU DEUS!
>
> **Quadro 3:** — NÃO, ESPERA. ELA MANDOU UMA MENSAGEM DE WHATSAPP DIZENDO QUE VAI DEIXÁ-LOS LÁ EM CASA.
> — GRAÇAS A DEUS!
>
> **Quadro 4:** — TAMBÉM DISSE QUE VAI FICAR NOS ESPERANDO, POIS ESTÁ MORRENDO DE SAUDADES.
> — AI, AI, MEU DEUS!

NOEL, Marcos. **Gi & Kim**: os bem-casados. Disponível em: <www.giekim.com/2015/08/tirinha-0409-ai-ai-meu-deus.html#.VjNX2LerRpR>. Acesso em: 5 nov. 2015.

a) Escreva o que podem indicar as expressões que aparecem nos quadrinhos e complete com o número de palavras que as compõem.

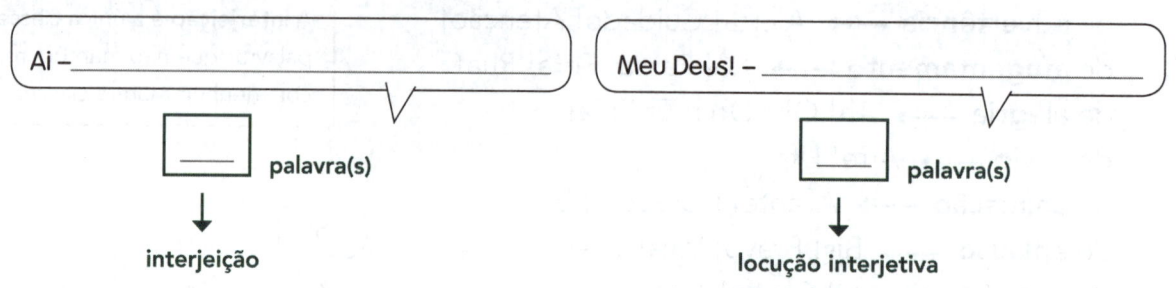

Ai – _____   ____ palavra(s) → interjeição

Meu Deus! – _____   ____ palavra(s) → locução interjetiva

b) Nos quadrinhos aparece outra locução interjetiva. Qual é e o que indica?

_____

▶ **Meu Deus!** e **Graças a Deus!** são **locuções interjetivas**.

> **Locução interjetiva** é uma expressão formada de duas ou mais palavras com valor de interjeição.

- Veja algumas locuções interjetivas:

Ainda bem!	Quem dera!	Graças a Deus!
Puxa vida!	Alto lá!	De jeito nenhum!
Cruz credo!	Muito bem!	Nossa mãe!

248

Atividades

1. Leia.

> TÁ CHEGANDO O NATAL!!!
> EBAAA!
> TÁ CHEGANDO O NATAL!!!
> OH! MEU DEUS!

LEITE, Will. A crueldade natalina. **Will Tirando**. 23 dez. 2009. Disponível em: <http://willtirando.blogspot.com.br/2009_12_01_archive.html>. Acesso em: 23 nov. 2015.

a) Qual é o estado de espírito das crianças e dos perus com a chegada do Natal? Por quê?

_____
_____
_____

b) Complete o quadro com as palavras que as crianças e os perus usaram para expressar suas emoções.

	Palavras	Classificação
Crianças		
Perus	Oh!	
Perus		

c) Na sua opinião, qual a importância da interjeição e da locução interjetiva na construção dessa tira?

_____
_____
_____

> **#fiquedeolho**
>
> Na escrita, a **interjeição** e a **locução interjetiva** vêm, em geral, seguidas de ponto de exclamação. A pontuação, porém, pode variar de acordo com a intenção do locutor: vírgula, reticências, ponto de interrogação, ponto final...

2. Circule as locuções interjetivas e faça a correspondência.

a) Que cena deprimente. Cruz credo! ( ) desagrado

b) Ai de mim... Ou estudo ou fico de castigo. ( ) lamento, infelicidade

c) Isso é coisa que se fale? Ora bolas! Será que você não pensa? ( ) aversão

3. Leia.

Passaredo

[...]
Ei, pintassilgo
Oi, pintarroxo
Melro, uirapuru
Ai, chega-e-vira
Engole-vento
Saíra, inhambu
Foge, asa-branca
Vai, patativa
Tordo, tuju, tuim
Xô, tié-sangue
Xô, tié-fogo
Xô, rouxinol, sem-fim
[...]

HIME, Francis; HOLANDA, Chico Buarque de. Passaredo. In HOLANDA, Chico Buarque de. **Literatura comentada**. São Paulo: Nova Cultural, 1980. p. 39.

a) Retire as palavras usadas para indicar as emoções do eu poético.

_____

b) Dessas palavras, quais expressam:

- afugentamento: _____.
- apelo, chamado: _____.

c) Na sua opinião, por que o eu poético utiliza as interjeições no texto?

_____
_____

4. Leia, sublinhe a interjeição e faça a correspondência.

(a) Ui! De onde caiu isso?   (   ) alegria
(b) Ui, ui, ui... Machuquei minha unha! (   ) desagrado
(c) Ui, que esquisito!   (   ) chateação
(d) Ah... tenha calma!   (   ) satisfação
(e) Ah! Que bom! Você venceu!   (   ) agrado
(f) Ah, agora está tudo esclarecido!   (   ) repulsa
(g) Hum... que tesoura péssima!   (   ) dor
(h) Hum... que perfume gostoso...   (   ) susto

#fiquedeolho

Uma mesma **interjeição** pode exprimir estados emotivos diferentes, dependendo do contexto.

5. Escreva frases empregando as interjeições e conjugando os verbos adequadamente. Atenção à pontuação. Veja o exemplo.

ah / não fazer isso

Ah! Não faça isso.

Ah, não faça isso!

a) caramba / ir comigo

_____

b) ei / vir almoçar

_____

c) avante / não desanimar

_____

d) atenção / não me interromper

_____

e) ufa / mudança acabar

_____

f) psiu / professor estar falando

_____

6. Retire as interjeições dos balões e escreva quais sentimentos expressam.

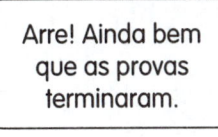

> Basta! Já discutiram demais!

> Arre! Ainda bem que as provas terminaram.

> Tchau! Depois a gente se vê.

_____   _____   _____

251

Emprego de a, ah!, há

1. Leia.

> DEVIDO A SEU TAMANHO DIMINUTO, CALVIN, O INSETO HUMANO, LEVA DEZ MINUTOS PARA ATRAVESSAR A PÁGINA DE UM LIVRO!

> DO OUTRO LADO, ELE LEVANTA LENTAMENTE A FOLHA GIGANTESCA!

> DEPOIS DE VIRAR A PÁGINA, ELE COMEÇA UMA NOVA JORNADA DE DEZ MINUTOS.

> PUXA, O MENINO JÁ ESTÁ QUIETO HÁ QUASE VINTE MINUTOS.

> ELE ESTÁ FAZENDO O DEVER DE CASA.

WATTERSON, Bill. **Calvin e Haroldo**. São Paulo, s/d.
Disponível em: <http://revistaescola.abril.com.br/img/galeria-fotos/calvin/calvin-50.gif>. Acesso em: 7 dez. 2015.

2. Observe estas frases da tira.

I. ... ele levanta lentamente **a** folha...

II. Puxa, o menino já está quieto **há** quase vinte minutos.

a) Leia em voz alta as palavras destacadas nas frases. O que você observou quanto à pronúncia delas?

_____

b) E na escrita, a grafia é igual ou diferente?

_____

c) Por isso, é possível confundi-las:
( ) na fala.
( ) na escrita.

d) Você se lembra de outra palavra que tenha a mesma pronúncia de **a** e **há**, porém com grafia diferente?

_____

3. Repare que a palavra **a** da frase **I** precede o substantivo **folha**, determinando-o. Por isso, é possível afirmar que o **a**, nesse caso, é:
( ) artigo. ( ) preposição.

- Na frase **II**, **há** é:
( ) uma forma do verbo **haver**. ( ) uma forma do verbo **fazer**.

252

Leia e observe as diferenças.

I. **a – artigo definido**

- Precede o substantivo feminino.
- Pode ser trocado por **uma**.
- Admite plural **as**.

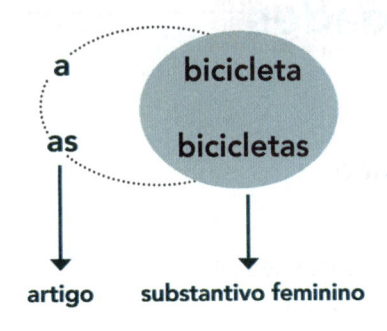

a / as → bicicleta / bicicletas

artigo — substantivo feminino

II. **a – pronome pessoal oblíquo**

- Vem ligado ao verbo.
- Corresponde ao pronome **ela**.

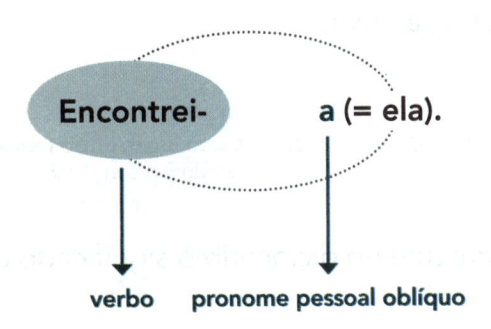

Encontrei-a (= ela).

verbo — pronome pessoal oblíquo

III. **a – preposição**

Exemplos

- Pode vir antes de masculino. ⟶ Vou **a pé**. Pedi **a ele**.
- Pode vir antes de verbo no infinitivo. ⟶ Começou **a gritar**. **A partir** de hoje...
- Indica tempo futuro. ⟶ Daqui **a** 40 anos será diferente.
- Indica distância. ⟶ O *shopping* fica **a** quatro quadras daqui.
- Pode ser trocada por *para*. ⟶ Sônia foi **a** Brasília.
- É uma palavra invariável. ⟶ Pedimos **a eles**. Entregaram **a elas**.

Ah! Que dia lindo!

IV. **ah – interjeição**

- Indica admiração, espanto, surpresa.

V. **há – verbo haver**

Exemplos

- Indica **existe / existem**. ⟶ **Há** chocolates na caixa.
- Indica **faz** (tempo passado). ⟶ **Há** uma semana que não trabalho.

253

Atividades

1. Leia.

   Fidelidade

   [...]
   Há tempos me segue
   Sem nada pedir,
   Caminha **a** meu lado,
   Silente, **a** ouvir.
   [...]

   PINTO, Amílcar Ferrão. **Outro lugar, outro tempo**.
   São Paulo: Edicon, 1988. p. 64.

   - Procure no dicionário o significado da palavra **silente**.

   _____

2. Em "Há tempos me segue", **há** (verbo **haver**) indica:

   (   ) **faz** – tempo passado.   (   ) **existe** – verbo **existir**.

3. Nos versos "Caminha **a** meu lado / Silente, **a** ouvir.", as palavras destacadas são:

   (   ) artigos.   (   ) pronomes pessoais oblíquos.   (   ) preposições.

   - Justifique sua resposta.

   _____
   _____

4. Leia.

   Ah, essa chuva

   [...]
   A alegria choraminga pelos cantos,
   roupas pingam no varal
   e diz mamãe "**ah**, essas horas..."
   Da janela olho **a** rua,
   meu Deus, quanta água!
   [...]

   CAPPARELLI, Sérgio. **Restos de arco-íris**. 5. ed. Porto Alegre: L&PM, 1996. p. 8. (Coleção Jovem).

   a) Em "**A** alegria choraminga pelos cantos," e "Da janela olho **a** rua,", as palavras destacadas são:

   (   ) artigos.   (   ) pronomes pessoais oblíquos.   (   ) preposições.

b) Justifique sua resposta.

_____

_____

5. Em "... e diz mamãe: 'ah, essas horas'...", a palavra **ah** classifica-se como:

( ) artigo. ( ) preposição. ( ) interjeição.

6. Leia.

THAVES, Bob. Frank & Ernest. **O Estado de S. Paulo**, São Paulo, 5 maio 2005.

- Classifique as palavras destacadas nas frases a seguir.

(**a**) preposição (**d**) interjeição
(**b**) artigo definido (**e**) verbo **haver**
(**c**) pronome oblíquo

( ) "Os cientistas estão prestes **a** desenvolver inteligência artificial."

( ) "**Há** anos que venho fingindo que tenho uma!"

7. Em "**Há** anos [...]", **há** indica:

( ) tempo futuro. ( ) existe. ( ) tempo passado.

8. Coloque nos parênteses **A** para **artigo** e **P** para **preposição**.

a) Estou **a** (_____) dois passos da chegada.

b) Todos os dias, fico **a** (_____) pensar em você longo tempo.

c) Os alunos começaram **a** (_____) fazer **a** (_____) atividade de Português.

d) Embora **a** (_____) noite esteja nublada, tenho de viajar até **a** (_____) capital e levar uma encomenda **a** (_____) ele.

e) Eu me perdi no caminho até **a** (_____) festa, mas consegui chegar **a** (_____) tempo.

9. Complete com **há** (verbo **haver**) ou **a** (preposição) e justifique o emprego.

a) O desastre ocorreu _____ 200 metros daqui.

_____

b) Passei por lá _____ alguns dias.

_____

c) Nadir deixou-nos _____ cinco dias e voltará daqui _____ uma semana.

_____

d) Na porta _____ um aviso que diz: "_____ vagas.".

_____

e) Pedi uma bicicleta _____ papai no meu aniversário.

_____

10. Substitua as palavras destacadas por **a**.

a) Eu encontrei **minha prima** na rua.

_____

b) Vendeu **aquela casa** para o irmão.

_____

c) Eu comprei **esta blusa** naquela loja.

_____

- Agora dê a classificação do **a**.

_____

11. Faça a correspondência com a classe gramatical da palavra destacada.

(a) artigo (b) pronome pessoal oblíquo (c) preposição
(d) verbo **haver** (e) interjeição

( ) Papai tem esse carro **há** muito tempo. ( ) **Ah**! Assim não dá!
( ) **A** vida tem seus momentos bons e ruins. ( ) Nós **a** visitamos sempre.
( ) Encontramos **a** moto roubada. ( ) Comprei **a** bolsa na Bom Preço.
( ) Sua mãe? Não **a** vejo desde ontem. ( ) Essa velhinha só anda **a** pé.
( ) **Ah**! Que sol maravilhoso! ( ) **Há** uma cachoeira linda ali.

20 Frase, período, oração

Para chegar ao conceito

1. Leia.

SOUSA, Mauricio de. Turma da Mônica. **O Estado de S. Paulo**, 8 set. 2011. Caderno 2, D4.

- Releia o último quadrinho e faça o que se pede.

a) Quantas frases há nele?

_____

b) Como você identificou essas frases?

_____

_____

#fiquedeolho

Para estabelecer **comunicação**, as palavras devem estar organizadas, formando **frases**, a fim de transmitir a mensagem.

c) Copie do último quadrinho o que se pede.

| Frase com verbo. |

_____

_____

| Frase sem verbo. |

_____

Frase é a palavra ou o conjunto organizado de palavras, com sentido completo, que estabelece comunicação.

257

2. Releia a frase do segundo quadrinho.

a) Essa fala constitui uma frase? Justifique.

_____
_____
_____

b) Essa frase tem verbo?

( ) Sim. ( ) Não.

▶ A **frase com verbo** é também chamada **período**.

#fiquedeolho
A **frase** pode ou não ter verbo.

Período é a **frase** que se organiza em torno de um ou mais verbos (ou locuções verbais).

3. Veja.

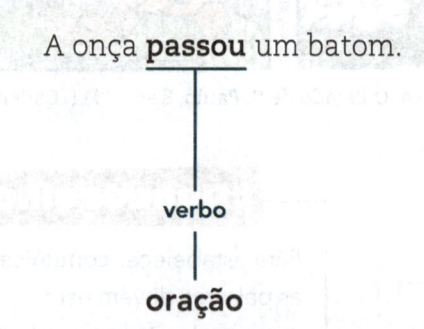

A onça **passou** um batom.
verbo
oração

Há uma **frase** com **um verbo**; portanto, é um **período** com apenas **uma oração**.

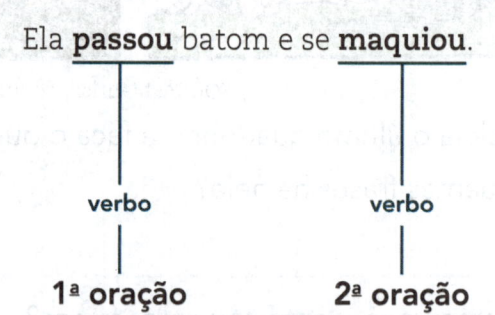

Ela **passou** batom e se **maquiou**.
verbo — verbo
1ª oração — 2ª oração

Há uma **frase** com **dois verbos**; portanto, é um **período** com **duas orações**.

Oração é a palavra ou conjunto de palavras que se organiza em torno de um **verbo** (ou uma locução verbal).

#fiquedeolho
A **oração** pode ou não ter sentido completo.

4. Leia.

Choveu a noite toda e as ruas ficaram alagadas.

- Agora indique qual o tipo de período e o número de verbos dessa frase.

( ) período com uma oração (um verbo).

( ) período com duas orações (dois verbos).

( ) período com três orações (três verbos).

5. Leia agora estas frases e sublinhe os verbos e as locuções verbais.

I. A chuva vai molhar tudo lá fora.

II. A chuva molhou tudo e deixou a rua cheia de barro.

a) Na frase **I**, temos:

( ) período com uma oração (uma locução verbal).

( ) período com duas orações (duas locuções verbais).

( ) período com três orações (três locuções verbais).

b) Na frase **II**, temos:

( ) período com uma oração (um verbo).

( ) período com duas orações (dois verbos).

( ) período com três orações (três verbos).

> **#fiquedeolho**
>
> **Locução verbal** é a expressão formada por dois ou mais verbos, com valor de apenas um **verbo**. Exemplos: preciso sair, ia estudar, estou lendo...

O **período** pode ser constituído de **uma ou mais orações**. De acordo com o número de orações, o período classifica-se em:

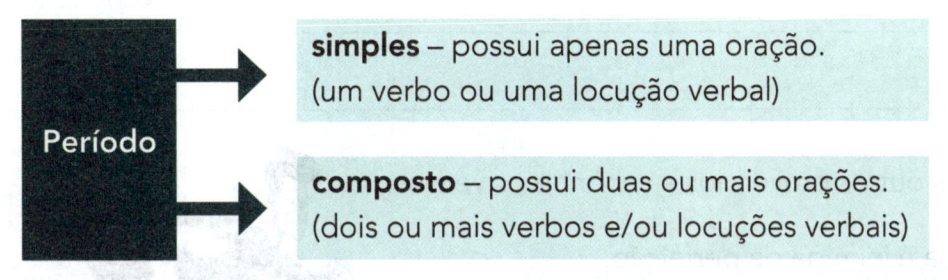

Período
→ **simples** – possui apenas uma oração. (um verbo ou uma locução verbal)
→ **composto** – possui duas ou mais orações. (dois ou mais verbos e/ou locuções verbais)

Resumindo:

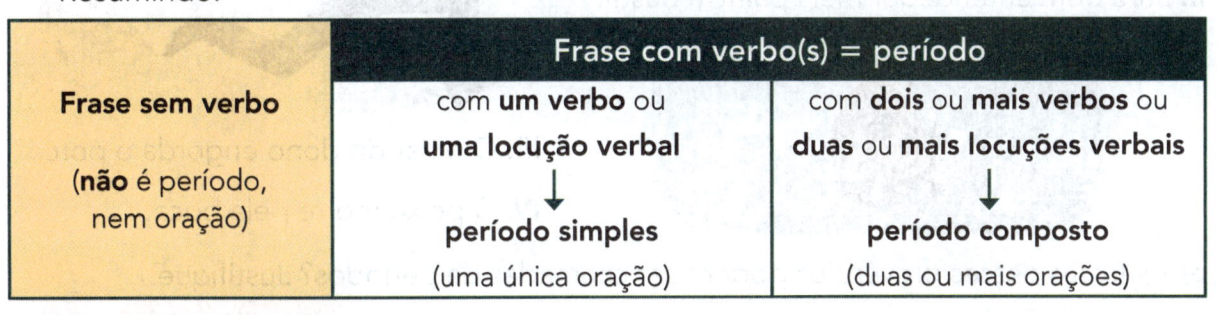

Frase sem verbo	Frase com verbo(s) = período	
	com **um verbo** ou **uma locução verbal**	com **dois** ou **mais verbos** ou **duas** ou **mais locuções verbais**
(**não** é período, nem oração)	↓	↓
	período simples (uma única oração)	período composto (duas ou mais orações)

Atividades

1. Leia os provérbios.

Cada cabeça uma sentença.

Nada como um dia após o outro.

Ilustrações: Arthur França / yancom

a) Esses provérbios constituem frases?

( ) Sim.   ( ) Não.

b) Justifique sua resposta.

_____

_____

_____

> **#fiquedeolho**
>
> Na escrita, deve-se iniciar a **frase** com letra maiúscula e terminar com ponto final, ponto de interrogação, ponto de exclamação ou reticências.

c) Retire os verbos, se houver. Esses provérbios são frases com verbos ou sem verbos?

_____

d) Esses provérbios podem ser chamados de períodos ou orações? Por quê?

_____

_____

2. Leia estes outros provérbios e sublinhe os verbos.

I. A pressa é inimiga da perfeição.

II. Para bom entendedor meia palavra basta.

III. O olhar do dono engorda o porco.

IV. O peixe morre pela boca.

a) As frases desses provérbios podem ser chamadas de períodos? Justifique.

_____

b) Em cada um desses períodos existe(m):

( ) uma oração.   ( ) duas orações.   ( ) três orações.   ( ) quatro orações.

c) Justifique sua resposta.

_____

_____

d) Classifique cada período.

I. _____   III. _____

II. _____   IV. _____

3. Leia outros provérbios e sublinhe os verbos.

   I. Quem não pode com a formiga não atiça o formigueiro.

   II. Quem espera sempre alcança.

   III. Em terra de cego, quem tem um olho é rei.

   IV. Quem tudo quer nada tem.

   a) Classifique cada período.

   I. _____   III. _____

   II. _____   IV. _____

   b) Justifique sua resposta.

   _____

   _____

   c) Copie os períodos, separando as orações de cada um.

	1ª oração	2ª oração
período I		
período II		
período III		
período IV		

4. Sublinhe os verbos e locuções verbais. Depois escreva nos quadrinhos quantas orações há em cada período.

   a) Ele chegou, mas já saiu outra vez. ☐

   b) Todos os sábados, Regina e sua mãe vão fazer compras no *shopping*. ☐

   c) Naquele feriado, aproveitamos bastante os dias na praia. ☐

   d) Olhou, gostou, entrou na loja e comprou um novo celular. ☐

   e) Esta bicicleta é minha. ☐

   • Agora releia as frases acima e separe cada oração por uma barra /.

   #fiquedeolho

   Em um **período**, teremos tantas **orações** quantos forem os **verbos** e/ou **locuções verbais**.

5. Classifique cada período da atividade anterior.

   _____

6. Leia.

Entre a mata e o mar escolha os dois:
Costa da Mata Atlântica.

A Baixada Santista agora é Costa da Mata Atlântica. E quem mais ganha com essa mudança é você: atrações turísticas temáticas e diversão para quem gosta do mar e para quem gosta da mata. São nove opções cheias de verde, dourado e azul: Bertioga, Cubatão, Guarujá, Mongaguá, Itanhaém, Peruíbe, Praia Grande, Santos e São Vicente.

SANTOS e REGIÃO CONVENTION & VISITORS BUREAU
Costa da Mata Atlântica
www.srcvb.com.br
Tel.: (13) 3232 - 5080

Costa da Mata Atlântica
Lazer e negócios na nova Baixada Santista.

Novas estradas, novos hotéis e novos centros de convenções.

Bertioga, Cubatão, Guarujá, Itanhaém, Mongaguá, Peruíbe, Praia Grande, Santos, São Vicente

PRÓXIMA viagem. São Paulo: Peixes, ano 5, nº 49. nov. 2003. p. 30.

a) Quantas frases há nesse texto de propaganda? Como você chegou a esse número?

_____

_____

b) Sublinhe os verbos e separe cada frase com uma barra (**/**).

c) Transcreva do texto uma frase que não seja período. Justifique.

_____

_____

7. Quantas orações possui o primeiro período do texto? Como se classifica esse período?

_____

_____

262

Emprego de e, i

1. Leia.

   THAVES, Bob. Frank & Ernest. **O Estado de S. Paulo**, São Paulo, 11 ago. 2011. Caderno 2, D4.

   - Na tira, aparece a palavra **imigração**. Procure seu significado no dicionário.

   _____

   _____

   _____

   #fiquedeolho

   Dependendo da posição que ocupa na palavra, a letra **e** pode soar como **i**. Por esse motivo, às vezes encontramos dificuldades na escrita. Fique atento, pois a troca de letras pode causar mudança de significado. Na dúvida, consulte o dicionário.

2. Você sabia que existe também a palavra **emigração**? Faça a correspondência.

   (a) **i**migração   (b) **e**migração

   ( ) Saída de seu país para viver em outro.

   ( ) Entrada em país estrangeiro para nele morar.

3. Complete com uma das palavras dos parênteses.

   a) _____ é a pessoa que **sai** de seu país para se fixar em outro. (imigrante / emigrante)

   b) _____ é aquele que **entra** em país estrangeiro para se fixar nele. (imigrante / emigrante)

4. Em **emigração / emigrante** e **imigração / imigrante**, observa-se que:

   ( ) a letra **e**, na fala, tem som parecido ao da letra **i**.

   ( ) as letras **e** e **i**, na fala, podem ser confundidas.

   ( ) as letras **e** e **i** não se confundem.

   ( ) as duas palavras têm o mesmo significado.

Atividades

1. Nas palavras do quadro a seguir, as letras **e** ou **i** foram suprimidas. Escreva-as nas colunas adequadas, acrescentando a letra que falta. Na dúvida, consulte o dicionário.

arr ___ piar	camp ___ ão	sa ___
ca ___	p ___ riquito	um ___ dade
car ___ ado	___ nxada	p ___ rigo
dent ___	p ___ n ___ car	pr ___ vilégio
___ ngolir	crân ___ o	
s ___ quer	possu ___	

e	i

2. Veja.

peão   pião

- Agora faça a correspondência entre a palavra destacada e seu significado.

(a) Pedi **dispensa** da aula.   (   ) Que está prestes a acontecer.

(b) Pegue o arroz na **despensa**.   (   ) Reserva, qualidade de discreto.

(c) No romance havia belas **descrições**   (   ) Licença para não fazer algo a que
       das paisagens.   se estava obrigado.

(d) Com **discrição**, contei a ele sobre (   ) Sair de algum ambiente onde
       o meu problema.   estava mergulhado.

(e) A tempestade era **iminente**.   (   ) Pessoa importante, célebre.

(f) Era um **eminente** advogado.   (   ) Afundar, mergulhar.

(g) O mergulhador **emergiu** das   (   ) Repartição da casa onde se guardam
       profundezas do oceano.   mantimentos.

(h) A pedra **imergiu** na água da lagoa. (   ) Ato de descrever ou caracterizar um ser.

264

3. Complete cada frase com uma das palavras destacadas abaixo.

informar • enformar

a) A cozinheira acabou de _____ o bolo.

b) Ele telefonou para _____ o horário dos jogos.

arriar • arrear

c) O peão foi _____ os cavalos para cavalgar.

d) Às 18 horas, devem-se _____ as bandeiras.

Brincando com palavras

1. Leia as palavras com atenção, procurando memorizar se são escritas com **e** ou com **i**.

e		
adiante	desequilíbrio	geada
arrepiar	destilaria	gente
arrepio	devia	mexerico
cadeado	disenteria	periquito
campeão	empecilho	quase
confetes	esquisito	umedecer

i		
adiante	feminino	periquito
cerimônia	idade	pior
crânio	igreja	pontiagudo
criador	inigualável	privilégio
disenteria	miúdo	requisito
esquisito	pátio	úmido

a) Feche o livro e escreva no caderno as palavras que vão ser ditadas.

b) Após o ditado, abra o livro e confira. Se necessário, reescreva as palavras que você confundiu.

c) Some os pontos que você fez.

palavras escritas com **e** ☐ × 1 = ☐

palavras escritas com **i** ☐ × 2 = ☐

Total de pontos = ☐

2. Agora preencha o diagrama com palavras da atividade anterior.

a) Conjunto de gestos e palavras exigidos pela vida social, etiqueta.
b) Vencedor de prova ou torneio.
c) Que é próprio da mulher.
d) De ponta fina e aguda, pontudo.
e) Conjunto de pessoas, povo.
f) Rodelinhas de papel colorido que se atiram nas pessoas, aos punhados, no carnaval.
g) Fábrica onde se faz destilação.
h) Umidade da noite que se transforma em gelo e cobre o lugar onde cai.
i) Dificuldade que se encontra para fazer algo, obstáculo.
j) Na frente, à frente.
k) Direito dado a uma pessoa e negado aos outros.
l) Problema de intestino, diarreia.
m) Tremor do corpo, calafrio.

21 Oração: sujeito e predicado

Para chegar ao conceito

1. Leia.

> **VOCÊ PARECE DIFERENTE.**
>
> **ESTOU DEIXANDO CRESCER UM BIGODE. GOSTOU?**
>
> **QUAL É A GRAÇA?**
>
> **ELE PINTOU A PENUGEM DO ROSTO!**
>
> HA HA HA HA HA HA HA

WALKER, Mort. Recruta Zero. **O Estado de S. Paulo**, São Paulo, 31 out. 2011. Caderno 2, D4.

a) Quantos períodos há nessa tira? Explique.

_____

_____

_____

b) Releia estes períodos.

- Você parece diferente.
- Ele pintou a penugem do rosto!
- Gostou?
- Qual é a graça?

> **#fiquedeolho**
>
> **Locução verbal** é a expressão formada por dois ou mais verbos, com valor de apenas um verbo.

c) Sublinhe os verbos ou locuções verbais.

d) Cada um desses períodos possui:

    ( ) um verbo ou locução verbal.

    ( ) dois ou mais verbos ou locuções verbais.

e) Desse modo, esses períodos são formados por:

    ( ) apenas uma oração.

    ( ) duas ou mais orações.

2. Leia agora este outro período da tira.

> **Estou deixando crescer** um bigode.

- Esse período é formado por quantas orações? Explique.

_____

_____

> **Oração** é a palavra ou conjunto de palavras que se organiza em torno de um verbo ou locução verbal, podendo ou não ter sentido completo.

3. Leia.

> O soldado tirou o bigode.

a) Escreva esse período, substituindo **o soldado** por **o soldado e o coronel**.

_____

_____

b) O verbo sofreu alguma modificação? Explique.

_____

_____

c) Veja.

Eu	tiro.	→ 1ª pessoa do singular
Tu	tiras.	→ 2ª pessoa do singular
Ele(a)	tira.	→ 3ª pessoa do singular
Nós	tiramos.	→ 1ª pessoa do plural
Vós	tirais.	→ 2ª pessoa do plural
Eles(as)	tiram.	→ 3ª pessoa do plural

↓
verbo

d) Mudando os pronomes pessoais (eu, tu, ele/ela, nós...), o que aconteceu com o verbo?

_____

▶ O termo com o qual o verbo concorda é o **sujeito** da oração.

> **Sujeito** é o termo com o qual o verbo concorda em número e pessoa.

4. Você sabia?

   I. A águia representa coragem e resistência.

   II. A coruja é o símbolo da sabedoria.

   a) Sublinhe os verbos das orações I e II.

   b) **Quem é que representa** coragem e resistência?

   _____

   c) **Quem é que é** o símbolo da sabedoria?

   _____

   d) Portanto, qual é o sujeito dessas orações?

   I: _____.

   II: _____.

   e) Agora copie essas orações, sem as palavras que constituem os sujeitos.

   I: _____.

   II: _____.

   #fiquedeolho

   Um modo prático para encontrar o **sujeito** é fazer a(s) pergunta(s) **Quem é que...?** ou **Que é que...?** antes do verbo. Retirando-se as palavras que constituem o sujeito, o resto da oração pertence ao **predicado**.

   Predicado é o termo da oração que declara algo sobre o sujeito.

5. Veja, no gráfico, a análise da oração.

   A águia representa coragem e resistência.

   - oração
     - sujeito: A águia
     - predicado: representa coragem e resistência.

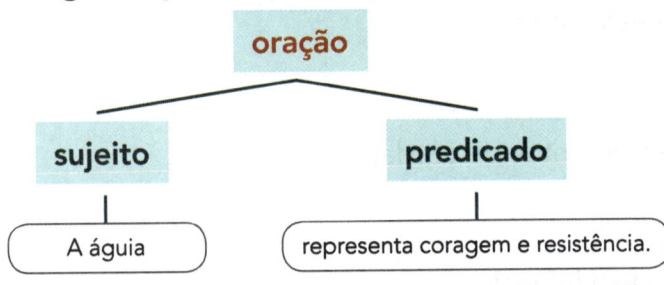

   #fiquedeolho

   A **oração** – organizada em torno de um verbo ou locução verbal – possui, normalmente, dois termos: **sujeito** e **predicado**. O **verbo** sempre pertence ao **predicado**.

   a) Retire do gráfico o **verbo** da oração.

   _____

   b) O verbo faz parte:

   ( ) do sujeito.   ( ) do predicado.

Atividades

1. Leia.

> **AS AULAS RECOMEÇAM SEMANA QUE VEM...**
>
> **EU NÃO VOU... A PROFESSORA ME ODEIA...**
>
> **A SUA PROFESSORA DESTE ANO NÃO VAI SER A MESMA DO ANO PASSADO.**
>
> **ELA NEM ME CONHECE E JÁ ME ODEIA!**

SCHULZ, Charles M. Minduim. **O Estado de S. Paulo**, São Paulo, 23 jan. 2011. Caderno 2, D4.

a) Complete o quadro e sublinhe o verbo ou a locução verbal.

Oração	Sujeito (termo com o qual o verbo concorda)	Predicado (o que se declara sobre o sujeito)
"Eu não vou..."		
"A professora me odeia."		
"A sua professora deste ano não vai ser a mesma do ano passado."		

b) Os verbos ou a locução verbal das orações do item **a** fazem parte do sujeito ou do predicado?

_____

2. Substitua o sujeito destacado nas orações por um pronome substantivo.

a) Reinaldo sonhou com você esta noite.

_____

b) O violino e o violão são instrumentos de corda.

_____

c) Ana e Luísa são amigas desde a infância.

_____

d) Meus filhos e eu visitamos o museu no final de semana.

_____

3. Analise as orações. Veja o exemplo.

Oração	Sujeito (termo com o qual o verbo concorda)	Predicado (o que se declara sobre o sujeito)
Eu viajei bastante nessas férias.	eu	viajei bastante nessas férias
Minha mãe estava bastante nervosa.		
A secretária e a faxineira foram contratadas pela empresa.		
Nívea morou na Bahia por três anos.		
Nós estamos felizes com o casamento da Fernanda.		

4. Leia.

LAERTE. Piratas do Tietê. **Folha de S.Paulo**, São Paulo, 29 nov. 2004.

a) No último quadrinho, a oração está na ordem inversa (indireta). Passe-a para a ordem direta.

_____

b) Na tirinha, o emprego da ordem indireta enfatiza qual termo da oração?

_____

#fiquedeolho

O **sujeito** vem, normalmente, no início da oração – **ordem direta**. No entanto, pode vir também no meio ou no final da oração – **ordem indireta** (ou **inversa**).

271

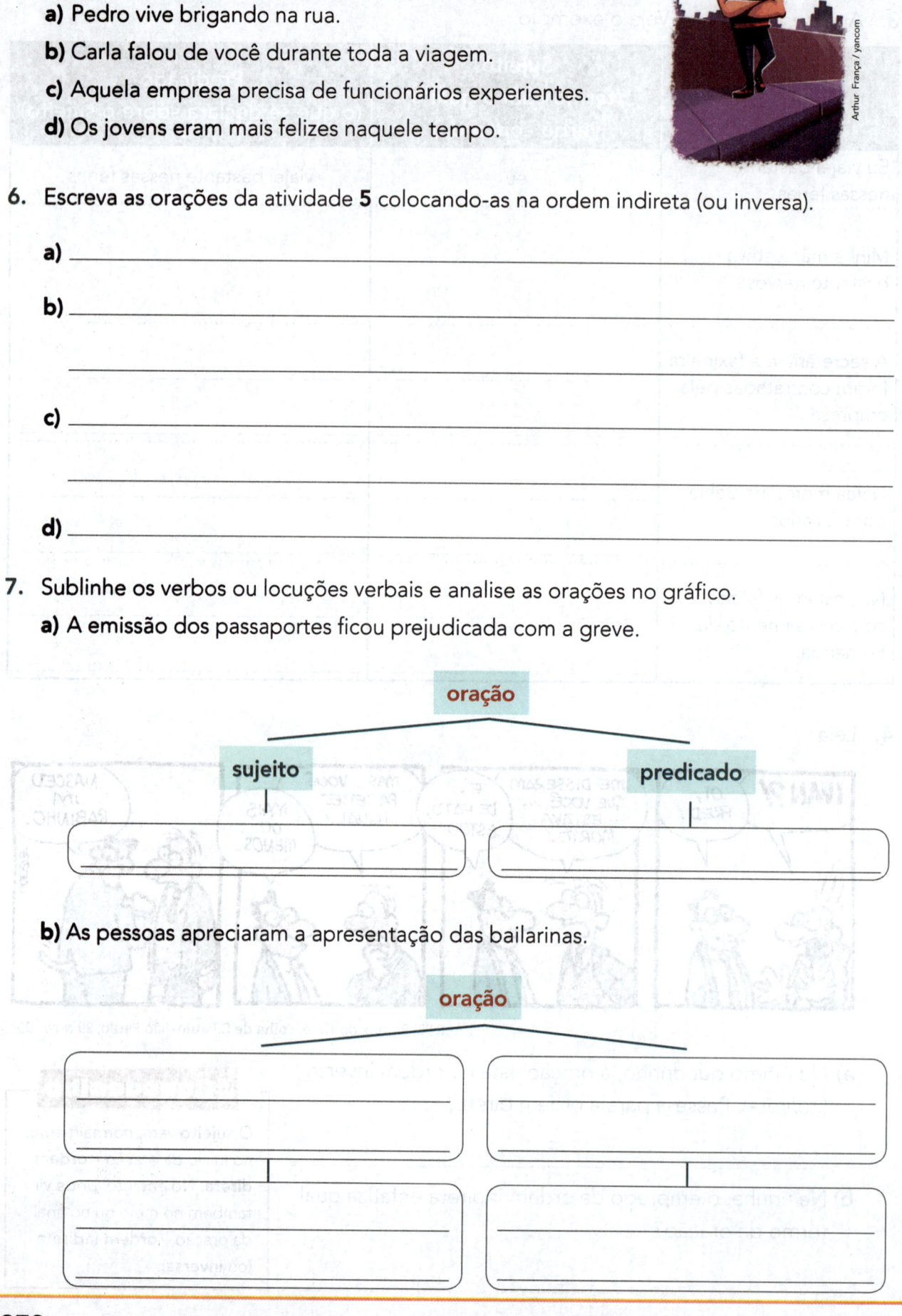

5. Leia as orações, circule os sujeitos e sublinhe os predicados.

   a) Pedro vive brigando na rua.

   b) Carla falou de você durante toda a viagem.

   c) Aquela empresa precisa de funcionários experientes.

   d) Os jovens eram mais felizes naquele tempo.

6. Escreva as orações da atividade **5** colocando-as na ordem indireta (ou inversa).

   a) _____

   b) _____

   _____

   c) _____

   _____

   d) _____

7. Sublinhe os verbos ou locuções verbais e analise as orações no gráfico.

   a) A emissão dos passaportes ficou prejudicada com a greve.

   oração
   ├── sujeito
   └── predicado

   b) As pessoas apreciaram a apresentação das bailarinas.

   oração

272

Descobrindo a Gramática

6

Gilio Giacomozzi
Professor livre-docente de Língua Portuguesa, titular de Língua Portuguesa da
Universidade de Taubaté e da Universidade Católica de Santos.

Gildete Valério
Professora especialista em Língua Portuguesa e Linguística da Universidade de Taubaté.
Professora de Língua Portuguesa do Ensino Fundamental e Ensino Médio da rede pública e particular.
Foi coordenadora do curso de Especialização em Leitura e Produção de Texto da Universidade de Taubaté.

Cláudia Molinari Reda
Professora especialista em Língua Portuguesa e Literatura.
Professora de Língua Portuguesa do Ensino Fundamental e Ensino Médio da rede pública e particular.
Foi professora assistente da Universidade de Taubaté, professora e coordenadora de curso pré-vestibular.

São Paulo – 2016

FTD

FTD

Copyright © Gilio Giacomozzi, Gildete Valério, Cláudia Molinari Reda, 2016

Diretor editorial	Lauri Cericato
Gerente editorial	Silvana Rossi Júlio
Editora	Natalia Taccetti
Editoras assistentes	Andréia Manfrin Alves, Juliana de Almeida Valverde, Nubia Andrade e Silva
Assistente editorial	Bruna Flores Bazzoli
Assessoria	Marcel Fernandes Gugoni, Vera Sílvia de Oliveira Roselli
Gerente de produção editorial	Mariana Milani
Coordenadora de arte	Daniela Máximo
Projeto gráfico e capa	Bruno Attili
Supervisor de arte	Vinicius Fernandes dos Santos
Edição de arte	YAN Comunicação
Diagramação	YAN Comunicação
Tratamento de imagens	Ana Isabela Pithan Maraschin, Eziquiel Racheti
Coordenadora de ilustrações e cartografia	Marcia Berne
Ilustrações e cartografia	André Rocca, Arthur França, Fernandes e Gilmar, Ricardo Dantas, Serralheiro, Tel Coelho, Rodrigo Figueiredo – Allmaps
Coordenadora de preparação e revisão	Lilian Semenichin
Supervisora de preparação e revisão	Viviam Moreira
Preparação	Adriana Rinaldi Périco
Revisão	Célia Regina Camargo
Coordenador de iconografia e licenciamento de textos	Expedito Arantes
Supervisora de licenciamento de textos	Elaine Bueno
Iconografia	Márcia Sato e Márcia Trindade
Diretor de operações e produção gráfica	Reginaldo Soares Damasceno

Dados Internacionais de Catalogação na Publicação (CIP)
(Câmara Brasileira do Livro, SP, Brasil)

Giacomozzi, Gilio
    Descobrindo a gramática : língua portuguesa,
6º ano / Gilio Giacomozzi, Gildete Valério,
Cláudia Molinari Reda. — São Paulo : FTD, 2016.

ISBN 978-85-96-00223-3 (aluno)
ISBN 978-85-96-00224-0 (professor)

1. Português (Ensino fundamental) I. Valério,
Gildete. II. Reda, Cláudia Molinari. III. Título.

15-11192   CDD-372.6

Índices para catálogo sistemático:
1. Português : Ensino fundamental   372.6

2 3 4 5 6 7 8 9

Envidamos nossos melhores esforços para localizar e indicar adequadamente os créditos dos textos e imagens presentes nesta obra didática. No entanto, colocamo-nos à disposição para avaliação de eventuais irregularidades ou omissões de crédito e consequente correção nas próximas edições. As imagens e os textos constantes nesta obra que, eventualmente, reproduzam algum tipo de material de publicidade ou propaganda, ou a ele façam alusão, são aplicados para fins didáticos e não representam recomendação ou incentivo ao consumo.

Reprodução proibida: Art. 184 do Código Penal e Lei 9.610 de 19 de fevereiro de 1998.
Todos os direitos reservados à **EDITORA FTD**.

Rua Rui Barbosa, 156 – Bela Vista – São Paulo – SP
CEP 01326-010 – Tel. 0800 772 2300
Caixa Postal 65149 – CEP da Caixa Postal 01390-970
www.ftd.com.br
central.relacionamento@ftd.com.br

Impresso no Parque Gráfico da Editora FTD
Avenida Antonio Bardella, 300
Guarulhos-SP – CEP 07220-020
Tel. (11) 3545-8600 e Fax (11) 2412-5375

A - 758.470/22